BIRGIT WEIDT

DAS LÄCHELN DER VERGANGENHEIT

EINE ENTDECKUNGSREISE ZU DEN UREINWOHNERN NEUKALEDONIENS

W0197854

DUMONT

1. Auflage 2018
© *2018 DuMont Reiseverlag, Ostfildern*
Alle Rechte vorbehalten
Umschlaggestaltung: Herburg Weiland, München
Titelfoto: Ariel Fuchs/Gamma-Rapho/Laif
Innenteilfotos: Birgit Weidt
Karten: Gerald Konopik, DuMont Reisekartografie
Printed in Spain
ISBN 978-3-7701-8291-6

www.dumontreise.de

Alle Reisen haben eine heimliche Bestimmung,
die der Reisende nicht ahnt.

MARTIN BUBER, PHILOSOPH (1878–1965)

Inhalt

1

Das Nizza
der Südsee

Die schmale Holztür der kleinen Familienpension quietscht beim Öffnen, ich stoße sie mit einem kräftigen Ruck auf und trete hinaus in einen wunderbar hellen, wolkenlosen Tag. Ich kneife die Augen zusammen, geblendet vom gleißenden Sonnenlicht, das mich langsam munter werden lässt. Ein Glück, denn um den Schlaf stand es die letzte Nacht schlecht. Es war eher ein Dösen und Dämmern, ein langes Warten auf den Morgen, diesen ersten Morgen, an dem ich sicher sein konnte: Es ist nicht mehr Traum, es ist Wirklichkeit. Ich bin hier, hier in Nouméa, Neukaledonien.

Genussvoll strecke ich die Arme aus. Ganz weit zu beiden Seiten, so als würde ich die Stadt umarmen. Dann eile ich die schmale Straße zum Meer hinunter, mit Herzklopfen, als würde unten am Ozean ein heiß ersehnter Liebhaber auf mich warten.

Links und rechts auf der Straße werfen Palmen und Pinienbäume lange Schatten auf die enge Uferpromenade der Bucht Anse Vata. Ein paar Jogger mit Kopfhörern über dem Stirnband überholen mich. Dem jungen Mann, der mir entgegenkommt und völlig versunken in sein Smartphone tippt, weiche ich bewusst nicht aus. Mal sehen, ob er nach vorne schaut und mich dann doch bemerkt. Tut er nicht und rennt mir direkt in die Arme. »Pardon! Ça va, toi?«, entschuldigt sich der Kerl, der aussieht wie ein Sumo-Ringer. Ich nicke, der Arme kann ja nicht wissen, dass ich ihn willkürlich auflaufen ließ, weil ich wissen möchte, ob hier genauso Französisch gesprochen wird wie in Paris oder Marseille. O ja, genauso. Nur etwas härter in der Aussprache und weniger melodiös. Wie wunderbar. Frankreich also! In der Südsee.

Ich beteuere noch einmal, dass mir nichts weh tut, nur um zu reden, zu plappern, in dieser für mich wunderschönen Sprache. Der Sumo-Ringer ist erleichtert, klopft mit seiner Pranke auf meine Schulter und wünscht mir einen »Bonne Journée«. Dann setzt er sich flugs wieder in Bewegung, um seine offenbar unvollendete Nachricht beenden zu können.

Auf der Wiese hinter der Uferpromenade drapiert ein Fotograf das schneeweiße Hochzeitskleid einer japanischen Braut. Tritt ein paar Schritte zurück, knipst, läuft dann wieder auf sie zu, um den verrutschten Saum glatt zu ziehen. Zippelt noch etwas herum und knipst weiter. Der Bräutigam sitzt schläfrig auf einer Bank daneben und schaut zu, wie das Wassertaxi geschmückt wird, das beide Familien und die ganze feine Gesellschaft später zur gegenüberliegenden *Île aux Canards* bringen wird.

Am Ende der Promenade öffnet eine junge Frau im bunten Rock die Fensterläden des gelb gestrichenen Eistee-Bistros. Es ist zehn Uhr, die Stadt erwacht. Wer zur Arbeit muss, setzt sich gemächlich in Bewegung, denn es verspricht ein heißer Tag zu werden. Schon jetzt spüre ich, wie mit jeder weiteren halben Stunde die Sonne an Kraft gewinnt und brennt.

Im Anflug auf den Flughafen Tontouta bei Nouméa, der Hauptstadt
Neukaledoniens, siebzehntausend Kilometer von zu Hause entfernt.

Ich drehe mich um und schaue auf die Silhouette der Stadt.
Beim Landeanflug gestern musste ich an Nizza denken. Auf den
ersten Blick ähnelt Nouméa der südfranzösischen Stadt: die Lage
am Meer, die vielen weißen Häuser. Nun scheint es mir, dass die
Südseemetropole mit ihren knapp 90.000 Einwohnern zwar weit
weniger bevölkert ist als Nizza, sich jedoch ähnlich nach Glamour,
Prunk und Luxus sehnt und ebenso genüsslich das süße Laissez-
faire feiert. Der auffälligste Unterschied hier sind die vielen Japaner in den schicken Läden, teuren Restaurants und am feinsandi-
gen Strand. Sie scheinen ausgesprochen gerne hierher zu kommen,
zum Shoppen, Schlendern und Heiraten. Nun ja, Tokio ist lediglich neun Flugstunden von Nouméa entfernt.

Nouméa ist nicht typisch für Neukaledonien. Vom Wohlstand
her nicht, auch nicht in Bezug auf die Bevölkerung, denn generell
sind die Einwohner der Inselgruppe ein sehr gemischtes Volk.
Ihre Vorfahren kamen von den Inseln Melanesiens und Polynesi-

ens, aber auch aus Frankreich. Die Nachfahren der französischen Siedler, *caldoches* genannt, haben sich zumeist in der Hauptstadt niedergelassen und bestimmen das Straßenbild. Die der Ureinwohner findet man vorwiegend außerhalb von Nouméa: malaiische Wangenknochen, vietnamesische Augen, polynesische Pausbacken, olivfarbene Haut der Tahitianer, stattliche Köpfe der Menschen von der nahen Inselgruppe Wallis et Futuna, Kraushaar der Eingeborenen von Vanuatu. Sie leben auf Grande Terre, der Hauptinsel, die 400 Kilometer lang und doppelt so groß wie Korsika ist. Und sie bevölkern auch die vorgelagerten Inseln Ouvéa, Lifou, Maré, Bélep und Île des Pins. Neukaledonien ist eine recht große Inselgruppe, mit lediglich 280.000 Einwohnern dünn besiedelt.

Eigentlich will ich mich treiben lassen, von einem Moment zum nächsten entscheiden, was ich sehen möchte, was ich tun werde, worauf ich Lust habe. Doch gerade fühle ich mich etwas orientierungslos und merke, dass mir für den Anfang ein Plan gut täte. Ein Plan eben, den ich auch nach Belieben verändern und verwerfen kann, ein Plan als Richtschnur für den Anfang dieses Tages.

Ich suche das nächste Café in der nahegelegenen Neubausiedlung auf, schiebe meinen olivgrünen Rucksack unter den flachen Tisch und mache es mir auf dem rot-weiß gestreiften Liegestuhl bequem. Es ist herrlich, draußen im Schatten zu sitzen und nichts tun zu müssen. Ich bestelle einen Cappuccino und zwei Schokocroissants und ziehe die *Nouvelles Calédoniennes* unter der mit Muscheln bestückten Menükarte hervor.

Die Titelseite: ein großes Foto von einem eindrucksvollen Blitz über dem Hafen der Hauptstadt. Es gab also ein heftiges Gewitter vor meiner Ankunft, das heute nun von allen Seiten beleuchtet wird. Wie es entstand, welche Wetterlage dazu führte, warum zwei Radfahrer leicht verletzt wurden, wie man das hätte verhindern können, worauf zu achten ist bei Naturereignissen. Ein Experte von Météofrance und ein Fischer vom Hafen schildern ihre Eindrücke, wie sie das Unwetter erlebt hatten. Fast könnte man meinen, es wäre das erste Gewitter in der neukaledonischen Geschichte. Na klar, es hat hier jeder miterlebt, und eine Ausgabe mit einem so aktuellen Thema verkauft sich nun mal gut. Ich blättere weiter: Neuigkeiten aus Nouméa und Umgebung. Es folgen der Süden, der Norden und die vier vorgelagerten Inseln: Lifou, Ouvéa, Maré, Tiga, die sogenannten Loyalitätsinseln. Danach die Sportseiten, anschließend Nachrichten aus dem Pazifik, spärliche Informationen aus Frankreich und der Welt. Europa ist viel zu weit weg, als dass eine Berichterstattung von Bedeutung wäre. Dafür belegen Horoskop, Wetter, Anzeigen, Fernsehprogramm sehr viele Seiten der Zeitung. Ich überfliege die Überschriften und warte darauf, irgendwo mit meiner Aufmerksamkeit hängen zu bleiben. Nichts.

Ich beginne noch einmal von vorn mit dem Durchblättern. Meine Konzentration ist nicht die Beste nach einer schlaflosen Nacht aufgrund der Zeitverschiebung, elf Stunden immerhin. Ich versuche meine Aufmerksamkeit etwas mehr zu fokussieren. Der Süden: Le Parc des Grandes Fougères enthüllt seine Geheimnisse. Der Norden: Das Filmfestival *Ânûû-rû Âboro* wird vorbereitet. Ich kann mit keinem Namen, keiner Information etwas anfangen. Macht nichts, *Ânûû-rû Âboro* klingt spannend. Das Festival wird in ein paar Wochen stattfinden, ich nehme mir vor, dann dort zu sein, die Stadt muss ich mir später notieren. Dann lese ich, dass sich in Koné Frauen aus verschiedenen Stämmen zum Flechten treffen.

Ich ziehe meine Inselkarte aus dem Rucksack und finde Koné auf Anhieb. Es liegt nördlich von Nouméa. Aber wie komme ich dorthin? Auf einen Mietwagen habe ich keine Lust. Ob es Busse gibt? Oder soll ich trampen? Einen Versuch wäre es wert. Ich schaue mich um und entdecke gegenüber vom Café einen Parkplatz. Und wenn es nicht klappt und ich mir Stunden lang die Beine in den Bauch stehe? Ach, einfach mal probieren.

Ich hole mein Reiseportemonnaie mit den frisch getauschten Pazifischen Francs aus meiner Umhängetasche und ziehe für mein kleines Frühstück einen 1000er-Schein heraus, der ungefähr acht Euro entspricht: »*CFP, Institut d'émission d'outre-mer, République Française*« entziffere ich und sehe mir die Abbildungen an: eine dicke große Schildkröte auf der einen und ein taubenähnlicher Vogel auf der anderen Seite. Der schlaksige Barista sieht das Geld in meiner Hand und kommt abkassieren.

»Was ist das für ein Vogel?«, frage ich und halte ihm den bunten Schein hin. Der Mann setzt seine Brille auf und gesteht, dass er sich noch nie so genau angeschaut hat, was da abgebildet ist, obwohl er natürlich jeden Tag eine Menge Scheine in der Hand hält.

»Wo kommst du her?«, hakt er nach.

»Aus Berlin.«

»Weißt du denn, was auf einem Zehn-Euro-Schein zu sehen ist?«

Ich überlege kurz und muss passen. »Keine Ahnung, da müsste ich auch erst nachsehen!« Fingere aus meinem Portemonnaie einen Zehner heraus, ach ja, der rote Torbogen einer Kirche und auf der Rückseite eine Brücke.

Er schmunzelt, wir lachen und schlagen die Handflächen aufeinander. »Top! Da sind wir wohl quitt, was das angeht!«, sagt der Barista und schaut sich nun den 1000er-CFP-Schein genauer an: »Ah, das ist der Kagu. Ein einheimischer Vogel. Der war fast mal ausgestorben, wurde aber unter Naturschutz gestellt und hat sich wieder fleißig vermehrt. Er ist scheu, flugunfähig und kaum größer als ein Huhn. Aber er ist heilig. Mit seinen Federn werden Häuptlingsmasken verziert, und sein bellender Ruf wird in allen großen Zeremonien nachgeahmt. Größere Scharen findest du bei uns im Süden, im Parc de la Rivière Bleue. Und einige gibt es auch in Deutschland!«

»Du willst mich auf die Schippe nehmen«, entgegne ich. Er grinst: »Wirklich, das habe ich im Radio gehört, es gibt bei euch einen Vogelzoo.«

Ich aktiviere mein Handy und schaue bei Google nach. Tatsächlich, in Walsrode in der Lüneburger Heide, dem größten Vogelpark der Welt, ist es gelungen, den Kagu zu züchten.

»Du kennst den Park nicht? Warst noch nie in Waaaalzroootte?«

»Nein«, erwidere ich. »Aber das kann sich ja noch ändern. Walsrode liegt ja nur etwa drei Autostunden von Berlin entfernt.«

»Und weißt du, was das Besondere ist?« Ich schüttle den Kopf. »Kagus leben absolut monogam. Ich nicht«, er blinzelt mich herausfordernd an und schreibt mir seine Handynummer auf den Kassenbon. Sie besteht aus sechs Zahlen. »Hier könnte ich mir jede Telefonnummer schnell merken«, sage ich mehr zu mir als zu ihm. Um ihn zu beeindrucken, kritzle ich meine elfstellige Ziffernreihe auf den oberen Zeitungsrand der *Nouvelles Calédoniennes*, den er sich sofort abreißt und in seine Hosentasche steckt. Dann zwinkert er mir zu und trollt sich.

Mal sehen, vielleicht möchte ich am Ende meiner Reise den Kagu-Barista-Mann wiedertreffen. Aber bis ich wieder in Nouméa bin, werden viele, viele Wochen vergehen. Ein Segen, so viel Zeit vor mir zu haben! Ich blinzel in die Sonne und hänge meinen Gedanken nach.

Als ich noch ein Kind war, schenkte mir mein Großvater eine Maske aus Holz. Meine Großeltern, die ich gelegentlich besuchte, besaßen kein Spielzeug. Als ich nach einer Puppe zum Spielen fragte, gab mein Großvater mir das für mich fremdartige Gebilde. »Pass gut auf, damit du nichts kaputt machst. Diese Puppe kommt von weit her, aus Neukaledonien.«

Mein Großvater ließ mich nachsprechen: Neu-kale-do-nien. Ich sollte mir diesen sperrigen Ländernamen merken. Diese »Puppe« war eine Maske, sein Schutzengel. Er nannte sie Tatuta. Mit ihr in der Tasche hatte er zwei Weltkriege überlebt.

Was mir mein Großvater damals noch erzählt hatte, daran er-

innere ich mich kaum noch. Nur so viel blieb hängen: Anfang des
20. Jahrhunderts wurde er als Missionar nach Samoa geschickt,
eine Pazifikinsel, die bis 1914 deutsche Kolonie war. Als der Erste
Weltkrieg ausbrach, musste er nach Deutschland zurück, doch
weil er krank wurde, landete er zunächst auf Neukaledonien. Ein
Heiler, der ihn pflegte, gab ihm diese Maske als Talisman, sie sollte für Gesundheit und ein langes Leben sorgen.

»So weit weg warst du!«, staunte ich damals.

»Ja, schon. Aber für mich war Neukaledonien nicht das Ende,
sondern der Anfang der Welt.« Obwohl ich nicht ganz verstand,
was er damit meinte, klang das fantastisch. Ich fand es nie aben-
teuerlich, sondern eher schrecklich, wenn jemand erzählte, dass er
davon träumte, ans Ende der Welt zu reisen. Dorthin wollte ich
nie, mich reizte es, zum Anfang der Welt zu fahren. Und ich wusste, dass es DORT sein würde, dort, wo diese Maske her kam.

»Was wäre«, fragte ich meinen Großvater, »wenn wir die Erde
anhalten und sie anders herum drehen? Dann käme Neukaledoni-
en zu uns.«

Mein Großvater lachte: »Weißt du, was passieren würde, wenn
die Erde ihre Richtung wechselt? Stell dir vor, du sitzt in einem
Auto, das eine Vollbremsung macht, um rückwärts zu fahren. Alles
ruckt nach vorne, alles fliegt durcheinander. So wäre es dann auch
auf der Erde: Bäume, Fahrzeuge, Gebäude würden weggerissen
und unter heftigen Stürmen durcheinandergewirbelt. Es hat einen
Grund, warum die Erde die Richtung nicht wechselt. Wahrscheinlich haben alle Planeten genau den gleichen Dreh wie unsere
Erde.«

Als ich herausfand, dass Venus und Uranus entgegengesetzt
um ihre eigene Achse rotieren und ich es meinem Großvater erzählen wollte, war er eingeschlafen. Für immer.

Vor dem Café befindet sich der größte Parkplatz weit und breit:
Zehn Autos stehen dort. Wenig Chancen, hier jemanden zu tref-

fen, der mich mitnehmen kann. Dafür ist der Ausblick auf das Meer grandios. Da wäre selbst ein mehrstündiges Warten gut auszuhalten, unter einem Filao, einem Nadelbaum, der mich an die europäische Lärche erinnert. Von den langen, feinen Nadeln tropfen Wasserperlen auf meine Arme und kullern kitzelnd herab.

Mein Blick schweift über den Ozean. Am Ufer ist das Wasser türkis und durchsichtig bis zum sandigen Grund, zum Horizont hin wechselt es ins Tiefblaue, Dunkle und Geheimnisvolle. Ein paar Segelboote, ein paar Schiffe ziehen ihre Bahnen. Ich drehe mich zu den zehn weißen Autos und sehe einen älteren, gutaussehenden Herrn in hellgrauem Leinenanzug auf einen Peugeot zusteuern. Dann folgt das Klicken der automatischen Türentriegelung, die Rücklichter blinken. Ich springe auf und eile zu ihm.

»Guten Morgen! Entschuldigung, hätten Sie noch Platz, mich ein Stück mitzunehmen?«

»Wohin?«

»Nach Koné«, sage ich lässig, als seien mir sämtliche Ortsnamen geläufig und als würde ich in Koné dringend erwartet. Koné, der Ort, von dem ich noch nie gehört hatte, bevor ich die Tageszeitung las.

»Ich fahre nach La Foa, doch das ist genau die Richtung. Steigen Sie ein.«

Somit sitze ich nach zwanzig Minuten Warten bequem in einem nagelneuen Peugeot Traveller, in dem gut neun Personen Platz hätten. Ein bisschen wundere ich mich, mit welcher Selbstverständlichkeit ich eingestiegen bin. Mein inneres Kontrollsystem vollzieht nun doch ein kurzes Check-up: Ist der Fremde eventuell unberechenbar und komme ich sonst wo an, nur nicht in Koné beziehungsweise La Foa? Ich werfe einen verstohlenen Blick auf ihn. Wissen kann ich es nicht, aber mein Bauchgefühl, auf das ich mich bislang immer verlassen konnte und das ein guter Navigator auf meinen Reisen ist, gibt Entwarnung. Vielleicht mache ich mir zu viele Gedanken, vielleicht ist Trampen angesichts der

komplizierten Busverbindungen hinaus aufs Land in Neukaledonien nichts Ungewöhnliches – so schnell, wie ich wegkam, gleich
beim ersten Versuch!

Ich mustere den Fahrer, eine imposante Erscheinung: große
braune Augen, breite Nase, das Kinn kantig, kurz geschorene
Haare. Wenn er lächelt, kneift er die Augen zusammen, entblößt
seine makellosen weißen Zähne, und auf den Wangen zeichnen
sich zwei kleine Grübchen ab. Ich schätze ihn auf Mitte sechzig.

Die Straßen sind fast leer. Ab und zu kommt uns ein Auto entgegen, die Fahrer heben die linke Hand vom Lenkrad, grüßen, nicken einander zu, so wie ich es in Berlin von Busfahrern gleicher
Linien kenne. Dann dauert es wieder viele, viele Minuten, bis erneut ein Auto auftaucht. Die Landschaft ist abwechslungsreich:
tiefdunkle Wälder, Haine mit Obstgärten, große Kaffeeplantagen,
dann kleinere Täler, reißende Flüsse und Steppenlandschaft mit
weidenden Rinderherden.

Der Mann neben mir ist wortkarg, ein Gespräch kommt nur
schleppend zustande. Doch es stellt sich peu à peu heraus, dass
dieser Gentleman in hellgrauem Leinenanzug und weißem Hemd
ein Stammeshäuptling ist. Vom Stamm in Couli, bei La Foa. Meine
erste Begegnung mit einem Häuptling hätte ich mir aufregender,
abenteuerlicher vorgestellt, nicht so banal in einem nagelneuen,
blank polierten Auto. Egal, ich war vor allem froh voranzukommen.

Ich krame meine Landkarte hervor, um dieses Couli zu suchen. »Petit-Couli oder Grand-Couli, Monsieur?«, frage ich.

»Petit. Ich heiße übrigens Bergé Kawa. Doch nennen Sie mich
bitte nicht bei meinem Namen«, fügt er hinzu. »Es genügt, wenn
Sie mich Mann aus Couli nennen. Das ist mir lieber.«

Diesen Gefallen kann ich ihm gerne tun, doch ich wüsste nur
allzu gerne, warum er Wert darauf legt.

»Das ist so Sitte bei uns.«

Eine dürftige Auskunft. »Was heißt: bei uns?

»Bei uns, das sind unsere Dörfer: Couli, Tonne und Sarraméa. Sehen Sie, Couli liegt hier, zwischen La Foa und Kouaoua.« Ohne den Blick von der Straße zu wenden, deutet er genau auf die Gegend seines Heimatortes. Auf seiner voluminösen, schwieligen Hand entdecke ich eine verblasste Tätowierung, eine Art Kreuz, das sich über den ganzen Handrücken zieht. Tätowierungen, habe ich gelesen, sind ein Privileg der Männer, sie dokumentieren die Kaste, die finanzielle Situation. Sie sind so etwas wie ein Wappenschild, gleichzeitig auch eine Zierde, wie ein gut sitzender Anzug. Nur dass die Tätowierungsprozedur schmerzhafter ist als die Anprobe von Hose und Jacke. Da wir gerade mal eine halbe Stunde zusammen im Auto fahren, verbietet es mir der Respekt, ihn jetzt darauf anzusprechen. Ich hoffe, dass ich später dazu noch Gelegenheit finde.

Ich strecke meinen rechten Arm aus dem heruntergelassenen Fenster, spreize die Finger, so als wolle ich den Wind einfangen. Was erwartet mich? Wo werde ich heute sein? Wie wird der Tag zu Ende gehen?

Nouméa liegt weit hinter uns, der Häuptling gibt Gas, gelinde gesagt, er rast. Ich fühle mich frei, genieße die vorbeiziehende Landschaft, grüne Wiesen, am Horizont die Berge. Darüber ein weiter Himmel, dünne Federwolken. Musik aus dem Autoradio, *Océane FM*. Bergé dreht auf. Reggae, nicht Bob Marley, irgendwie anders, ich nenne es vorläufig Südsee-Reggae.

Wir passieren Boulouparis, dann La Foa. Vor dem holzgeschnitzten Ortsschild *Petit-Couli* hält er und schaut zu mir hinüber. »Und nun, Madame?«

Zwar will ich nach Koné, zum Frauentreff, doch Bergé macht mich neugierig. Gern würde ich ihn näher kennenlernen. Ob ich seinen Stamm besuchen dürfte?

»Nein, Madame. Wir haben keine Zeit, Gäste zu empfangen.«

Ich lasse nicht locker, versuche es mit dem Argument, dass ich eine weite Reise angetreten habe, um das Leben in Neukaledonien kennenzulernen.

»Das ehrt Sie, aber die Reise von Nouméa hierher ist wahrlich nicht weit«, entgegnet er.

»Ich meine die Reise von Deutschland hierher.«

Bergé sieht mich überrascht an. Dann zieht ein freundliches Lächeln über sein Gesicht. »Von so weit her kommen Sie? Oh, da möchte ich Sie nicht enttäuschen, Madame. Sie sind natürlich willkommen in Couli.«

Dieser Stimmungsumschwung kommt für mich völlig unerwartet.

»Die Einwohner meines Stammes werden Ihnen respektvoll begegnen, wenn ich es möchte.«

»Was heißt das?« frage ich mit trockener Kehle, und mein Warnsystem ist kurz davor anzuspringen.

»Einst ging es bei uns viel strenger zu, müssen Sie wissen. Zu Zeiten meines Großvaters durfte zum Beispiel niemand einfach so mit einem Häuptling sprechen und ihm direkt in die Augen sehen. Man konnte sich ihm nur mit geneigtem Kopf nähern, und nur, wenn das Anliegen des Treffens vorher bewilligt worden war. Heute ist es nicht mehr ganz so streng. Und außerhalb des Stammes bin ich ein Mensch wie jeder andere.« Dann macht er eine kurze Pause und holt tief Luft: »In Couli jedoch«, fügt er mit fester Stimme hinzu, »bin ich der Chef.«

»Woran sehe ich das? Ich habe Sie auf dem Parkplatz für einen Manager gehalten, so edel sehen Sie aus!«

»Kleidung, die beeindruckt, kann doch jeder tragen. Das entspricht wohl eher Ihrem westlichen Denken! Ich aber besitze die Prunkaxt. Die habe nur ich als Führer meines Stammes, sie hebt mich von den anderen ab. Es ist die des vorherigen Chefs, die meines Großvaters, es ist die *Ndi-ongo*. Eine Häuptlingsaxt mit einer Grünsteinscheibe und einem Griff, der mit *Nde-re*, rot gefärbter Fledermaushaarschnur umwickelt ist. *Ndi-ongo* gibt mir die Macht.«

Ich zeige mich beeindruckt und erkundige mich, warum Bergé, pardon, der Mann aus Couli, in Nouméa war. Was macht ein Häuptling in der Hauptstadt?

»Ich muss meinen Sohn im Gymnasium anmelden. Und eine Unterkunft besorgen, nun ja, möglicherweise kann er beim Pfarrer wohnen. Den kenne ich gut.«

Ich stutze und frage, ob er getauft wurde und ob er Christ sei.

»Getauft ja, Christ nein. Ich richte mich lieber nach dem Zauber und den Ritualen unserer Ahnen. Viele halten das so. Schwer zu verstehen, wenn man nicht von hier ist, nicht wahr? Doch leider musste ich aus Nouméa vorzeitig abreisen.«

»Warum das?«

»Sie haben sicher etwas Einfühlungsvermögen. Jedenfalls – ich hatte im Haus des Freundes, bei dem ich übernachtete, eine Maus gesehen.«

Dass Bergé sich vor Mäusen fürchtet, hätte ich nicht erwartet. Deshalb hatte er die Flucht ergriffen?

»Es war keine gewöhnliche Maus, sondern eine verkörperte Seele unserer Vorfahren, die Unglück verkündet. Ich hatte sogleich Sorge, dass jemand in meiner Familie erkrankt ist, und darum wollte ich sofort nach Couli zurück.«

»Das tut mir leid. Ich hoffe, dass alle gesund sind!«

Der Häuptling bedankt sich für meine guten Wünsche, wirkt plötzlich zugänglicher und meint, dass er sich trotz der Sorge um seine Familie noch ein klein wenig Zeit für mich nehmen würde:

»Ich zeige Ihnen noch etwas Schönes, nämlich die Anhöhe des Col de Petchécara. Es ist nicht weit.«

Wir fahren über trockene, rote Erde bergauf. Kleine Steine knirschen unter den Wagenrädern. Dann hält Bergé an, wir laufen noch ein kleines Stück zwischen dichten Bäumen entlang. Dann plötzlich öffnet sich der Wald und gibt eine atemberaubende Sicht über den Ozean frei, der sich unter der Bergkuppe, auf der wir uns befinden, weit, weit in der Ferne ausbreitet. Eine scharfe Linie am

Horizont trennt das Meer vom Himmel, und vor dieser Linie liegen wie Maulwurfshügel die Loyalitätsinseln. O ja, da möchte ich auch noch hin!

»Geht es dir auch so, dass dir die Welt größer erscheint, wenn du das Meer siehst?« Bergé duzt mich nun, ich deute das als ein Zeichen von Vertrauen. »Mehr noch«, spinne ich den Gedanken weiter, »ich habe das Gefühl, das Meer weitet die Welt und teilt die Zeit.«

Bergé legt den Kopf leicht zur Seite, hebt die buschigen Augenbrauen und kneift leicht die Augen zu. »Ja, am Meer hört immer etwas auf und fängt was Neues an.« Ich muss loslachen, es klingt ein bisschen wirr, doch ich bin froh zu lachen, denn das Lachen erlöst mich, nimmt mir die Anspannung, die Unsicherheit, hier in der Fremde, neben diesem unbekannten Mann, den ich langsam sympathisch finde.

Er klopft mir freundschaftlich auf die Schulter. »Genieß den Ausblick! Nachher bringe ich dich zu Florence, da kannst du die Nacht bleiben. Sie ist eine Freundin meiner Familie. Morgen hole ich dich ab, und wenn nichts Schlimmes passiert ist bei mir zu Hause, bist du willkommen im *tribu,* im Stamm.« Er zückt sein Handy und schreibt ein *texto,* eine SMS, die mich bei der Freundin ankündigen soll.

Florence kommt uns winkend entgegen. Bergé begrüßt sie herzlich und entschwindet, ohne sich von mir zu verabschieden, so als habe er seine Pflicht getan und könne nun endlich zu Hause nachsehen, was passiert ist, – welche Botschaft die vorbeiflitzende Maus aus Nouméa überbringen sollte. Florence, eine kleine Frau mit einem gütigen Gesicht, hakt mich unter und führt mich zu einem Holzhäuschen, am Eingang ein Schild: *Le Refuge.* Was so viel wie Zufluchtsstätte bedeutet.

Mitten im Raum steht ein Bett als Blickfang, ein Lattenrost auf vier klobigen Baumstämmen, darauf eine Matratze mit einer

dünnen Baumwolldecke. Daneben ein Stuhl mit runder Lehne.
Ich lasse meinen Rucksack von der Schulter gleiten. »Danke, dass
ich hier übernachten darf.« Am liebsten würde ich mich gleich auf
das Bett legen, doch ich fürchte, sofort einzuschlafen, später aber
hungrig wie ein Wolf aufzuwachen und nicht zu wissen, wo ich etwas zum Essen bekomme. »Gibt es in der Nähe ein Bistro?«
»Wozu das? Du bist unser Gast! Komm.«
Auf der überdachten Veranda des Anwesens deckt Florence
den Tisch. Ihr Mann, der gerade vom Feld kam, sieht müde aus.
An den zerkratzten Lederschuhen kleben feuchte Erdklumpen,
die er abklopft. Schließlich schüttelt der untersetzte, pausbäckige
Mann mir freundlich die Hand und wendet sich seinen Kindern
zu, drei Jungs zwischen fünf und neun, die nicht zu bändigen sind.
Sie quietschen und kreischen, rutschen unruhig auf ihren Stühlen
hin und her, springen auf, setzen sich wieder und warten eigentlich
nur darauf, weiter spielen zu dürfen, da für sie das Abendessen eine
lästige Unterbrechung mitten in ihrem Abenteuer ist. Der Hunger
ließe sich offenbar noch ertragen, nicht aber die Unterbrechung
des erfundenen Spiels, zu dem Erwachsene keinen Zugang haben.
Doch sie müssen sich fügen, der Vater haut mit der flachen Hand
auf den Tisch: »Arrêtez. Silence!«
Es gibt Süßkartoffeln, in einer großen Glasschale angerichtet,
dazu Kochbananen, grüne Bohnen, und auf einem länglichen
Brett liegt eine gegrillte Dorade. In einer Keramikschale an der
Seite des Tisches steht als Nachtisch ein Kokoskuchen. Ich bin
viel zu erschöpft, um zu reden, und will nach dem Essen schnellst-
möglich in mein Zimmer verschwinden. Florence reicht mir noch
ein Bier: »Hier, damit schläfst du gut!« Dann folgt eine Warnung:
»Übrigens, nachts darfst du nicht raus und in den Wald gehen! Da
verstecken sich Kobolde, die in der Dunkelheit Schabernack treiben.« Ich unterdrücke ein Lächeln und beruhige sie, denn ich habe
nicht vor, *Le Refuge* zu verlassen und eventuell noch auf Kobolde
zu treffen. Allerdings würde ich allzu gerne wissen, wie die Kobol-

de aussehen, doch als ich mich danach erkundigen will, ist Florence mit ihrem Mann in der Küche verschwunden. Und selbst die Jungs, die mir sicher hätten Auskunft geben können, schnellen in diesem Augenblick wie Raketen von ihren Stühlen hoch und rennen in den Garten.

Ich ziehe meine Sandalen aus und beginne langsam mit den Fußsohlen über das stoppelige Gras zu streifen, mit weit schwingenden Bewegungen, sodass es kitzelt. Dann laufe ich hinüber zu meiner Hütte, jeden Schritt ganz bewusst aufsetzend, staksend wie ein Storch. Eine Wonne.

Es ist nun still, ganz still. Ein Hauch von würzigem Holzfeuer liegt in der noch warmen, feuchten Luft. Hinter meinem *Refuge* beginnt der Wald mit dicht beieinanderstehenden, mir völlig unbekannten hohen Bäumen und Zypressen, die in der Finsternis aussehen wie Giraffen mit verdrehten Hälsen oder Flamingos mit riesigen, geschwungenen Schnäbeln. Das ist alles nicht wirklich furchteinflößend, aber doch ein bisschen schaurig, gespenstisch, und heizt die Phantasie an. Schon vorstellbar, dass da auch Kobolde aus dem Dickicht hervorspringen könnten. Auch ohne Kobold-Saga würde ich es nicht wagen, jetzt in den Wald zu gehen, obwohl es in Neukaledonien keine giftigen oder gefährlichen Tiere gibt. Ich hätte Angst, mich zu verlaufen – um meine Orientierung war es noch nie besonders gut bestellt.

Ich schaue weiter in den tiefschwarzen Wald, in diese märchenhafte Geisterkulisse, und plötzlich schiebt sich klar und schön ein runder Mond dahinter hervor.

Da fällt mir die Geschichte von dem Jungen ein, der mit seinem Fahrrad in der Dunkelheit unterwegs war und sich immer wieder umdrehte, um den Mond zu sehen. Nach einer Weile schlussfolgerte er, dass der Mond ihm folgen würde, wahrscheinlich, um ihn zu beschützen. Doch fragte sich der Kleine, woher der Mond am Himmel wisse, wo er wohnt. Als er schließlich zu

Hause angekommen in sein Bettchen kroch, sah er ihn in sein Fenster scheinen und war sich sicher, dass er ganz allein nur in sein Fenster schaute und nirgendwo anders hinein. Ich glaube, ich werde immer fasziniert zu dem Dicken nach oben schauen und mich an seinem Schein erfreuen.

Nachdem ich lange durch das weiche Gras gelaufen bin, setze ich mich auf einen Baumstumpf vor dem Haus und spüre, wie erschöpft ich bin. So oft ich auch unterwegs bin, auf jeder Reise unterschätze ich, dass es Zeit braucht, um wirklich anzukommen, auch wenn man schon *da* ist. Ich spüre einen leichten Druck an den Schläfen. Nun erst fühle ich, wie es in mir pocht, alles in mir ist darauf ausgerichtet, sich der neuen Umgebung anzupassen, all die Eindrücke aufzunehmen, obwohl noch nicht klar ist, wie sie einzuordnen sind.

Es überfällt mich eine Müdigkeit, die mich jedoch noch nicht in den ersehnten Schlaf entlässt. Die Gedanken kreisen und kreisen, zu viel Neues, Unbekanntes muss verarbeitet werden. Ich fühle mich schutzlos, als wäre meine Haut dünn wie Pergament. Eine zum Zerreißen gespannte Aufmerksamkeit durchzieht mich, die erst mit der Zeit abnehmen wird, wenn Blicke, Worte, Gesten, Bilder sich wiederholen und ich das Geschehene besser verstehen kann und sich nach und nach eine gewisse Vertrautheit einstellt. Noch weiß ich nicht, was der morgige Tag bringt, wohin ich fahre, wer mir begegnet, wie ich mich fühlen werde. Als ich mich auf meine Matratze sinken lasse, die dünne Decke zur Nasenspitze ziehe, falle ich sofort in einen tiefen Schlaf und träume, dass die Zeit wie kleine Wimpelfähnchen aussieht, die ich zum Trocknen auf die Wäscheleine aufhänge.

Als der Morgen graut, bin ich sofort munter, springe aus dem Bett, trete hinaus und sehe vor der Hütte den kleinen Holztisch gedeckt, ein Tablett mit einer Thermoskanne Kaffee, einem getoasteten Baguette, etwas Butter, Ananaskonfitüre, dazu Litschis.

Während ich die harte Schale der roten Früchte abpule, um das saftige, weiße Fruchtfleisch freizulegen, sehe ich Bergé durch den Wald auf mich zukommen.

»Es war unhöflich von mir, mich gestern so schnell zu entfernen«, begrüßt er mich. »Ich war sehr unruhig und tatsächlich, mein Neffe ist erkrankt. Die Maus in Nouméa gab mir dafür ein Zeichen.«

Ich drücke mein Bedauern aus und wünsche dem Jungen rasche Genesung.

»Es ist nicht so schlimm, wie ich vermutet habe, lediglich eine Überlastung. Der Kleine braucht Ruhe, seine Seele ist wund.« Dann hält er kurz inne: »Wenn ich Seele sage, meine ich keine Seele in dem Sinne, wie du das Wort möglicherweise gebrauchst. Aber immerhin ist Seele noch die beste Übersetzung für unser Wort *wi*. Ein *wi* ist etwas Lebendes, nicht flüchtig und nicht vergänglich.«

Bergé versucht mir zu erklären, dass man in der Tradition seines Stammes unter *wi* eine Doppelgängerseele meint, die ihre Gestalt wechseln kann, sodass sie bisweilen auch als Tier erscheint. Und sie kann Botschaften überbringen. *Wi* ist die Seele der Vorfahren. Sie wird jedem von uns in seiner Kindheit gegeben. Damit kleine Kinder gedeihen, bitten Eltern den Zauberer, ihnen ein *wi* herbeizurufen, das von einem Ahnen stammt. So wird dem Sohn oder der Tochter eine Seele eingehaucht, die sich zum Kinde gesellt und dessen Gestalt annimmt. Nach dem Tode verlässt das *wi* den Körper wieder und wartet, bis es erneut gerufen wird.

»Und der Zauber bleibt unsichtbar?«, will ich wissen.

»Aber natürlich!«, entgegnet Bergé überrascht.

»Pack deine Sachen! Es wird mir eine Freude sein, dir mehr zu erzählen und dir meinen Stamm zu zeigen!«

Welch ein Glück, dass sich Bergé meiner annimmt!

2

Der Stamm von Bergé

Wir ruckeln einen ausgefahrenen, lehmigen Weg entlang. Plötzlich tauchen mitten im Wald meterhohe Rundhütten auf. Eine Allee mit hoch gewachsenen Palmen und buschigen Nadelbäumen führt zum Eingang zweier markanter Hütten, vor denen aufeinandergestapelte, flache Steine das Terrain umzäunen. »Die beiden Häuser dort sind mein Zuhause.« sagt Bergé. »In dem einen wohne ich mit meiner Familie, und das andere ist meine Residenz. Die Bäume hier sind hundert Jahre alt, die Kiefern wurden zu Ehren der Männer, die Kokospalmen in Hochachtung unserer Frauen gepflanzt.«

Am Ende der majestätischen Allee steht eine riesige Holzfigur, ein ernst dreinblickender, grob geschnitzter Kerl mit einem überlangen Phallus, der auf dem Boden aufsitzt und mit der Erde verbunden ist. Die stilisierten Kopfhaare sind zu einem Turban geflochten, zwischen schmalen Augen hebt sich eine breite Nase ab, unter einem wulstigen Mund hängt ein dichter, langer Bart. Die Gestalt hat schmale Schultern, einen kleinen Bauchansatz und Füße, die wie die Fänge eines Adlers aussehen. »Das ist der Beschützer meines Clans. Er soll alles Übel der Welt von uns fernhalten.«

»Das könnte klappen«, witzele ich, »jeder Besucher erschrickt sich vor ihm und will auf der Stelle kehrt machen!«

Bergé geht nicht darauf ein. Entweder versteht er meine scherzhafte Anspielung nicht, oder er will sie nicht verstehen, da ihm die Sache zu ernst ist.

Neben dieser monströsen Gestalt, der ich nicht unerwartet im Dunklen gegenüberstehen möchte, ragt eine Bambusstange empor, an der rote, grüne, weiße Baumwolltücher befestigt sind. Um sie herum spielen zwei kleine Mädchen jauchzend Fangen. Die geflochtenen Zöpfe wehen im Wind und der Rocksaum der rosa Kleidchen wippt auf und nieder. Es sind Bergés Töchter, die ihrem Vater kurz zuwinken und dann auf dem lehmigen Boden mit einem Stock Linien ziehen. Die Linien fügen sich zu Kästchen, in denen sie hin- und herhüpfen, ähnlich wie ich es von *Himmel und Hölle* aus meiner Kindheit kenne.

»Meine Frau ist noch auf dem Feld, um Süßkartoffeln und Karotten zu ernten. Sie kommt gleich zurück und dann gibt es Mittagessen.« Bergé erzählt, dass es gut sei, wenn die Kleinen mal für sich allein sind, denn sonst werden sie ständig von Mutter und Großmutter betreut. Es wäre ein bisschen zu viel des Guten, die Kleinen hätten zu wenig Freiraum, um sich jenseits der Aufsicht der Erwachsenen auszuprobieren. Was für eine Überlegung, denke ich im Stillen. Ist es bei uns nicht eher umgekehrt, sodass die Eltern oft zu wenig Zeit für ihre Kinder haben und gerne mehr für sie da wären? Und das würde den Kindern, zumeist jedenfalls, auch gefallen.

Ich folge dem Häuptling auf der Allee bis zu seiner Residenz und schaue mir die Rundhütten, die auf der Wiese verteilt stehen, genauer an: Es sind Häuschen mit kreisrundem Grundriss und überlangen Dächern, die sich zuweilen bis fast auf den Boden erstrecken und am unteren Ende einer fransigen Ponyfrisur ähneln. Oben, aus der Spitze des zylinderförmigen Giebels, ragt ein langer Pfeil, der aus rot und weiß bemalten Holzornamenten zusammengesetzt ist.

Bergés Residenz besitzt eine nach meinem Empfinden viel zu kleine Eingangstür, so als würde er nur Zwerge empfangen, die lediglich ein winziges Schlupfloch brauchen, um in sein Reich einzutreten.

»Deine Hütte steht sicherlich schon sehr lange, oder?«, frage ich. »Möglicherweise waren deine Vorfahren so klein, dass sie mit solch einem niedrigen Eingang zufrieden waren. Oder haben sie sich am oberen Türpfosten ständig die Stirn blutig geschabt?«

Bergé schaut mich überrascht an, fährt sich mit der rechten Hand über seine schwarzen Bartstoppeln und reibt nachdenklich sein Kinn. »Stimmt, das kannst du nicht wissen. Nein, jeder, der durch diese Tür tritt, soll dies mit gesenktem Haupt tun, um sich mit Respekt vor mir zu verneigen.« Das gelte für alle Stämme: Wer in die Residenzhütte tritt, darf dem Häuptling nicht in die Augen schauen, um so seine Verehrung und Ehrfurcht zum Ausdruck zu bringen.

Bergé bückt sich, ich folge ihm und muss mich bei meiner Körpergröße von eins siebzig recht weit bücken. Eigentlich, denke ich beim Hineingehen, müsste es für den Häuptling eine extra Tür geben, damit er erhobenen Hauptes sein Domizil betreten kann. Aber gut, er sitzt ja bereits im Innenraum, wenn er Gäste oder Stammesmitglieder empfängt.

Es ist ziemlich dunkel im Raum. Es gibt kein Fenster. Immerhin bleibt die Tür geöffnet und zudem flackert ein kleines Feuer in der Mitte der Hütte, beides spärliche Lichtquellen im heiligen Anwesen. Je weiter ich in den Raum hineingehe, desto stärker umhüllt mich ein würziger Duft, den ich tief durch die Nase einziehe.

Es riecht herb nach verkohltem, harzigem Kiefernholz. Durchsichtige Rauchschwaden schweben durch den Raum, ehe sie nach oben durch die Dachluke ins Freie abziehen. Genau in der Mitte der Hütte ist ein dicker Pfahl gepflockt, eine Art Stützpfeiler, verziert mit geschnitzten Mustern aus Dreiecken, Kreisen, Quadraten und trapezförmigen Zacken.

Um die Feuerstelle herum liegen locker übereinandergeworfen geflochtene Matten und Sitzkissen.

»Hier bist du also tagsüber. Ist das so etwas wie dein Arbeitszimmer, dein Büro?«

Bergé lacht los, seine tiefe Stimme vibriert in seiner gewaltigen Brust. »Wenn du so willst, ja, der Vergleich ist nicht falsch. Das hier ist Treffpunkt unseres Stammes, vergleichbar mit einem Rathaus. Hier empfange ich Häuptlinge von anderswo und Bürgermeister aus den Gemeinden. Hier halten wir unsere Besprechungen und Versammlungen ab.«

»Es gibt Bürgermeister?«, frage ich erstaunt.

»Was denkst du? Wir haben beides in Neukaledonien: unsere Stämme mit ihren Traditionen und ihrer festen Ordnung und außerdem administrative Strukturen wie in anderen Ländern auch, mit Bürgermeistern eben.« Häuptlinge und Bürgermeister arbeiten zusammen, doch haben sie ihre jeweils eigenen Befugnisse. Die beiden Systeme existieren nebeneinander, das eine mit den traditionellen Werten der Ureinwohner und das andere als demokratisches System des französischen Staates.

Nun bittet mich Bergé wieder hinaus ins Freie.

Die frische Luft tut gut. Der warme, rauchige Dunst in der Hütte verstärkte dieses leichte Ziehen in meinem Kopf, das ich seit einiger Zeit spüre. Dieser Druck in den Schläfen und auf den Augen, den ich vom Jetlag her kenne. Obwohl ich diese Müdigkeit und Erschöpfung schon weit hinter mir gelassen habe, stellt sich dennoch ein leichtes Unwohlsein ein, wenn ich mich von der Fülle der Eindrücke schier überflutet fühle. Ich fühle mich wie ein

Schwamm, der alles aufsaugt und, nun übervoll, alles halten möchte, was er aufgenommen hat.

Doch ich versuche mein Unwohlsein zu überspielen, denn ich möchte noch mehr von Bergé erfahren. Ich fürchte, dass er bald die Lust verlieren könnte, mir, einer Fremden von einem anderen Kontinent, sein Leben zu erläutern, ein Leben, das für ihn selbstverständlich und deshalb schwer zu beschreiben ist.

In seinem Blick zeichnet sich so etwas ab wie: Aber das ist doch alles klar! Das ist schon immer so gewesen! Das lässt sich nicht erklären.

Ich überlege, was ich noch wissen möchte, was mir auf die Schnelle einfällt, um meinen Berg von Unwissen nach und nach abzutragen. Ein bisschen ungelenk versuche ich mich zu erkundigen, ob die Ureinwohner glauben, von bestimmten Tieren oder Pflanzen abstammen. Um als Frauen und Männer ins Hier und Jetzt zu treten und später dahin zurückzukehren, woher sie gekommen sind. Zumindest hatte ich in einem Buch davon gelesen. Mich fasziniert die Vorstellung von magischen Beziehungen zwischen Tieren und Menschen, die in Neukaledonien, überhaupt in Melanesien und Polynesien eine große Rolle spielen.

»Woher weißt du das? Wir sprechen zu keinem Fremden davon.«

»Ich hatte etwas über Totemismus gelesen«, sage ich vorsichtig und frage weiter, welche Tiere in dieser Region als Totemtiere gelten.

Der Häuptling schüttelt energisch den Kopf. »Das kann ich nicht sagen. Das wäre, als ob ich mich nackt vor dir ausziehe. Es ist meine Scham, die verhindert, dass ich den Namen unseres Totems nenne. Das *sche* ist das Geheimste, was wir haben. Es ist Teil unseres Wesens. Ich kann dir lediglich verraten, dass wir sechs *sche* haben.«

Dann, zaghaft, beginnt Bergé mir zumindest die Namen der Totems von La Foa, seiner Region, ins Ohr zu flüstern: »Eidechse,

Seebarbe, Hai, Fledermaus, Ratte und Notou-Taube.« Doch ist er nicht bereit mir zu sagen, welcher Gruppe der Tiere er angehört. »Das geht beim besten Willen nicht, ich würde damit viel von meiner Macht verlieren«, erklärt er. »Dann würde mir das *oro* abhandenkommen. *Oro* ist etwas außerordentlich Wirksames. Es ist die Macht unserer Vorfahren. Hätte ich kein *oro*, dann wäre ich auch kein Häuptling geworden«, fügt er hinzu.

»Übrigens, auch die Zauberer bei uns haben *oro*, genau wie die Häuptlinge. Wer wäre denn sonst imstande, das *wi* herbeizurufen und mit den Geistern zu verkehren, die sich im Menschen einnisten?« Um Kranke heilen zu können, gibt es aber auch Ärzte. Doch in schweren Fällen, in denen Krankheiten auf den Einfluss von Geistern, das *wi*, zurückgeführt werden, muss der Zauberer, der *Atakoi*, eingreifen.

Mir schwirrt der Kopf: *oro, wi, Atakoi.*

»Die Aufgabe des *Atakoi* ähnelt der eines Häuptlings, wobei sie sich in ihrem Wesen unterscheiden. Wenn zum Beispiel ein kleines Kind erkrankt, weiß man, dass ein böser Geist in seinen Körper gefahren ist und es zu Tode quälen will. Dann kann nur der *Atakoi* helfen. Fünf Tage muss er sich dafür vorbereiten, muss bestimmte Speisen, wie etwa Krabben, meiden und sich von Frauen fernhalten. Dann schließt er sich mit dem Kinde ein und treibt durch seine Macht den Geist aus ihm heraus. Nur wenn das überhaupt nicht hilft, holen wir den Krankenwagen.«

»Und wie geht der *Atakoi* dabei vor?«

»Er besitzt einen Zauberstein. Näheres weiß ich nicht, denn niemand darf dabei sein. Uns genügt, dass das Kind gesund wird.«

»Wird es denn immer gesund oder missglückt der Zauber auch?«

»Der *Atakoi* heilt immer.« Auch wenn das so nicht ganz zu stimmen scheint, hat Bergé nicht den geringsten Zweifel an der Macht des Zauberers. Denn wer aufgrund einer schweren Krankheit stirbt, ist zwar tot, doch dies bedeutet lediglich, dass er nicht mehr sichtbar lebendig ist, sondern anders »weiterlebt«. Dass er dahin zurückkehrt, wo er hergekommen ist. Wo immer das auch sein mag.

Bergé vertraut auf die Kraft seiner Vorfahren. Das Bewusstsein, Träger einer uralten Macht zu sein, erfüllt ihn mit einer beneidenswerten Sicherheit. Und doch bleibt er dabei bescheiden.

»Wie sieht denn ein Zauberstein aus?«

»Wie ein gewöhnlicher Stein, nur dass er mit Macht geladen ist. Diese besondere Strahlung erkennen nur Zauberer.« Aber es gebe auch andere Zaubersteine. Die Sonne sei einer, ihre Macht vertreibe die Nacht und bringe den Tag. Darum wird die Sonne auch Tagstein genannt.

»Aber ich weiß nicht allzu viel von Zauberei. Wenn dich das interessiert, musst du zu Soan gehen. Er ist ein großer Zauberer und Arzt. Ein Mann von Lifou. Ich könnte es einrichten, dass du ihn auf der Insel Lifou triffst.«

»Das wäre wunderbar«, freue ich mich.

»Der Stamm dort wird für dich bestimmt interessant sein. Diese Menschen leben ihre Tradition noch stärker als wir. Früher wurden dort die Stammeshäuptlinge nach ihrem Tode senkrecht in die Erde eingegraben, sodass der Kopf noch herausschaute. Das war Sitte, damit der Chef sozusagen noch alles im Blick hatte, also auch nach seinem Ableben und Fortgehen alles kontrollieren konnte. Die Häuptlinge blieben somit allgegenwärtig.«

Auf Bergés Gesicht, das bislang ernst geblieben ist, sehe ich nun ein leichtes Lächeln über die Mundwinkel huschen. Ich bin mir nicht sicher, ob das, was er da eben erzählt hat, wahr ist, oder ob es nicht auch unter den Stämmen ab und zu Witzeleien gibt, um den eigenen Stamm als den besseren darzustellen, der sich von den anderen durch Klugheit und Stärke abhebt.

Unvermittelt taucht in mir die Frage auf, ob der Häuptling Bergé, versehen mit magischen Kräften und eingebettet in seine Ahnenkultur, sich auch anderswo zurechtfinden könnte: »Warst du eigentlich schon mal in Europa?«, frage ich behutsam, nicht ahnend, dass ich ein heikles Thema anschlage.

Er nickt, und seine Mine verfinstert sich. Dann erzählt er. Es war ein denkwürdiger Anlass, der sogar durch die Medien ging. Er war in Paris zur Übergabe des Schädels eines seiner berühmten Kawa-Vorfahren. Atai, ein Held aus seinem Stamm, hatte sich 1878 gegen den Landraub durch die französischen Kolonialherren zur Wehr gesetzt und dies wie tausend andere Ureinwohner mit dem Leben bezahlt. Kopfgeldjäger hatten den Franzosen sein Haupt gebracht. Dann verlor sich seine Spur. Lange galten Atais sterbliche Überreste in Frankreich als verschollen, bis sie zufällig in einem Museum entdeckt wurden. Im Jahr 2014 war Bergé dann nach Paris geflogen, wo ihm während einer feierlichen Zeremonie im Naturkundemuseum der heilige Schädel übergeben wurde.

Jahrzehntelang hatte Bergé für die Wiedergutmachung gekämpft. Die Niederschlagung damaliger Aufstände bezahlte nicht nur Atai mit dem Leben: Viele *Kanak* wurden getötet, aus ihrem Land vertrieben, in Straflager deportiert.

Bergé versucht während des Erzählens seine Erregung zu unterdrücken, was ihm jedoch kaum gelingt. Er ballt seine Finger zur Faust und beginnt jeden einzelnen im Gelenk fest zu drücken, dass es knackt. Ich bekomme eine Gänsehaut.

»Was mich immer wieder umtreibt, ist die Frage: Warum konnten die Franzosen nicht Freunde der Stämme sein, so wie die ersten Siedler, die unser Land betraten? Damals hatten unsere Leute nicht das Geringste zu befürchten.«

Eigentlich möchte ich wissen, wie Bergé sich in Paris gefühlt hat, fern von seinem Zuhause. Ob er Metro gefahren ist und den Eiffelturm besucht hat oder in einem Restaurant saß. Überhaupt, wie die Stadt auf ihn gewirkt hat. Doch all diese Fragen wage ich nicht zu stellen, da er nun vor Erregung zu zittern beginnt. Vielleicht gibt es ein anderes Mal die Gelegenheit, das zu erfahren.

Dann höre ich wieder das Wort: *Kanak*. Bergé erklärt, dass die Ureinwohner von Neukaledonien ihr Land *kanaky* nennen. Das wird vom Wort *Kanak*, Mensch, abgeleitet und bedeutet übersetzt Menschenland. Dass Kanake im deutschsprachigen Raum mit einer negativen Bedeutung aufgeladen ist, weiß Bergé. Ich erfahre: Diese Bezeichnung stammt ursprünglich von den Plantagenfarmen Australiens, wo die aus Ozeanien stammenden Plantagenarbeiter Kanaken genannt wurden. Was nichts mit *Kanak* zu tun hat.

Nachdem wir den Tag miteinander verbracht hatten, fasse ich mir ein Herz: »Kann ich ein paar Tage bei deinem Stamm bleiben?«

Es folgt ein entschiedenes Nein. Ohne weitere Erklärung. »Was ist mit Koné? Du wolltest doch nach Koné!«, hält er entgegen.

»Ja schon, aber ich habe noch keinen Plan. Ich las in der Zeitung, dass sich dort Frauen eines Frauenverbandes treffen würden. Das interessierte mich.«

»Das ist nun vorbei.« Er reibt sich nachdenklich das Kinn und schweigt eine Weile. Dann macht er mir einen Vorschlag: »Ich rufe meinen Freund Ignace Pearo an, den Stammeshäuptling von Atéou in der Gegend von Voh, hinter Koné. Der kann helfen.«

Mich belustigt die Vorstellung, dass die Häuptlinge untereinander mit ihren Handys telefonieren, sich SMS schicken oder chatten. Doch warum eigentlich nicht? Bergé zieht ein Smartphone aus seinen khakifarbenen Shorts (auch nicht gerade ein Kleidungsstück, in dem ich mir einen Häuptling vorgestellt hatte, doch steht gerade keine Zeremonie an) und plaudert mit seinem Freund. Tatsächlich zeigt sich Monsieur Pearo einverstanden, mich aufzunehmen, sogar einen Wagen zu schicken, um mich von hier abzuholen.

Erleichtert und voller Vorfreude bedanke ich mich bei Bergé: »Hast du Geschenke für das, was wir *faire la coutume* nennen?«

»Geschenke?« Ich halte inne: »Oh, tut mir leid, ich habe keine Berlin-Souvenirs dabei«, stottere ich verlegen und etwas überrumpelt, »weder einen Mini-Fernsehturm noch einen kantigen Mauerstein oder einen Berliner Bären aus Plüsch.«

Bergé beginnt in seinem brummig-tiefen Bariton loszulachen und hält dabei seinen runden Bauch fest, als könne er durch die Heftigkeit seiner Bewegungen abfallen.

»Nein, hör zu, ich erklär es dir. Seit Urzeiten ist das bei uns Kanak ein Brauch: Beim ersten Besuch eines Stammes, aber auch wenn du einen Heiler aufsuchst, bringst du ihm Geschenke mit.« Dabei handelt es sich jedoch um eine traditionell vorgeschriebene Gabe, die in einer bestimmten Art und Weise überbracht wird, um eine Verbindung zwischen dem Gast und dem Gastgeber zu knüpfen.

Ich erfahre, dass es sogar ein Unterrichtsfach in der Schule gibt, in dem dieser Brauch gelehrt wird, damit Traditionen nicht verloren gehen und die Heranwachsenden, besonders jene aus den Städten, wissen, wie man sich in einem Stamm verhält.

»Und wenn ich wiederkomme, wiederhole ich dann jedes Mal dieses Ritual?«

»Nein, dieser Brauch gilt nur für den ersten Besuch. Mit der Überreichung der Geschenke erbittest du als Gast Schutz und Frieden, und mit der Entgegennahme der Geschenke heißt dich der Gastgeber willkommen – und mit ihm auch die Geisteswesen, die dem Stamm zugehören.«

Jeder Fremde benötigt eine Person, die ihn vor Ort einführt und den Häuptling von seiner Ankunft in Kenntnis setzt. Dazu werden die Gaben auf einer kleinen geflochtenen Pandanusmatte ausgebreitet. Darauf legt der Gast zum Beispiel einen kleinen Stoffballen, einen 100-CFP-Schein, etwas Tabak, Seife oder Bananen.

»Das könnte ich alles unterwegs besorgen. Aber 100 CFP sind ja ungefähr 90 Cents, ist das nicht ein bisschen wenig?«, erkundige ich mich.

Bergé schüttelt den Kopf. Es kommt nicht auf die Menge an. Es ist eine Geste. Früher hatten die Gaben tatsächlich eine praktische Bedeutung, da Stoffe rar und teuer waren. Aus ihnen wurden Kleider für die Frauen genäht, und daran hat sich bis heute nichts geändert.

»Zuerst legst du die für uns als weiblich geltenden Gaben hin, eben Stoffe, aber auch feuchte Früchte wie Kokosnüsse, Zuckerrohr und Taro. Yamswurzel und Tabak ordnen wir dem männlichen Prinzip zu, die kommen dann oben drauf. Wichtig ist es, dass du alle deine Gaben mit einer kleinen Ansprache überreichst.«

»Eine Ansprache?«

»Für uns Kanak zirkulieren gesprochene Worte wie materielle Werte. Sie werden aufgenommen und weitergegeben, aus ihnen schöpfen wir Kraft. Worte dringen in uns ein, werden gebunden und breiten sich im Körper aus. Deshalb ist die Begrüßungszeremonie wichtig.«

»Ich muss also eine kleine Rede halten?«

»Wisse nur eins: Reden meint weder irgendetwas zu erzählen noch Fragen zu stellen, sondern es geht darum, dass du dein Gegenüber für dich einnimmst, damit er dich gerne aufnimmt.«

»Was aber sage ich?« So hilflos habe ich mich selten gefühlt.

»Wähle emotionale Worte, kleide sie in blumige Sätze, die deine Absicht erhellen. Und achte auf einen hellen Klang in deiner Stimme!«

»Das werde ich schaffen!«

»Betone, dass es wirklich nur eine kleine Geste ist, und überreiche die Gaben in respektvoller Haltung mit gesenktem Kopf. Egal wie viel und was du übergibst, spiele es herunter, wiederhole mehrmals, dass es unmaßgeblich ist, was du mitgebracht hast. Das ist so Sitte. Berührt der Gegenüber deine Gaben, heißt das, du bist willkommen. Zur Begrüßung wird es dann eine kleine Rede geben, die dir gilt.«

Bergé umarmt mich zum Abschied. Ich bin gerührt von dieser freundschaftlichen Geste. »Immer geradeaus, etwa eine halbe

Stunde durch den Wald, dann kommst du auf die Straße. Dort
wartet Théo, um dich zum Stamm der Atéou zu bringen.«

Ich schultere meinen Rucksack und verlasse den Stamm. Hinter Bergés Residenzhütte erstrecken sich Ananasfelder, kleine
Früchte, die wie Kohlköpfe aus der Erde wachsen. Dahinter liegen
Orangen- und Pampelmusenhaine, eine Plantage mit Litschibäu-
men, hier und da stehen Avocadobäume, an denen kinderkopfgro-
ße, prächtige Früchte hängen.

Der Wald empfängt mich mit kühlem Schatten. Es ist ein dichter und märchenhafter Wald, die Stämme der Säulenkiefern sind
teilweise bemoost und von Lianen umrankt. Wilde Orchideen
wachsen auf dicken Ästen und blühen zartrosa, gelb, weiß. Manche der knorrigen Stämme sind geborsten und sehen aus, als würden in den aufgebrochenen Spalten kleine Geister wohnen, so
mystisch verwachsen erscheinen mir die höhlenartigen Holzge-
bilde.

Durch das dunkelgrüne Blätterdach funkelt die Sonne, und
hier und da lugt der blaue Himmel hindurch. Unter den dreißig
Meter hohen, bizarren, säulenartigen Kiefern mit ihren weit ausladenden Ästen ragen fiedrige Farne aus dem Unterholz heraus.
Ich ziehe die Schuhe aus und laufe barfuß, auf einem warmen Boden, einem Teppich aus raschelnden Blättern, weichem Moos und
trockenen Tannennadeln. Langsam setze ich den Ballen auf und
rolle in Zeitlupe ab. Ich laufe bewusst ganz langsam, versuche jedem Schritt nachzuspüren. Es piekt etwas, denn noch sind meine
bloßen Füße nicht das freie Gehen gewöhnt. Wie lange ist es her,
dass ich das letzte Mal barfuß durch den Wald gelaufen bin? Welch
ein Genuss!

Ich überlege, wo ich meine Mitbringsel auftreiben soll. Théo
müsste mir helfen, ein Geschäft in der Nähe zu finden, wo ich ein
paar Dinge kaufen kann. Eigentlich eine schöne Geste, dieses *faire
la coutume*. Mir fällt ein Interview ein, das ich vor einigen Zeit mit
dem Berliner Soziologen Friedrich Rost geführt hatte, der sich

wissenschaftlich mit der Frage beschäftigt, warum wir schenken. Der Satz *Wer schenkt, will binden,* trifft es ziemlich gut.

Rost erklärte mir, dass das Schenken eine uralte Verhaltensform ist, die sich aus dem Partner- und Brutpflegeverhalten entwickelt hat. Eine Geste, die weit in die Stammesgeschichte zurückreicht. Denn durch das gegenseitige Überreichen von Geschenken wurden Familienbande gefestigt und Beziehungen geknüpft: Der Gebende hofft, Freude zu bereiten, der Nehmende ist glücklich über die ihm entgegengebrachte Aufmerksamkeit.

Interessant fand ich, dass uns die Fähigkeit des Schenkens nicht angeboren ist, sondern sich im Laufe des Lebens entwickelt. Mit vier, fünf Jahren beginnen Kinder damit, etwas von dem abzugeben, was sie selbst gern behalten hätten.

In diesem Zusammenhang fällt mir ein Arbeitskollege ein, der mir offenbarte, dass er seit Jahren ein Ein- und Ausgangsbuch für Geschenke führt. Akribisch notierte der Mann, was er wann und zu welchem Anlass anderen zukommen ließ – und wie die Gegenleistung aussah. Nun hatte ich von Bergé erfahren, dass es in den Kanak-Stämmen üblich ist, jegliche Gaben in ein sogenanntes Lebenszyklusheft einzutragen. Dabei geht es nicht so sehr um den materiellen Wert als um die soziale Wertschätzung. Doch das ist in meinen Augen etwas anderes als solch merkwürdiges Geschenkbuch.

Letztendlich wollte ich wissen, was er, der Experte, am liebsten verschenkt. Ohne Zögern kam eine ganz klare Antwort: Zeit! Für seine Familie, seine Freunde. Zeit, die er mit ihnen gemeinsam verbringen möchte.

Zeit »verschenken« – das käme den Ureinwohnern in Neukaledonien kaum in den Sinn. Zeit hat man, sie ist immer da, kann nicht verschenkt, eingefordert oder geteilt werden. Die Kanak sind Herren über ihre Zeit, sie hetzen und hasten nicht, nehmen sich die Zeit, die sie brauchen, für das, was sie tun müssen beziehungsweise tun wollen.

Das steckt an. Hier habe ich das Gefühl, mehr Zeit zu haben als zu Hause, obwohl die Stunden überall auf der Welt gleich lang sind. Ich spüre, wie ich ruhiger, entspannter, auch langsamer werde. Die Zeit hier erhält für mich eine andere Dimension. Sie richtet sich anders aus, ich messe sie nicht mehr nach dem Rücken der Uhrzeiger, sondern nach dem Sonnenstand, dem Anschwellen des Vogelgezwitschers oder meinem aufkommenden Hunger. Die Zeit ändert stets auch ihre Farbe. Morgens das leuchtende Gold der aufgehenden Sonne, die sich durch die Bambusstämme schiebt und ihre lodernden Flammen durch das dichte Laub des mächtigen Brotfruchtbaumes erstrahlen lässt. Abends die rote Glut der untergehenden Sonne und schließlich das silbrig blaue Licht des blasser werdenden Himmels, bis die Dunkelheit ihr samtenes Tuch über die Bäume legt.

3

Dem Häuptling schaut man nicht in die Augen

Es ist ein feiner Regen, der herabrieselt. Er ist kaum spürbar angesichts der hohen Luftfeuchtigkeit. Winzige Tropfen sammeln sich, zarte Wasserperlen, die über Stirn und Nase den Hals herabrollen.

Der Boden beginnt zu dampfen, es duftet nach warmer Erde, harzigen Kiefernnadeln und feuchten Blättern. Ich halte kurz an, um meinem Rucksack einen Regenschutz überzustreifen. Ich selbst verzichte auf mein Cape und genieße den wohltuenden Sommerregen.

Heruntergefallene Blätter bleiben an meinen nackten Füßen hängen, schichten sich auf, bis sie immer schwerer werden und als Klumpen abfallen. Der Untergrund ist weich, und jeder Schritt erzeugt ein schmatzendes Geräusch. Der Wald um mich herum leuchtet dunkelgrün, blaugrün, hellgrün, weißgrün, nur das Braun der Baumstämme hebt sich von den grünen Schattierungen ab.

Je länger es regnet, desto übermütiger wird der Gesang der Vögel, ein Zwitschern, das sich überschlägt. Sie scheinen den Regen sehnlichst erwartet zu haben und jubeln ihm nun dankbar entgegen. Einige Vögel lärmen geradezu, lassen sich sogar in die Pfützen fallen, schlagen mit den Flügeln, planschen, genießen ihr Bad und saufen sich mit Wasser voll.

Jäh werde ich aus meinen Beobachtungen herausgerissen, mein Handy klingelt. Oh, der Häuptling ist am Apparat! Bergé fragt nach, ob ich vom Weg abgekommen sei, denn Théo warte schon eine ganze Weile an der Straße. Er wird mir nun mit seinem Wagen entgegenfahren, damit ich nicht vollends durchweiche. Ich bin ganz gerührt von der Fürsorge meines Beschützers und lege ein paar Schritte zu. Nach ein paar Minuten sehe ich einen weißen Peugeot auf mich zukommen, die Beifahrertür öffnet sich, ich steige ein.

»Bonjour!« Ich grüße den Fahrer, und in diesem Moment hört der Regen auf. Théo schaltet die quietschenden Scheibenwischer aus: »Du hast ja Wunderkräfte, kannst den Regen abstellen!« Ich lache und freue mich über die wohlwollende Begrüßung. Er nimmt mir den Rucksack ab und schiebt ihn auf die Rückbank. Der Mann vom Stamm der Atéou sieht aus, als wäre er einem Western entsprungen: breitkrempiger Hut mit geflochtenem Lederband, abgewetzte Jeans, kariertes Hemd, dunkelbraune Schaftstiefel. Ein kräftiger Kerl um die vierzig, mit markantem Kinn, breiter Nase, buschigen Brauen und Lachfältchen um Mund und Augen.

Théo sitzt extrem breitbeinig da, so als würde er auf einem Pferd hocken, nur dass der Sattel gerade ein Autositz ist und er statt Lasso das Lenkrad in der Hand hält. Männer wie ihm werde ich auch später im Westen von Neukaledonien begegnen, wo das Land aus Savanne und Steppe besteht und die Cowboys sich Stockmens nennen und auf rassig schönen Pferden unterwegs sind. Ich habe keine Ahnung von Pferden, doch ihr Anblick begeistert mich, sie sind von edler Zucht, mit feiner Mähne, festen Muskeln, glänzendem Fell und langem Schweif.

Ich mache es mir im ausgesessenen Autositz bequem und schaue hinaus. Die Sonne schiebt sich hinter den Wolken hervor, erhellt das flache Land, das vom Regen durchweicht ist. Wir fahren und fahren, und nach einer gefühlten Ewigkeit kommt uns das erste Auto entgegen. Wobei wir auf der Hauptstraße sind! Von Verkehr kann hier keine Rede sein, eher von sporadischen Begegnungen mit vereinzelt entgegenkommenden Pkws.

»Théo«, unterbreche ich das Schweigen, »ich muss noch etwas einkaufen, Stoff, Tabak, Yamswurzel und Bananen. Gibt es in der Gegend einen Tante-Emma-Laden?« Als ich das auf Französisch sage, merke ich, dass ich müde und nicht sonderlich konzentriert bin – und natürlich lässt die Gegenfrage nicht lange auf sich warten: »Was für einen Laden?«

Ich erkläre ihm, dass bei uns kleine Geschäfte, in denen es Lebensmittel und allerlei nützlichen Kram gibt, so heißen, weil meis-

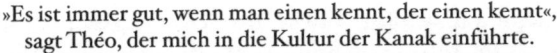

»Es ist immer gut, wenn man einen kennt, der einen kennt«,
sagt Théo, der mich in die Kultur der Kanak einführte.

tens nur eine Verkäuferin alles managt und die Kunden mit ihr gerne plaudern.

»Tante Emma, das klingt lustig! Ich würde so einen Laden nach meiner Tante benennen, also *Tati Déwè*. Die hat ein Geschäft, da können wir hinfahren.«

»Tolle Idee. Ich sag das noch einmal, die Läden nennt man nur so, – also meine Tante heißt nicht Emma, besser gesagt, ich habe nicht mal eine Tante.«

»Tut mir leid für dich.« Seine Betroffenheit ist echt und nicht gespielt. Angesichts der Großfamilien in Neukaledonien geht Théo wahrscheinlich von einem großen Schicksalsschlag in meinem Berliner Clan aus, dass mir nicht mal eine Tante erhalten geblieben ist. Ich glaube, wenn ich ihm jetzt noch erzähle, dass ich ein Einzelkind bin, *un enfant unique*, wäre er vollends entsetzt.

Ein kleines Geschäft, so erklärt mir Théo, heißt hier *petite épicerie du coin*. Französisch eben. Französisch ist auf Neukaledonien die Amtssprache, neben 28 Stammessprachen, von denen drei in der Gemeinde Koné gesprochen werden. Langsam und deutlich und mit merklichem Stolz zählt er sie auf: *paici, cemuhi, haeke*. Am Straßenrand fallen mir nun auch die zweisprachigen Ortsschilder auf. Aus Holz geschnitzte Tafeln verkünden: Pouembout – Pwèbuu. Poya – Nékö, Koné – Koohnê. Die Namen auf Französisch und in der *paici*-Sprache.

»Hier, eine *Tati Déwè* épicerie«, Théo lacht, hält an, steigt aus, zündet sich eine Zigarette an und lehnt sich an die Kofferhaube: »Geh nur, ich warte hier!«

An der weißen Eingangstür hängen auf bunten Bügeln zusammengeknotete Tücher, geraffte Gardinen und Kleider der Kanakfrauen. Die sogenannten *robes popinées* sind mit Ornamenten und Blumen verzierte gelbe, grüne, blaue Gewänder, die einst von französischen Priestern und Missionaren eingeführt wurden. Typisch sind der enge Halsausschnitt und die gerafften Ärmel, oft mit Spitzen verziert. Eine wunderbar bequeme, lockere Kleidung, die immer passt, auch wenn die Trägerin ein paar Kilo zulegt. Das fällt nicht auf, es kneift und zwickt nichts. Unter den Ladenfenstern stehen Eimer voller Rosen, Pappkartons mit Tellern und Tassen, daneben döst ein Hund.

Ich betrete den Laden *Tati Déwès*, der sich mit einem großen Schild als Lebensmittelladen ausweist. Im Innern ein Tohuwabohu aus Reis, Rasierapparaten, Ringelsocken und tausend anderen Dingen. Ich will Théo nicht lange warten lassen und laufe zügig durch die Reihen der eng zugestellten Regale. Finde Stoff, Tabak, Bananen und Yamswurzeln für das *faire la coutume*, so wie Bergé es mir empfohlen hat. Da ich hungrig bin, kaufe ich noch Hirschsalami, Baguette, Vanillejoghurt und *Number One,* das einheimische Bier, das dem deutschen im Geschmack nicht nachsteht.

Théo hat nichts gegen mein Picknick im Auto einzuwenden, im Gegenteil, er langt beim Fahren immer mal in die Tüte mit der Hirschsalami, die mir außerordentlich gut schmeckt, kräftig gewürzt und scharf.

Kurz darauf passieren wir Koné. »Der Ort ist nach dem Berg benannt, den du dort hinten siehst«, erzählt Théo. »Er ist ein heiliger Ort, in seinen Felsspalten wurden früher unsere Toten bestattet. Wenn wir unseren Ahnen nah sein wollen, gehen wir dorthin, denn ihre Seelen leben noch immer dort im Gebirgsmassiv.«

Die Stadt macht auf mich einen modernen Eindruck: Hotels, Banken, Tankstellen, Schulen, Hospitäler, Apotheken, und am Ortsausgang liegt sogar ein kleiner Flugplatz. Davor befinden sich Handwerksläden, in denen geflochtene Körbe, Matten und Hüte feilgeboten werden. Mir fällt wieder die Frauengruppe ein, die ich weiterhin besuchen möchte. Wenn alles so läuft, wie ich es mir ausgemalt habe, werde ich einige Zeit beim Stamm der Atéou bleiben und, wenn irgend möglich, über die dortigen Frauen den Kontakt zu den Flechterinnen im Norden herstellen.

Hinter Koné geht es die Serpentinen hinauf, der Stamm der Atéou lebt in etwa 800 Metern Höhe. Ich bin aufgeregt, denn schließlich wird dies mein erstes *faire la coutume* sein.

Je höher wir hinauffahren, desto schöner wird die Aussicht. Grande Terre, wie die Hauptinsel Neukaledoniens heißt, liegt uns zu Füßen. Die Hitze lässt langsam nach, und wie mir mein Begleiter versichert, ist dies nicht nur eines der höchsten, sondern auch eines der kühlsten *tribus* hierzulande. *Tribu* heißt auf französisch Stamm, doch was bedeutet das hier genau? Ich frage Théo.

»Es sind Reservate, die vor über hundert Jahren von der französischen Kolonialregierung festgelegt wurden. Das jeweilige Land gehört einem Stamm und wird von den Ureinwohnern selbst verwaltet. Ah, schau, wir sind gleich da!«

Théo verlangsamt die Geschwindigkeit. Ich sehe wieder die typischen Rundhütten. Vor einer steht eine ältere Frau in einem weinroten Missionarskleid, die grauen Locken am Hinterkopf zusammengebunden. Sie schürt die Glut in der offenen Herdstelle: zwei parallel ausgerichtete Eisenstangen, die auf Betonklötzen festgeschraubt sind. Darauf stehen drei gusseiserne Töpfe mit schweren Deckeln. Hinter der Herdstelle schließt sich ein Haus an, das wie eine Gemeinschaftsküche aussieht, um den Herd herum keine Wände, lediglich ein Dach über einem langen Tisch, auf dem Brot, Tomaten, Zwiebeln auf Brettchen verteilt liegen.

Théo hält, wir steigen aus. Ein Mann kommt freundlich winkend auf uns zu: Ignace, der Häuptling, wie mir mein Fahrer zuflüstert. Er trägt wie die meisten Einwohner Badelatschen, ist sportlich gekleidet, mit halblanger brauner Stoffhose und einem Kapuzenshirt. Trotz des gewöhnlichen Outfits spüre ich sofort, dass er sich von den anderen Stammesmitgliedern abhebt: Die Art, wie er geht, wie er lächelt, wie er winkt, verleiht ihm eine besondere Aura, etwas sehr Stolzes, Ehrwürdiges.

Théo sieht mir an, dass mich sein Äußeres überrascht.

»Warum sollte er sich im Alltag durch das Tragen bestimmter Kleidung hervorheben? Man weiß auch so, dass *er* der Höchstrangige im *tribu* ist.«

Ich nicke:»Genau das habe ich sofort gemerkt.«

»Natürlich hat er besonderen Schmuck und heilige Gewänder, die er für Zeremonien anlegt. Aber sonst kleidet er sich wie die anderen Männer auch, gewöhnlich und unauffällig.« Und da Ignace gerade noch in ein Gespräch mit einem anderen Mann verwickelt wird, beginnt Théo eine Geschichte zu erzählen, die sich in Neukaledonien großer Beliebtheit erfreut. Ein Großvater schickte einen Boten aus, um seinen Enkel, einen Häuptlingsanwärter, der in ein fernes Dorf entführt wurde, zurückzuholen. Da der Bote das Kind noch nie gesehen hatte, fragte er, woran er den Jungen erkennen würde. Da erwiderte der Großvater:»Er wird sich dir von selbst offenbaren, ihn umgibt eine besondere Aura, denn er hebt sich von den anderen Kindern ab. Du wirst ihn sofort sehen.«

Nun steuert Ignace auf mich zu. Ich laufe ihm freudestrahlend entgegen und strecke die Hand aus, so wie ich es bei Begrüßungen halt gewohnt bin. Da er mich weder ansieht noch Anstalten macht, meine Hand zu schütteln, bleibe ich wie angewurzelt stehen und höre, wie Théo, der mir eilig gefolgt ist, ins Ohr flüstert:»Denke an die Rede und die Gaben!«

Verdammt, das habe ich in meiner Aufregung völlig vergessen. Ich drehe mich um und renne zum Auto, zottle die geflochtene Pandanusmatte vom Rücksitz, krame hektisch Stoff, Tabak, Yamsknollen und Bananen aus der Einkaufstasche, suche im Portemonnaie einen 100-CFP-Schein.

Laufe zurück, stolpere und stürze. Dabei fällt mir alles aus der Hand. Ich rapple mich schnell wieder hoch, sammle all die Sachen ein und sehe, wie mein linkes Knie zu bluten beginnt. Théo eilt herbei, mit ihm die Frau von der Kochstelle, die mein Knie betupft und schließlich verbindet. Nun reihen sich, wie aus dem Nichts aufgetaucht, weitere Dorfbewohner um mich herum. Fürsorglich wollen sie mir, der seltsamen Frau mit zerknickter Matte, verknautschtem Stück Stoff und zermatschter Banane behilflich sein. Tapfer, mir nichts anmerken lassend, schreite ich schließlich auf den Häuptling zu. Leider habe ich nun die Aufmerksamkeit erlangt, die ich eigentlich vermeiden wollte, und muss meine Rede nun vor einem Dutzend Ureinwohnern und ihrem Chef halten. Ich konzentriere mich und lege los:

»Bonjour, Monsieur. Ich bin Birgit aus Berlin.« Alle schauen mir interessiert zu, nur der Häuptling sieht mich weiterhin nicht an, dreht seinen Kopf mal nach links, mal nach rechts, so als würde ihn meine Ansprache nichts angehen.

Ich stehe unter dem Druck, etwas ganz Tolles sagen zu wollen. »Nun, ich bin aus Deutschland hierhergekommen, um Ihren Stamm zu besuchen. Ich möchte die Kultur der Kanak kennenlernen. Vor zwei Tagen traf ich Bergé vom Stamm der Kawa, der mir empfohlen hat, mich Ihnen vorzustellen. Es wäre mir eine Ehre, für einige Zeit von Ihrem Stamm, dem Stamm von Atéou, aufgenommen zu werden. Gerne biete ich dafür meine Arbeitskraft an, um mitzuhelfen, wo es möglich ist.«

Die Gesichter der Stammesmitglieder bleiben ernst. Als ich erneut betone, mich im Alltag nützlich machen zu wollen, beginnen einige der Frauen zu grinsen. Wer weiß, was da auf mich zukommen kann.

Ignace blickt mit versteinerter Miene in die Luft und würdigt mich keines Blickes. Ich hole weiter aus, um endlich die erhoffte Anerkennung zu erhalten: »Neukaledonien zu bereisen ist ein Kindheitstraum von mir. Mein Großvater war einst als Missionar auf dem Weg von Samoa nach Deutschland auf Neukaledonien an Land gegangen. Hier blieb er für eine Zeit und erzählte mir viel Interessantes. Als ich klein war, schenkte er mir eine Maske, die er auf Grande Terre geschenkt bekam.«

Noch immer keine Regung. Ich resigniere, wahrscheinlich habe ich alles falsch gemacht, was man nur falsch machen kann.

Verunsichert füge ich hinzu: »Also... ich würde mich freuen... von Ihrem Stamm aufgenommen zu werden. Und wenn dies nicht möglich sein sollte ... das wäre schade ... aber natürlich hätte ich dafür Verständnis.«

Ich fahre fort, erkläre, dass es mein erstes Mal *faire la coutume* ist und er bitte Nachsicht üben möge.

Sorgfältig ordne ich die verknautschten Dinge auf der zerknickten Matte, streife mein ledernes Armband ab, um es als persönliche Gabe dazuzulegen, vielleicht kann ich damit ja noch das Ruder herumreißen. Dann trete ich zurück und warte. Théo, der während meiner Rede steif neben Ignace stand, wirkt nun wieder kumpelhaft und zwinkert mir zu.

Dann räuspert sich Ignace:

»Es ist eine große Ehre für den Stamm der Atéou, dass der Weg des Gastes ihn her führt. Es ist keine leichte Anreise, gilt es doch Berge zu bezwingen, bei denen man nie weiß, wie sie einen empfangen werden. Es ist ein mühevoller Weg, der uns Respekt abverlangt, galt es doch Baumäste wegzuschieben, Spinnenweben zu zerteilen, in ein unbekanntes Territorium vorzudringen. Möge der kühle Wind über die Wangen des Gastes streichen und sich wie ein sanftes Tuch über die erhitzte Stirn legen. Es soll ihm im Stamm der Atéou an nichts fehlen. Die Ankunft einer Frau aus Deutschland wird den Platz erhellen, für morgen und übermorgen. Es ist, als würden alle Blumen auf einmal blühen, als würde die Sonne sämtliche Strahlen auf unsere Häupter herab scheinen lassen und der Himmel mit dem Funkeln aller Sterne die Ankunft feiern. Die Gegenwart einer Frau aus der Ferne wird Licht über uns bringen. Das, was wir bieten können, ist nur wenig: eine Herberge, gute Nahrung und anregende Gespräche. Doch das bieten wir von ganzem Herzen. Auch unsere Ahnen heißen den Gast willkommen. Der Großvater, der in vergangenen Zeiten den Boden unseres Landes betreten hat, ist ebenfalls eingeladen. Wir bieten seiner Seele und der angereisten

Frau Schutz und Frieden.« Dann legt Ignace seine rechte Hand andeutungsweise auf sein Herz.

Ich bekomme eine Gänsehaut, mit solch einer Rede hatte ich nicht gerechnet. Nicht nur ich bin willkommen, sondern auch mein Großvater, der nach meinem Verständnis nicht mehr viel davon hat, aus der Sicht des Häuptlings jedoch sehr wohl, da seine Seele sich nun zu den Seelen der hiesigen Ahnen gesellen darf.

Dann berührt Ignace meine Gaben als Zeichen, dass ich willkommen bin. Die Runde löst sich auf, Théo kommt auf mich zu: »Du siehst, man braucht immer jemanden, der einen einführt. Übrigens, ich habe gemerkt, wie du verunsichert warst, aber bei uns ist es so Brauch: Respekt bedeutet nicht nur still zu sein während einer Zeremonie, Respekt bedeutet auch, dass sich Redner und Zuhörer nicht anschauen. Der Blick des Redners bleibt gesenkt, der des Zuhörers schweift umher.«

Dann wird Théo nachdenklich: »Oftmals blicken wir fremden Menschen nicht ins Gesicht, wenn wir mit ihnen sprechen. Denn der Blick *erzählt* von der Person. Wie mein Vater einmal sagte, kann man vieles aus ihm herauslesen. Wenn eine Kanak-Frau eine andere anschaut, kann sie zum Beispiel sagen, ob diese schwanger ist. Ein Blick enthüllt vieles, mit einem Blick gibt man sich preis.«

»Für das nächste Mal weiß ich Bescheid!«, erwidere ich. »Bei uns ist es ein Zeichen von Respekt und Höflichkeit, sich gerade während eines Gespräches in die Augen zu sehen.«

»Ach so!« Théo ist erstaunt. »Aber es ist ja auch nicht immer leicht, dem Blick eines anderen standzuhalten.«

»Stimmt«, räume ich ein. »Doch wir leben unter dem Blick der anderen. Wer wir sind, hat auch viel damit zu tun, wie wir diesen Blick erleben und wie wir ihm begegnen.«

Noch nie habe ich mir so weitgehende Gedanken über den Blick an sich gemacht.

»Ein Blick kann auch verhexen«, meint Théo. »Das Auge ist nicht nur ein empfangendes, sondern auch ein sendendes Organ.

Von ihm können sogar schädliche, gefährliche, giftige, tödliche Strahlungen ausgehen! Schwangere und Kinder sind da besonders gefährdet und müssen vor bösen Blicken von Hexen und Dämonen geschützt werden.

Die Menschen im Stamm wissen um die Wirkung von Blicken, zum Beispiel gelingen bestimmte Arbeiten wie Buttern, Kochen, Backen nicht unter neidischen Augen anderer. Selbst Gegenstände wie Beile oder Speere können durch missgünstiges Hinschauen stumpf und untauglich werden.«

»Das kann ich mir gut vorstellen. Wie sieht denn so ein böser Blick aus?«

»Bei einem Teufel oder Dämon erkennt man den bösen Blick an schielenden, rot entzündeten Augen, auch an doppelten Pupillen oder Augenflecken. So ein Blick verursacht Lähmungen, Schwindsucht und Irresein – davon können Spiegel zerspringen, Kleider Feuer fangen, Häuser einstürzen, sogar Vulkane ausbrechen. Unser Leben, selbst die Natur, ist dem bösen Blick untertan.«

»Puh, es reicht, Théo!«, unterbreche ich ihn. »Es gibt auch freundliche Blicke, vergiss das nicht.«

»Natürlich«, nickt er.

Dann begleitet er mich zu jenem Häuschen, das für die nächsten Tage mein Domizil sein wird. Ein schmaler Weg führt zur Eingangstür einer mit Stroh gedeckten Rundhütte. Die Eingangspfosten sind mit Masken verkleidet, die zum Glück recht fröhlich dreinschauen. Die Einrichtung ist spartanisch, eine Matte mit orangefarbenem Bettzeug, ein flaches Kissen, ein Nachttisch, mehrere Sitzkissen, ein kleiner Tisch, ein Schrein mit Kerzen, Muscheln, Steinen sowie ein Bretterverschlag, der als Schrank dient. Zwei glaslose Fenster mit verstellbaren Aluminiumlamellen, die Helligkeit und Luftdurchzug regeln. Die Tür wird mit einem Balken von innen verriegelt, ein Schloss gibt es nicht. Vor dem Häuschen steht eine Holzbank mit Tisch. Einfach, aber urgemütlich.

Es beginnt zu dämmern. Théo hat sicherlich viele Begabungen, aber wie er mir nun das Dunkelwerden, die verschiedenen Stufen des vergehenden Abendlichtes beschreibt, beeindruckt mich. Er beobachtet genau die Veränderungen, die vom Sonnenlicht ausgehen. In diesem Augenblick beginnt für ihn das Dunkelblau über die Erde zu fließen und bleibt unten an den Grasstängeln haften.

»Was bedeutet das?«, frage ich.

»Dass der Boden finster wird und die Nacht hereinbricht.« Das sei der Moment, in dem sich die Augenwimpern der Waldmäuse rühren; damit meint er, dass sie aus ihren Löchern herausschlüpfen.

Die fortschreitende Dunkelheit ist für das Hervorkommen der Götter günstig, da die Landschaft nun wie ein einziger Schatten aussieht und sie unbemerkt bleiben. Nur in diesem Schatten gelingt es, tastend über das Gras zu laufen, sodass man es zertritt, ohne es zu bemerken. Damit wird die schwarze Nacht beschrieben.

»Wozu diese Erklärungen für Dämmerung und Dunkelheit?«

»Diese feine Skala genügt uns alten Melanesiern, um ohne Uhr genau zu sein, anders genau als die junge Generation, die mit den Zeitmessern aufgewachsen ist. Wir wissen auch so, wie spät es ist.«

Inzwischen ist es stockfinster geworden. Théo lässt mich wissen, dass er den eigentlich angekündigten Rundgang im Dorf verschieben wird. Ich zeige mich einverstanden, denn ich bin müde von diesem aufregenden Tag, möchte jetzt allein sein und meine Eindrücke aufschreiben. In einer dampfenden Schüssel serviert mir mein fürsorglicher Begleiter noch das Abendessen: Maniok, Süßkartoffeln, Hähnchenschenkel und Kokosmilch, dazu eine halbe Papaya. Ich krame meine kleine Rotweinflasche aus dem Rucksack, die ich vom Herflug aufgehoben habe und genieße mein *dîner*.

Danach gehe ich noch einmal hinaus vor die Tür. Es ist finster, man sieht die Hand vor Augen nicht. Es knackt und raschelt, aus der Ferne höre ich Teller klappern, Türen schlagen, ein paar Zurufe hallen aus dem Tal. Dann wird es plötzlich still. Wieder zurück in meinem kleinen Domizil schlüpfe ich unter die Bettdecke, ziehe sie bis zur Nase. Da fällt mir eine Begegnung auf dem Herflug ein: Ein italienischer Geschäftsreisender erzählte mir, dass er Medikamente gegen Träume schluckt. Er fühle sich durch die nächtlichen Träume gestört, sie würden ihn den ganzen Tag beschäftigen und von wichtigen Gedanken ablenken. Ob es Albträume seien, fragte ich. Keineswegs, versicherte er, nur möge er es nicht, wenn sich im Schlaf wahllose Bilder und nicht zu kontrollierende, nicht zu beeinflussende Geschichten breitmachten. Was es nicht alles gibt ...

Nachts träume ich schließlich davon, dass alle Menschen sich anschauen, als würden sie sich kennen. Ach, wie schön. Ein guter Traum, den ich während eines kurzen Aufwachens mitten in der Nacht auf einen Zettel kritzelte, nur für den Fall, dass ich ihn am nächsten Morgen vergessen haben sollte.

4

Die rote Zunge

Dicht aufeinanderfolgendes Hahnenkrähen weckt mich. Es wiederholt sich wieder und wieder. Klar, ein Hahn muss sich frühmorgens ziemlich ins Zeug legen, glaubt er doch, dass die Sonne nur deshalb aufgeht, weil er kräht und krächzt.

Dann vernehme ich den gurrenden Ruf eines Vogels auf dem Dach der Hütte und aus der Ferne das zögerliche Kläffen eines Hundes, der wohl nicht sicher ist, ob der frühe Einsatz lohnt, lässt doch das Echo seiner Gefährten auf sich warten.

Ich vergaß die Fensterläden zu schließen und bin nun, um fünf Uhr, putzmunter. Langsam krabble ich aus meinem Nachtlager, stoße die Tür auf und trete hinaus in den hellen Morgen.

Am Haus gegenüber flattert die Wäsche im Wind, so wie ich es von meiner Großmutter her kannte: Zwischen zwei Bäumen ist eine Leine gespannt, die mit einer langen Stange hochgeschoben und somit straff gespannt wird. Als Klammern dienen in der Mitte gespaltene Holzstifte, die die Wäsche fixieren. Es ist eine herrliche Farbenpracht, die Missionarskleider hängen kopfüber traut nebeneinander, lila, weinrot, grün, gelb, blau.

Wie ein Kranz zeichnen sich um das Dorf herum verschieden hohe Bergrücken am Horizont ab. Die Luft ist klar und gibt den Blick frei, viele, viele Kilometer weit. Abgesehen von leisen Stimmen vor den Hütten ist es noch still. Nur der Wind zieht sanft rauschend durch die Bäume, als wolle er dem zart erwachenden Morgen nicht allzu sehr in die Quere kommen.

Auf dem Holztischchen vor meiner Hütte steht eine Thermoskanne, daneben liegen in einem geflochtenen Korb selbstgebackenes Weißbrot, auf einem Teller Ananasscheiben, Mangowürfel, daneben ein Glas Guavengelee und eingewickelte Butterstückchen. Mein Frühstück also, das mir jemand heinzelmännchengleich vor Kurzem hingestellt haben muss. Ich nehme im Moment zwar niemanden von meinen »Nachbarn« wahr, bin mir aber sicher, dass ich neugierig beobachtet werde, den Bewohnern keiner meiner Schritte, keine meiner Bewegungen entgeht.

Ich trinke nur einen Schluck Kaffee. Frühstücken kann ich später noch, erst einmal laufe ich zum zentralen, von Kokospalmen gesäumten Dorfplatz.

Dort ist Ignace gerade dabei, den neuen Tag herbeizurufen. Der Häuptling hebt das Zeremonialbeil, einen kunstvoll geschnitzten Stock, an dessen Ende eine fein geschliffene Klinge aus grünlichem Gestein steckt. Mit kräftigen Schlägen zerteilt er den untergehenden, blassen Mond am Himmel. Symbolisch macht er so der Sonne den Weg frei für ihren glutroten Aufstieg am fernen Horizont. Ignace wartet, bis sie emporsteigt, und legt das Beil zur Seite. Anschließend schreitet der mit Armringen und Stirnband geschmückte Hüne zurück zu seiner Rundhütte, um sich seiner zweiten morgendlichen Aufgabe zu widmen: Er blinzelt der me-

terhohen Holzfigur auf dem kegelförmigen Dach entgegen, zeichnet mit gespreizten Fingern Kreise in die Luft und murmelt einen
Gruß. So stellt er jeden Tag aufs Neue die Verbindung zwischen
den lebenden und den verstorbenen Stammesmitgliedern her. Dabei ruft er die Urahnen namentlich auf. Es klingt für mich wie ein
seltsamer Sprechgesang aus einer anderen Zeit, als Menschen die
ersten Worte »erfunden« haben, indem sie unwillkürlich Buchstaben aneinanderreihten.

Der Häuptling ist die Autorität des Stammes, er »lässt« nicht
nur die Sonne auf- und untergehen, sondern kümmert sich um die
Belange seiner Leute. Er achtet auf ein harmonisches Zusammen-
leben und wacht über die gerechte Verteilung von Lebensmitteln,
Geld und Besitztümern. Als Erbe der Ahnen ist er für ihr Wohlergehen zuständig.

Die meterhohe Holzfigur verkörpert den vor Urzeiten verbli-
chenen Stammesvater, der als Schutzpatron über die Gemeinde
wacht. Mit gütigem Gesicht und großen Augen. In jener Skulptur
auf dem Dach hat sich einst seine Seele eingenistet.

Der Glaube, dass Tote jederzeit die Möglichkeit haben, unmittelbar in die irdischen Belange der Stammesmitglieder einzugrei-
fen, führt zur Überzeugung, dass Güte und Segen der Ahnen immer
wieder durch rituelle Handlungen beschworen werden müssen.

Gebannt verfolge ich das Ritual von Ignace und schaue versunken auf die beeindruckende Holzfigur. Da kommt plötzlich, wie
aus dem Nichts, Théo auf mich zu und hebt grüßend die Hand:
»Gefällt dir unser Schutzpatron? Ich mag sein Lächeln. Dieses Lächeln meint uns, meint uns alle, es ist das Lächeln der Vergangenheit.« Dann erkundigt er sich: »Ça va, toi?« Ich nicke fröhlich, ja es
geht mir gut, sehr gut sogar.

»Sag mal«, frage ich, »die rote, herausgestreckte Zunge der
Maske, dieser Figur dort, hat das was zu bedeuten? Macht sich
etwa der verstorbene Stammesvater über uns, über die Lebenden,
lustig?«

»Nein«, erwidert Théo, »keineswegs. Und im Übrigen ist er
nicht verstorben, nicht in dem Sinne, wie du es dir vielleicht vor-
stellst. Für uns Kanak gibt es keinen wirklichen Gegensatz zwischen Lebenden und Toten. Schau genau hin, kein spöttischer Zug
liegt auf seinem Gesicht.«

Es stimmt: Der Ausdruck ist friedlich, wohlwollend. Théo
schaut mich: »Die Zunge meint etwas anderes, sie gibt den Zun-
genmuskel frei, das ist ein Symbol, ein Symbol der Rede. Der
mannhaften Beschlüsse.«

Bei mannhaften Beschlüssen werde ich hellhörig und bin drauf
und dran, meine feministische Einstellung kundzutun, doch halte
ich mich zurück. Ich nehme mir vor, einfach zuzuhören, nicht zu
werten. Später kann ich immer noch nachhaken.

Théo führt weiter aus: »Wenn der Holzschnitzer den Urahnen
ehren möchte, stellt er die weit ausgestreckte Zunge zur Schau.«
Sie steht für die Macht und die Weisheit des Verstorbenen, sie
stellt dar, wie er redete, das heißt, wie er sprach, dachte und han-
delte. Die Rede bedeutet mehr als nur die Sprache und ihr Symbol
ist die Zunge. Mein Begleiter fügt erläuternd hinzu: »Wenn man
von einem Mann sagt: *na seri no ro poe*, heißt das so viel wie: Er hat
keine Rede im Bauch. Damit meint man, dass er nichts denkt, dass
er leer ist und ohne Wirkungskraft bleibt.«

»Komm, jetzt zeige ich dir unsere Siedlung.« Ich hole tief Luft,
dieses freundliche Angebot kann ich nicht abschlagen. Also greife
ich in meine Rocktasche und hole ein paar Traubenzuckerbonbons heraus, die ich für solche Notfälle stets bei mir habe, um meinen ersten Anflug von Hunger zu bändigen.

Wir laufen an einem abgesägten Baumstamm vorbei, an dem ein
Briefkasten befestigt ist. Die grob zusammengenagelte, gelb ange-
pinselte Konstruktion, die aussieht wie ein Vogelhäuschen, hat
keinen Briefschlitz, auch kein Namensschild. Auch ein Straßenna-
me und eine Hausnummer fehlen am Eingang des *tribu*. Das

scheint kein Problem zu sein, der Postbote, der *facteur,* wird Bescheid wissen.

Dann steuern wir auf das Gemeinschaftshaus zu. Hier trifft man sich zum Essen. Da heute Sonntag ist, wird nach dem Kirchgang für alle gekocht.

»Kirchgang?«, staune ich.

»Die Missionare brachten ihre Religion mit, als sie vor über hundert Jahren nach Neukaledonien kamen. Somit gehören fast alle Kanak dem katholischen oder evangelischen Glauben an. Und gehen sonntags in die Kirche. Kennst du Maurice Leenhardt?«

Ich schüttle den Kopf.

»Der kam als Pfarrer hierher und übersetzte das Neue Testament ins *paici,* die Sprache, die in Koné am geläufigsten ist.«

Ich bin überrascht, hätte ich nicht gedacht, welchen Stellenwert – neben dem Totemismus – das Christentum hat.

Die Sonne kitzelt in meiner Nase, ich muss niesen. »Auf deine Wünsche!«, ruft Théo. Wir schlendern weiter über das weiche Gras, und mein Begleiter erzählt mir, dass er nachher auf die Pferdekoppel will, um Fohlen einzureiten.

»Kennst du eigentlich unser Schlafhaus?«

»Was ist das?«, frage ich neugierig.

»Dort verbringen wir die Nächte zusammen, das heißt, es kommt und bleibt, wer gerade Zeit und Lust hat.«

Ich schaue ihn ungläubig an.

»Ihr aus der westlichen Welt denkt bei Lust gleich an Begehren, Verlangen, Erotik, stimmt's? Wir meinen damit Lust auf Gemeinschaft. Des Nachts, wenn das Tagewerk getan ist und die Zeit in einem viel ruhigeren Fluss ist.« Jeder aus dem Stamm kann sich entscheiden, zu Hause bei der Familie zu bleiben oder in die Schlafhütte zu gehen, um mit den anderen Neuigkeiten auszutauschen, fernzusehen oder sich lediglich in trauter Runde aufgehoben zu fühlen.

Von solch einem gemeinsamen Schlafraum hatte ich bislang noch nichts gehört. Ich überlege, was Schlafen in der Gemeinschaft für mich bedeutet. Vergleichbare Erfahrungen liegen lange zurück, erinnern mich an Ferienlagerzeiten, auch an spätere Klassentreffen, wo wir eine Scheune angemietet hatten und es für alle ein Heidenspaß war, als Erwachsene zu Dutzenden in einer riesigen Kate zu übernachten. Mir fallen noch Zelturlaube und Berghüttenwanderungen ein, aber das alles bleiben Ausnahmen. Je mehr ich darüber nachdenke, desto neugieriger werde ich. Ob ich als Gast in dieser Hütte geduldet wäre?

»Nun ja, dafür müssen dich unsere Leute etwas besser kennen. Es ist schließlich ein intimer Ort.«

Ich erfahre: Obwohl die Familien ihre eigenen Schlafgemächer haben – in ihren Wohnhäusern – treffen sie sich gerne und häufig zur gemeinsamen Nacht. Das ist eine Tradition, deren Anfänge weit in die Geschichte der Kanak zurückreichen. Früher, als auf dem Land bittere Armut herrschte, konnten sich nicht alle Familien ein Haus leisten. So errichteten die Stammesmitglieder eine besonders große Hütte, damit alle, die nicht in der Lage waren, sich ein eigenes Anwesen zu bauen, für die Nacht zumindest einen sicheren und trockenen Unterschlupf fanden.

Théo verabschiedet sich, und ich laufe zu meinem Häuschen und mache mich nun endlich über mein Frühstück her.

Im Gemeinschaftshaus treffen nach und nach Frauen, Männer und Kinder vom Kirchgang ein. Das Mittagessen wird vorbereitet. Drei Männer zerteilen einen großen Hirsch, ein paar Frauen putzen Süßkartoffeln, Maniok und Yamswurzeln. Andere sitzen auf dem Boden und flechten an ihren überdimensionalen Matten, was etwas merkwürdig aussieht, da sie auf dem bereits fertigen Teil sitzen und von dort aus weiterarbeiten, wie Spinnen, die ihr Netz von der Mitte aus weben.

Kinder springen herum, kampeln und necken sich. Die meisten der Jugendlichen beugen sich über ihr Smartphones. Internet gibt es noch nicht so lange auf Grande Terre, deshalb ist dies nun besonders für die Jungen die große Entdeckung.

Ich sehe dem bunten Treiben zu, schaue in die Gesichter der Frauen, Männer und Kinder.

Eine Frau winkt mich zu sich heran und bietet mir einen Platz auf ihrer fast fertig geflochtenen Matte an. »Ich bin Louise. Setz dich!« Ich lasse mich langsam auf die Knie herunter. »Doch nicht so! Setz dich bitte hin, wie ich, wie alle Frauen hier!« Und sie zeigt auf sich: leicht gegrätschte, ausgestreckte Beine, das weite Kleid fällt locker in den Schoß und reicht fast bis zu den Füßen – so lang sind die Missionarskleider.

Wie unpraktisch, dass ich heute einen engen Rock trage. »Geht nicht«, antworte ich etwas verschämt. Sie wirft mir ein buntes Tuch zu. »Versuch es hiermit, lege es über deine Beine. Hier sitzt eine Frau immer so, wie du es bei mir siehst, nicht anders.« Nach der recht entschiedenen Einweisung flicht mir Louise mit

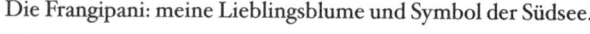

Die Frangipani: meine Lieblingsblume und Symbol der Südsee.

schnellen, geübten Griffen ein schmales Band aus Palmenblättern, das ich mir als Haarreif aufsetzen soll.

»Das sieht hübsch aus. Sonntags soll man schöner aussehen als in der Woche!« Sie scheint nun zufrieden mit meinem Outfit. Mir fallen plötzlich die weißen Strumpfhosen ein, die ich als Kind früher sonntags tragen musste. Das hat mich immer gestresst, denn ich durfte mich nicht schmutzig machen, nicht hinfallen, geschweige denn mit einem Loch ankommen. Doch der Drang, sich sonntags besonders fein zu machen oder die »guten« Sachen anzuziehen, ist zumindest in einer Stadt wie Berlin weitgehend verloren gegangen.

Louise pflückt mit ein paar Handgriffen Pandanuszweige von den bereitliegenden Ästen und nimmt ihre Flechtarbeit wieder auf. Flink ist sie, wirft nur ab und zu einen Blick auf die weiter wachsende Matte, plaudert und schaut umher, so wie ich es von Strickprofis kenne, denen die Arbeit wie von selbst von der Hand geht. Beeindruckend, was die Frauen um Louise alles herstellen: Körbe, Schalen, Taschen, Hüte und diese wunderbar praktischen Matten.

Es muss eine klare Aufgabenverteilung geben, denn andere Frauen stehen an der Kochstelle, rühren in großen, schweren Töpfen oder decken die lange Tafel mit der grünen Wachstuchtischdecke ein. Darauf werden gerade Teller, Gläser, Besteck, Küchenkrepp als Servietten verteilt. In der Mitte zieren leuchtend weiße Frangipani und rote Hibiskusblüten das sonntägliche Ensemble.

»Ich genieße die Ruhe hier«, beginne ich, um das Gespräch am Laufen zu halten. »Es ist für mich schön, dem Wind zu lauschen, den Ruf der Vögel auf mich wirken zu lassen. Ich genieße die Landschaft, die Berge, den blauen Himmel. Ich selbst lebe ja in der Stadt.«

Louise nickt verständnisvoll. »Ja, wir lieben die Natur. Sie nährt uns. Und es ist gut, etwas höher zu wohnen, mit diesem grandiosen Ausblick. Woher kommst du?«

Da ich mir nicht sicher bin, ob sie Berlin kennt, sage ich, dass ich in Deutschland lebe. »Ach, wo die Frau Merkel regiert!«, folgt prompt als Antwort. Ich bin baff. Louise zeigt sich begeistert: »Tolle Frau, die so ein großes Land führt!« Die anderen Stammesfrauen, die sich nach und nach zu uns gesellen, nicken ebenfalls anerkennend. Eine Alte am Mattenrand hat nicht ganz verstanden, wer Frau Merkel ist, und die anderen erklären es ihr: Diese Frau Merkel ist eine Art Häuptlingsfrau, und das nicht nur von einem *tribu*, sondern mehreren, sie regiert ein riesiges Land. Die Alte kann es nicht glauben, denn in Neukaledonien gibt es keinen einzigen *tribu*, in dem der Häuptling eine Frau ist. Sie winkt ab, das versteht sie nicht und will es auch nicht verstehen. Die jüngeren Frauen, so um die dreißig, vierzig, beginnen zu diskutieren, ohne ihre Flechtarbeiten zu unterbrechen. Wie mag das sein, wenn eine Frau einem Stamm vorsteht – schon merkwürdig, ziemlich ungewohnt, aber warum eigentlich nicht?

»Woher wisst ihr, dass Angela Merkel Regierungschefin in Deutschland ist?«, frage ich überrascht.

»Aus dem Fernsehen«, erwidert Louise und fügt etwas barsch hinzu: »Wir informieren uns doch!«

»Muss bei euch eigentlich eine Frau, wenn sie Häuptling ist, Hosen tragen wie die Männer?«, fragt Louise. Ich hatte bislang nicht sonderlich über Angela Merkels Outfit nachgedacht, weiß aber inzwischen, dass Kleider hierzulande der Inbegriff der Weiblichkeit sind. Plötzlich habe ich das Gefühl, die Bundeskanzlerin in Schutz nehmen zu müssen: »Nun ja, sie würde sicher auch solche wunderbaren Kleider wie ihr tragen, nur ist es in Deutschland oft sehr kalt, und Hosen wärmen einfach besser. Aber zu festlichen Anlässen sieht man sie auch in Röcken oder Kleidern.« Diese Erklärung stimmt die Runde zufrieden.

Marie, die Frau neben Louise, fährt sich durch das Haar, um ihren hochgesteckten Zopf neu zu binden. Dabei fällt mir ein hellrotes Gummiarmband auf, das sie am Handgelenk trägt. Es hat die Aufschrift *Pawa Meri*.

»Was heißt das?«

»Nichts anderes als Frauenpower! Das Band hat mir eine junge Frau aus Papua-Neuguinea geschenkt, die mit ihren Kolleginnen bei uns zu Besuch war. Die Frau ist Regisseurin und hat einen Film über die Situation der Frauen auf ihrer Insel gedreht. Der wurde auf dem Festival in Poindimié gezeigt.«

»Auf dem *Ânûû-rû Âboro*? Dahin will ich auch noch! Und wen meinst du eigentlich mit ›uns‹?«, frage ich nach.

»Die Frauen von *Batefo*, unserer Flechtorganisation.«

»Wann treffen ihr euch das nächste Mal?«

»Das wissen wir noch nicht«, antwortet Marie, »die Vorsitzende wird mir Bescheid geben. Möchtest du mitkommen?«

Ich nicke und betone, dass es für mich eine Ehre sei, Louise und Marie dahin begleiten zu dürfen.

Louise erzählt mir noch, dass solch eine Matte, auf der sie gerade sitzt, nicht nur zum Sitzen und Schlafen benutzt wird, sondern einen Menschen nach alter Tradition ein Leben lang begleitet. Ein Kind wird auf einer von der Mutter geflochtenen Matte geboren. Diese bleibt nicht nur seine ganz persönliche Unterlage und zuweilen auch Schutzdecke: Nach dem Tod wird ein Kanak in seinen »Naturteppich« eingerollt und bestattet. Das geht nur, weil die Blätter des Pandanus langlebig und sehr widerstandsfähig sind.

Louise beendet für heute ihre Flechtarbeit und lässt die Hände entspannt in den Schoß fallen. Die Frauen sind das Sitzen mit ausgestreckten Beinen und durchgedrücktem Rücken gewohnt, ich dagegen habe Mühe, mich aufrecht zu halten, sacke immer wieder zusammen, in einen unangenehm schmerzenden Rundrücken, und fühle, wie sich meine Schultern verspannen.

Louise hat abgesehen von ihrem Kleid wenig weibliche Attribute – wie auch andere der Kanakfrauen trägt sie einen flauschigen Damenbart, was hier zum Schönheitsideal gehört. Ihr Gesicht ist markant, auffällig das flache Kinn, die breite Nase, die dunklen Leberflecken auf den Wangen. Die weit schwingende Robe verrät fast nichts über ihre Figur, was auch Zweck der Missionarskleider ist.

Während sie mit leichtem Schwung in den Stand kommt, muss ich mich mühevoll aus der unbequemen Sitzposition hochdrücken und meine eingeschlafenen Füße massieren.

»Komm, ich führe dich zur Tischtafel, wo die Häuptlinge aus der Nachbarschaft mit ihren Familien und alle älteren Stammesmitglieder Platz nehmen.«

Ich nehme auf der langen Bank zwischen zwei sehr alten Männern Platz, der eine fast blind, der andere taub, dennoch lächeln mich beide voller Herzlichkeit an. Einige Frauen beginnen auf dem Vorplatz der Tafel zu singen und zu tanzen, während zu meiner Überraschung nicht die Erwachsenen, sondern die Mädchen und Jungen das Menu servieren.

Mir ist es unangenehm, dass mein Teller gefüllt wird, während die Frauen und Männer, die weder alt noch krank sind beziehungsweise nicht zur »Obrigkeit« gehören, erst essen dürfen, wenn wir fertig sind. Es macht ihnen jedoch nichts aus, denn es ist so Sitte, auch in den anderen Stämmen, wie ich später wiederholt beobachten werde.

»*Bonne appetit!*« Louise kommt zu mir. »Was du gerade auf dem Teller hast, das ist für uns ein beliebtes Sonntagsessen. Reis, Maniok, Süßkartoffeln, Hirschstückchen, Krevetten, gemischt in Kokosmilch!« Sie schenkt mir Zitronenwasser in mein Glas.

An der Tafel sitzen dreißig Kanak, darunter auch zwei Häuptlinge eines anderen *tribu*, die sich angeregt unterhalten. Ich beobachte die Kinder, die servieren. Die Mädchen tragen wie ihre Mütter Missionarskleider, die Jungen Jeans und T-Shirt. Dieselben Kinder, die vorhin cool am Geländer lehnten, in ihre Smartphones tippten, laut diskutierten, lachten und aus Jux aufkreischten, füllen nun mucksmäuschenstill die Teller, stellen Wasserkrüge bereit, räumen leere Teller ab, reichen den Nachtisch, Maiskuchen mit Mango, und schenken Kaffee aus. Mit einer ruhigen Selbstverständlichkeit und großem Respekt vor den Alten.

Wie mir Louise nach dem üppigen Mahl erzählt, sind die Menschen hier stolz darauf, wenn sie älter werden und dann richtig alt sind: so viel gelebtes Leben, so viele Jahre, die sichtbare Spuren hinterlassen. Falten werden wie Auszeichnungen mit Würde »getragen«. Es würde Louise nie in den Sinn kommen, jemandem ihr Alter zu verheimlichen, sich zu schämen, dass sie sechzig geworden ist und tiefe Falten ihrer Stirn bedecken. Für sie ist Älterwerden eine triumphale Angelegenheit: »Würde man nicht alt werden, müsste man doch früh sterben. Was schade wäre! Wenn man davon ausgeht, dass das maximale biologische Alter hundertzwanzig Jahre beträgt, habe ich doch erst die Hälfte rum«, lacht sie.

Nachdem ich den zuckersüßen, saftigen Mais-Mango-Kuchen verzehrt und den starken Kaffee getrunken habe, durchströmt mich ein wohliges Gefühl des Aufgehobenseins in der Fremde, weit weg von zu Hause. Geborgenheit in einer Siedlung, die 16.000 Kilometer von Berlin entfernt liegt.

Mir fällt Ignace ein, der mir während des *faire la coutume* Schutz und Frieden versprach. Worte, die mich sehr berührt haben, die für mich wie ein emotionales Dach über den Kopf sind. Obhut sagte man früher dazu, eine schöne Bezeichnung dafür.

Wo ich auch unterwegs bin, sehne ich mich nach Geborgenheit und einem wohligen Miteinander. Es ist etwas, das ich suche, das ich festhalten möchte, das sich rasch auch wieder entziehen kann. Es lässt sich nicht festhalten, ebenso wenig wie ein Sonnenaufgang oder Momente des Glücks. Aber man kann den Boden dafür immer wieder neu bereiten. Und hier fühle ich mich angenommen, geborgen in einer mir fremden Welt.

Bald darauf nehmen die Wolken am Himmel eine bläulich-lila Farbe an, der Tag neigt sich sanft dem Ende zu. Ich weiß nicht, wie viele Stunden wir zusammen saßen. Mit einem Mal vernehme ich erneut Ignaces Stimme. Aus der Ferne sehe ich, dass er wieder sein Zeremonialbeil schwingt, diesmal nun, um die Sonne herunterzuholen, damit sie dem Mond seinen Auftritt lässt. So wie es die Stammesväter vor ihm schon immer getan haben.

5

Diener der Rede

Meine Hütte ist mir inzwischen ein kleines Zuhause auf Zeit geworden. Entspannt lehne ich an einem der geschnitzten Türpfosten und schaue zu den Bäumen, durch deren Blätterwerk der Wind fährt. Er biegt die weichesten der Äste, als wolle er prüfen, wie weit er mit seiner Kraft gehen kann, damit sie nicht abknicken, sondern nur etwas nachgeben. Dem Spiel des Windes zuzusehen und ihm zu lauschen, hat etwas Meditatives. Wo eigentlich ist der Wind, wenn er nicht weht? Legt er sich in der Vorstellung der Kanak zur Ruhe? Wer weiß.

Louise kommt den schmalen Weg zu mir hinauf auf die Anhöhe. Sie zupft an ihren Haaren und streift ihr Kleid glatt. Heute trägt sie eine rote Robe mit weißen Blüten und gerafften Ärmeln. Langsam schlurft sie in ihren ausgetretenen Badelatschen über die Wiese. Die meisten der Bewohner hier haben Badelatschen an, die neben den Turnschuhen als Allwetterschuhe unübertroffen praktisch sind, bei Regen, Staub und Hitze.

»Ich habe zwei Nachrichten für dich«, sie setzt sich neben mich auf die Türschwelle. »Du kannst nicht in der Rundhütte übernachten, in der wir alle schlafen. Eine Frau ist schwanger, und es verbietet sich gegenüber dem Ungeborenen, dass Gäste mit ihren fremden Einflüssen die Nacht über im Gemeinschaftsraum verweilen, da der Embryo sich formt und noch ohne fertige Seele im Mutterleib liegt.«

Ich nicke verständnisvoll, das leuchtet mir ein. »Wir werden jedoch auf der Insel Lifou anfragen, ob es dort möglich ist, dich in einer Schlafhütte übernachten zu lassen. Beim Stamm der Gaica in Wedrumel.«

Oh ja, ich wollte ohnehin nach Lifou reisen. Einerseits hatte Bergé mir von dem Mann auf Lifou erzählt, andererseits interessiert mich diese Insel im Osten Neukaledoniens, weil sie wilder und ursprünglicher ist als Grande Terre.

»Die zweite Nachricht: Wir fahren morgen in den Norden. Dort trifft sich unser Frauenverein. In meinem Auto wäre Platz für dich.«

»Das ist toll«, rufe ich begeistert, »danke, das freut mich sehr!«

»Pack dir ein paar Sachen ein, wir werden über Nacht bleiben. Wir fahren in der Frühe nach Poum. In der Umgebung gibt es ein kleines Hotel, aber keins wie du es kennst. Lass dich überraschen!«

»Gerne!«

Wenig später kommt eine Frau herauf. »Ah, das ist Aline. Sie möchte dich kennenlernen«, ruft Louise, »sie ist unsere *sage-femme*«, was übersetzt weise Frau heißt, das französische Wort für Hebamme. »Aline ist 82 Jahre alt, schon ihre Mutter und Großmutter waren Hebammen. Sie kennt sich aus in der traditionellen Medizin.«

Die Alte ist gut zu Fuß. Dann, Küsschen links, Küsschen rechts, setzt sie sich zu uns, in der gleichen Manier wie Louise,

ausgestreckte Beine, das weite Kleid in den Schoß fallend, durchgedrückter Rücken. Ich bin froh, am Türpfosten zu lehnen. Mich
ermüdet das Sitzen nach der Art der Kanakfrauen immer noch.

Manchen Menschen ist man noch nie begegnet und dennoch
stellt sich sofort so ein Gefühl von Nähe und Vertrautheit, sogar
Verbundenheit ein. So ergeht es mir mit Aline. Wie sie mich ansieht, dieser wohlwollende, gütige Blick, ihr sanftes Lächeln, die
tiefe, samtweiche Stimme, ich habe das Gefühl, ich könnte ihr alles anvertrauen, alle Sorgen und Nöte, und sie würde für jedes Problem eine Lösung finden.

Ihr Gesicht ist trotz ihres Alters glatt, und merkwürdigerweise
hat sie kaum graue Haare. Alles an ihr ist glatt und straff, die Haut
ihrer Arme und Beine, auch ihres Halses. Doch die Hände sind
zerkratzt und vernarbt. Ich frage, ob sie noch immer Babys auf die
Welt hilft?

Aline nickt.

Wie viele Kinder sie entbunden hat, kann sie nicht sagen. Viele jedenfalls, sie hat nicht gezählt. Es gibt für sie jedoch eine Regel:
nach dem sechsten Baby sollte jede gesunde Frau allein zurechtkommen. »Denn nach dem sechsten Kind wissen die Mütter doch,
wie es geht«, meint sie. Aline wird nur dann gerufen, wenn es Kom-
plikationen gibt.

»Die erste Geburt einer Frau ist immer die aufregendste, weil
es eine neue Erfahrung ist«, erklärt die *sage-femme*. Ihre Aufgabe ist
es, einen Topf mit abgekochtem Wasser zur Reinigung bereitzu-
stellen, dafür zu sorgen, dass die Matte glatt und sauber ist, und
eine Kräutertinktur gegen die Schmerzen der Wehen zu mixen.
Ansonsten ist es wichtig, mit guten Worten und sicheren Handgriffen der Frau zur Seite zu stehen. Auch nach der Geburt noch
sorgt Aline für das Neugeborene, damit es gesund ist und sich kein
böser Schatten auf seinen Körper legt. »Dem Kind muss es gut gehen, damit die Seele, die sich einen Körper aussucht, gerne darin
zu Hause ist«, erklärt sie. Deshalb empfängt die Hebamme das

Gefährlich auch für den härtesten Kopf: Wann eine der kiloschweren
Kokosnüsse herabfällt, lässt sich nicht vorhersagen.

Neugeborene mit der Segensformel, die sie nun für mich aufsagt:
»Möge der Geist dieses Kindes glücklich und sein Totem erhaben
sein. Mögen seine Ohren fein, seine Augen klar, seine Glieder
stark sein. Möge sein Kopf hart wie ein Fels sein und mögen alle
Ahnen seinen Atem preisen.«

»Wie viele Kinder hast du selbst?«

»Keine ... ich habe darauf verzichtet. Ich wollte ganz und gar
für die Frauen im *tribu* und ihre Kleinen da sein. Ich habe auch
nicht geheiratet. Mein Leben sollte das einer *sage-femme* sein, ich
wollte anderen von meiner Energie abgeben. Eine eigene Familie
hätte zu viel von meiner Kraft abgezweigt.«

Aline hatte mit ihrem Mann auch nicht so viel Glück gehabt,
es war immer ein Hin und Her, mal verstanden sie sich gut, dann
wieder nicht. Sie wusste nie so recht, woran sie war: »Bei uns sagt
man nicht *ich liebe dich*, sondern *ich werde dir sagen, wenn ich dich
nicht mehr liebe*.« Das tat ihr Mann dann auch eines Tages und ver-

ließ sie. »Für eine Ältere«, fügt sie mit belegter Stimme hinzu. »Es kommt gar nicht so selten vor, dass Männer Frauen für eine ältere verlassen. Nicht schön, oder?« Sie blickt auf ihre Zehenspitzen.

Ich lege meine Hand auf ihre zusammengefalteten Hände. »Verlassen werden tut immer weh, ob wegen einer Älteren, Jüngeren oder Gleichaltrigen«, sage ich.

Dann sitzen wir zu dritt beieinander und schweigen. Es ist ein Schweigen, das sich nur einstellen kann zwischen Vertrauten, zwischen Wissenden, Freundinnen. Man weiß mehr, als man preisgegeben hat. Es braucht gerade keine Worte, es ist einfach gut, zusammen zu sein.

Aline schaut weiter sinnend auf ihre Füße. Louise hat den Kopf zur Seite geneigt und ihren Blick an den Türpfosten geheftet. Und ich sehe zum Horizont, fühle mich nah und verbunden mit den anderen Frauen und möchte diesen Moment festhalten, wünsche, dass die beiden nicht gleich aufstehen. Wie schön, sie bleiben noch eine ganze Weile sitzen – ich wüsste nur zu gern, was sie gerade denken und fühlen, was in ihren Köpfen vorgeht. Vielleicht etwas, das ich nicht verstehen würde?

Als der Tag dann richtig in Gang kommt, die Geschäftigkeit zunimmt, die Frauen auf das Feld gehen, die Kinder in die Schule gebracht werden und die Männer sich für die Jagd fertig machen, kommt Théo zu mir.

»Hast du Lust auf einen kleinen Ausflug?«

»Aber ja!«

Wir fahren mit dem Auto auf den Weideplatz, wo seine Pferde stehen. Ich hatte ihm bereits erzählt, dass ich vor Jahren mal geritten bin, mich aber nicht sonderlich mit Pferden auskenne. Er sattelt mir seinen Liebling, Domino, tätschelt das Fell, putzt es so lange, bis weder Sand noch Staub darauf zu sehen sind. Dann prüft er beide Steigbügel, ob sie hochgezogen und die Gurte festgezurrt sind. Théo legt eine Decke unter den Sattel, zieht sie glatt und schiebt Sattel und Decke langsam nach hinten an die tiefste Stelle des Rückens. Nachdem er das Pferd eine Runde geführt hat, zieht er alles noch einmal fest.

Das gleiche wiederholt er bei seinem Pferd, einem Schimmel namens Domtom. Ich laufe mit Domino zu einem Baumstamm, damit es sich leichter aufsteigen lässt, schiebe den linken Fuß in den Steigbügel, hole Schwung, und schon sitze ich wie eine Prinzessin auf dem dampfenden Pferderücken. Ein tolles Gefühl. Zum Glück hat mir Théo einen Lederschutz um meine Beine gebunden, damit sich die Schenkel nicht wundreiben. Einen Cowboyhut trage ich auch, das ist Ehrensache, einen geschwungenen Hut mit breiter Krempe, schön abgewetzt. Ich sehe aus, als hätte ich mein Lebtag nichts anderes gemacht, als mit diesem schwarzen Hut rassige Pferde einzureiten.

Dabei ist das Gegenteil der Fall. Da ich wenig Erfahrung mit Pferden habe, verkrampfe ich mich zunehmend, denn der Weg zum Wald ist steinig, es geht bergauf und bergab. Ich habe Angst, Domino könnte auf dem Geröll ausrutschen. Dann beschließe ich, mich ganz dem Tempo, den Bewegungen des Pferdes hinzugeben, mich ihm anzuvertrauen. Domino achtet auf jede Bewegung, wenn ich ihm die Sporen gebe oder mit den Zügeln bremse, pariert er sofort.

Nach einer Weile entspanne ich mich, werde lockerer, gewöhne mich an meinen neuen Kompagnon. Gleichmäßig hebt und senkt sich der Pferderücken. Dann fordert Théo mich heraus, wir beginnen loszugaloppieren. Domino drückt sich ab, ich klammere mich fest an ihn, habe das Gefühl, mit ihm zu verschmelzen, wir sind eins in unseren Bewegungen. Mein erster Ausritt hier, so eindrucksvoll hatte ich mir das nicht vorgestellt. Nach einer Stunde steige ich verschwitzt, erschöpft, doch sehr zufrieden wieder ab. Théo bindet beide Pferde an einem Holzgeländer fest, und wir laufen in den Wald hinein.

Théo kommt noch einmal auf unser Gespräch über die Rede zurück und erzählt mir die Geschichte von einem Aufschneider, der einen einfachen Mann bedrängt. Dieser Mann ist der Schika-

All die Strände sind unglaublich schön, oft menschenleer und stets sauber.
Die Einheimischen sehen Reichtum nicht im Geld, sondern in der Natur.

nen müde und kommt auf den Gedanken, sich eine Maske anzulegen, um dem Schwätzer Angst einzujagen. Als der ihn mit der Maske sieht, wirft er sich ihm zu Füßen und bittet um Milde: »Ich werde«, so ruft er, »der Diener all deiner Reden sein!« Damit meint er, er werde allen seinen Befehlen gehorchen.

Das bedeutet für die Kanak Rede. Sie sagen aber auch: »Die Rede war stark wie der Wipfel eines Baumes«, wenn jemand etwas sehr gut erzählt hat. Von einem weniger wortgewandten Mann heißt es dagegen, dass seine Rede nur »gerade« sei, also ziemlich fade und langweilig. Wenn es heißt, dass einer »eine Rede beginnt«, so bedeutet dies, dass er zur Tat schreitet.

Das Wort Rede steht für so viele Ausdrücke! Im kanakischen Denken sind Handlung und Rede eng miteinander verknüpft, wie Théo mir zu erklären versucht – mehr noch, die Formulierungen an sich seien ein eher zufälliges Phänomen der Zunge.

»Wenn wir von einer ›schlechten Rede‹ erzählen«, fügt mein Begleiter hinzu, »geht es um einen Ehebruch! Und wenn ein Erwachsener die Gesichtszüge seines Vaters geerbt hat, auch seine Gedanken und Einstellung, so sagt man, ›er rollt sich in die Rede seines Vaters ein‹.«

Théo sieht mich an: »Ist es nicht merkwürdig, etwas zu denken?«

»Was meinst du damit?«

»Denken ist für uns der Schwung, der aus der Erschütterung von Emotionen entsteht. Und Gedanken sind Schwingungsbewegungen unserer Eingeweide.«

Wir betreten das Bistro in der Nähe der Koppel. Ein paar Jugendliche hocken rittlings auf Stühlen und diskutieren, ein paar Alte sitzen am Tisch und spielen Schach.

Théo gibt eine Runde Bier aus. Diesmal nicht *Number One*, sondern *Manta*, das andere einheimische Bier mit dem Etikett eines Vogels, der aussieht wie eine Fledermaus. Die Flasche zischt beim Öffnen – und der erste Schluck Bier ist ein Genuss, ach was, er bringt mich in Hochstimmung. Es ist das prickelnde Gefühl auf den Lippen, eine vom Schaum verstärkte Frische, die langsam am Gaumen entlangläuft, ein Wohlgefühl, von einem Seufzer gekrönt. Ich leere die Flasche in zwei Zügen, solch einen Durst habe ich. Und wische mir mit dem Handrücken den Schaum von den Lippen. Dann essen wir einen Salat aus geriebenen grünen Papayas, Möhren und Blattsalat mit scharfem Ziegenfrischkäse, angereichert mit Peperoni, die der *patron* des Bistros uns ungefragt serviert.

Abends, wieder in meiner Hütte angekommen, falle ich sofort in einen tiefen Schlaf. Ich träume, dass ich mit einer analogen Kamera unterwegs bin, meinen Film selbst entwickle, Abzüge machen will, wie ich es einst gelernt hatte, doch jedes Mal das Fotopapier zu schnell aus dem Fixierbad ziehe, sodass die Motive nur in Umrissen zu erkennen sind. Es gelingt mir einfach nicht, gut entwickelte Fotos zu erhalten, obwohl die Negative einwandfrei und von bester Qualität sind. Meine Kollegin im Fotolabor sagt, ich sei zu schnell, das hätte sie die ganze Zeit schon gemerkt. »So wird das nichts!« Bei diesem Ausruf wache ich schweißgebadet auf und nehme mir vor, darauf zu achten, meine eigene Geschwindigkeit, dieses Getriebensein zu drosseln. Ich wundere mich, warum ich das gerade jetzt träume. Posttraumatische Geschwindigkeitsmessung? Dann schlafe ich wieder ein.

Am Morgen klopft es laut an der Tür. Tack, tack. Dann vernehme ich ein fröhlich trällerndes »Bonjour«. Ich springe aus dem Bett. Louise hat das Frühstückstablett auf den Tisch vor der Hütte gestellt: »Wir fahren in einer Stunde los, damit du Bescheid weißt. Zunächst nach Shellow bei Poum, dort findet an diesem Wochenende das *Festival Shaxabign* statt. Da kommen Frauen verschiedener Stämme zusammen.«

Wir sind 24 Frauen, die in sechs Autos Kolonne fahren. Ich sitze neben Louise. Bevor sie den Motor anlässt, zieht sie die Schuhe aus. »So habe ich mehr Gefühl in den Füßen. Ich mag ohnehin keine Schuhe, ich laufe und fahre am liebsten barfuß.«

Vor uns liegt eine längere Autofahrt, über Koné und Koumac nach Poum. Die Landschaft, zunächst noch karg, wird zunehmend grüner, dichter, wilder. Die Straßen, die durchweg asphaltiert und in einem sehr guten Zustand sind, werden schmaler, der Belag wird bröseliger. Auf dem Rücksitz schlummern Aline und ihre gleichaltrige Freundin Babette.

Louise schweigt, und ich genieße die Aussicht, lege die Beine auf die vordere Ablage, kurbele das Fenster hinunter, strecke die Hand hinaus und lasse den Fahrtwind durch die Finger streifen. Der Weg wird noch holpriger, ein sicheres Zeichen, dass wir bald da sein werden, im hohen Norden.

Dann taucht ein großes Schild auf: *Festival Shaxabign*. Laute Musik, es riecht nach Holzfeuer und gegrilltem Fleisch. Zwischen Kokospalmen, Kiefern, Mangobäumen liegt ein großer Platz, voll mit kleinen Ständen und provisorischen Hütten. Einheimische Reporter von *Radio Djiido* übertragen gerade live das Konzert von der großen Bühne. *NC Feeling* spielt, *Nouvelle-Calédonie Feeling*. Die Jungs bekommen stürmischen Beifall von ihren Groupies. Der Name scheint Programm.

Es macht schon was her, wie wir Frauen in unseren bunten Kleidern über den Platz schreiten. Ich trage ein orangefarbenes Missionarskleid, das ich mir auf einem Wochenmarkt gekauft habe, und fühle mich ausgesprochen wohl darin. Aber wie das mit solch speziellen Kleidungsstücken ist, sehen sie meistens nur vor Ort, in der entsprechenden Umgebung, richtig gut aus.

Aus einer mit Palmenblättern bedeckten Hütte winkt man uns zu. »Ah, das sind die Frauen von *Batefo*«, ruft Louise erfreut.

Das ist nicht zu übersehen. Auf Pandamusmatten liegen geflochtene Hüte, Körbe, Taschen, Fächer, Schalen. Eine ältere Dame mit großer Sonnenbrille, goldenen Ohrringen, einem kunstvoll gebundenen Tuch um den Kopf kommt auf uns zu. »Das ist Léonie, die Chefin von *Batefo*.«

»Sehr erfreut«, begrüßt sie mich und reicht mir lächelnd die Hand. »Schön, dass du uns besuchst!«

Sie erzählt mir, dass es *Batefo* bereits seit vielen Jahren gibt, damit die Tradition der Flechttechnik nicht in Vergessenheit gerät. Die Kinder und Kindeskinder sollen wissen, wie eine Matte, ein Korb oder eine Tasche entsteht und können es in dem Verein lernen. »Wir lehren nicht nur die Technik, sondern flechten auch Matten, um sie anderen Kanak-Frauen für wenig Geld zu verkaufen.«

Nicht alle Frauen haben die Fähigkeiten und auch die Zeit, um eigene Matten herzustellen. Doch es soll verhindert werden, dass billige Plastikimitate aus Asien gekauft werden, die leider zu einem Spottpreis zu haben sind. Was schädlich für die Umwelt ist, da sich diese Matten nicht verbrennen oder kompostieren lassen.

Ich schaue den Frauen zu, die sich mit Freude an die Arbeit machen. Sie legen sich Zweige des immergrünen, dornenlosen Pandanusbaums zurecht, dessen lange Blätter sich spielend leicht biegen lassen.

Der schraubenartige Pandanusbaum wird in der Nähe eines jeden Dorfes oder direkt auf dem Feld als Steckling gepflanzt und erreicht in wenigen Jahren eine imposante Höhe von mehreren Metern. Meistens werden die unteren Blätter des Stammes verarbeitet, da sie sich besonders gut mit einem spitzen Messer in Streifen teilen lassen. Die Streifen verbleiben einige Tage zum Trocknen in der Sonne, bevor sie dann mit einem Messers glattgezogen werden.

Flechten ist Frauenarbeit. Man behauptet, es würde Unglück bringen, wenn Männer Pandanusmatten knüpfen. Nicht dass sie dazu nicht fähig wären, doch die Erfahrung der Frauen besagt, dass Männer den Anfang und den Abschluss der Arbeiten nicht gut beherrschen.

Hüte liegen (oder hängen) immer griffbereit. Sie schützen nicht nur vor der Sonne, sondern sind auch ein echter Hingucker.

»Ich möchte das gerne lernen«, sage ich zu Léonie.

»Flechten wird bei uns nicht unterrichtet, man lernt es durch Zuschauen und Ausprobieren. Du setzt dich einfach dazu, beobachtest, und wenn du Fragen hast, stellst du sie.«

Derweil hat Louise sich zu einer anderen Flechtfrau gesellt, und während beide angeregt plaudern, geht sie der Frau zur Hand. Beide flechten an einem Stück, sehen, ohne Worte darüber zu verlieren, welches Blatt sie aufnehmen und in das Muster einarbeiten müssen. Sie arbeiten Hand in Hand, als hätten sie sich vorher genau abgesprochen.

Wenn eine Matte fertig ist, wird sie mit Pandanusbändern zusammengebunden, als Zeichen, dass sie »jungfräulich« und unbenutzt ist. Vor dem ersten Gebrauch durchschneiden oder zerreißen die neuen Eigentümer die Bänder als Zeichen, dass sie nun die Besitzer sind.

Da Louise ganz in ihrem Element ist und sich um mich nicht weiter kümmern kann, schlägt Léonie vor: »Komm, wir flechten zusammen. Ich zeig dir, wie das geht. Ein Haarband zum Beispiel ist für den Anfang nicht schwer, du musst nur das Prinzip verstehen.«

Bevor sie anfängt, stopft sich die kräftige Kanakin eine Pfeife mit bauchigem, braunrot gemasertem Kopf, schmalem, geschwungenem Holm und edlem Mundstück. Auf alten Fotos aus Neukaledonien sah ich Frauen, die Pfeife rauchen. Léonie macht es mir nun ungefragt vor, und ich staune, denn bislang habe ich nicht einmal Männer Pfeife rauchen sehen. Oder es ist mir nur nicht aufgefallen?

Der Tabak riecht wunderbar, ein Duft von warmer Vanille und dunklem Holz hüllt uns ein. Zigaretten mag ich nicht sonderlich, Pfeifenrauch dagegen sehr. Obwohl ich selbst nie geraucht habe, strahlt dieses genüssliche Schmauchen für mich Ruhe und Gelassenheit aus.

»Eine Pfeife hat Charakter«, sagt Léonie, »zumeist ist sie auch einige Jahre alt. Diese stammt von meiner Großmutter! Sie rauch-

»Das ist unsere *sage-femme*«, sagen die Frauen ihres Stammes stolz über Aline, was übersetzt »weise Frau« heißt. Es ist das französische Wort für Hebamme.

te, um aufzufallen, fand es eben schick. Na ja, mir schmeckt es einfach, für mich hat das aber nichts mit Rebellion zu tun!« Und sie stopft den Tabak nach.

»Übrigens«, fährt sie fort, »ich würde nie einen Mann nach Feuer fragen, wie es Zigaretten rauchende Frauen tun. Feuer, das habe ich selber!«, sie lacht ein tiefes, herzhaftes Lachen, nimmt einen langen Zug und kneift dabei die Augen zusammen. Als sie fertig geraucht hat, schiebt sie ihre Pfeife in ein um den linken Oberarm gebundenes blaues Bändchen. So trägt sie das gute Stück stets griffbereit.

Dann fingert Léonie aus dem Arbeitshäufchen ein trockenes, längliches Pandanusblatt heraus, sticht mit einem spitzen Messer am oberen Ende hinein und teilt mit einem kräftigen Schwung das Blatt in zwei Hälften. Das wiederholt sie noch zwei Mal, bis sie mehrere schmale Streifen in der Hand hält. Sie legt einen davon horizontal in die linke Hand, nimmt einen zweiten und knickt ihn zu einem V. Schiebt dann den ersten Streifen durch das V und beginnt nach und nach beide Enden ineinander zu verflechten.

Ich versuche es wieder und wieder mit dem V und verstehe die Männer, die damit nicht gut zurechtkommen. Der Anfang ist das schwerste, und es dauert eine geschlagene Stunde, bis ich das Prinzip endlich begreife. Ich schaffe es nun tatsächlich ein Stirnband herzustellen, setze es aber nicht auf den Kopf, sondern stecke es sofort als Muster in meine Tasche. Später will ich es wieder entwirren, um mir dieses Prinzip der miteinander verwobenen Streifen genau anzuschauen und einzuprägen.

Jetzt erst merke ich wieder, wie verkrampft ich sitze. Um mich zu entspannen, recke ich meinen Kopf in den Himmel, sehe zu den Bäumen hinüber, und sicherlich ist es kein Zufall, dass mein Blick an einem dicken Ast hängen bleibt, auf dem sich ein Vogel sein Nest baut. Ein großes Nest, in gleichmäßig schöner Struktur. Plötzlich habe ich einmal mehr Respekt vor all den Vögeln, die ihr Nest nur mit ihren Schnäbeln bauen – ich habe zwei Hände und zehn Finger und bin dennoch von der Logistik ganz schön ins Schwitzen gekommen. Ob die Vogeleltern es den Kleinen beibringen, oder ob sie es in den »Genen« haben, Nester zu bauen, ohne dass es ihnen vorher gezeigt wird? Ein echtes Wunder!

6

Der hellste Mond
seit 68 Jahren

Es ist alles so aufregend, so spannend, ich möchte ganz viel auf einmal erleben. Doch gerade bin ich erschöpft und fühle mich ausgelaugt. All die Eindrücke, Erlebnisse, Gespräche, jeder Tag, fast jede Stunde bringt neue Impulse. Meine Mattheit wird verstärkt durch die Temperaturen, denn es ist verdammt heiß auf dem Festival. Die Sonne steht hoch oben über dem Horizont und brennt. Ich setze mich in den Schatten und augenblicklich befällt mich eine übermächtige Trägheit. Ich möchte nur noch ins Bett, will nichts hören, nichts sehen, einfach leer sein.

Nach einer Weile raffe ich mich auf und schlurfe zu Louise, die immer noch konzentriert mit ihrer Flechtfreundin arbeitet.

»Ich bin todmüde. Hast du eine Idee, wohin ich mich zurückziehen kann?«

Sie schaut auf, setzt den Fuß auf die Palmenblattenden, damit sie aus dem geflochtenen Muster nicht herausspringen, krault sich ihr Damenbärtchen und denkt nach. Dann setzt sie an: »Ich schlage vor, du nimmst mein Auto und fährst zum *Relais de Poingam*. Das ist nur etwas mehr als eine halbe Stunde von hier entfernt. Dort, am äußersten Nordzipfel, kannst du dich bestens erholen.«

»Was ist das *Relais de Poingam*?«, frage ich.

»Ein ganz besonderes Hotel, anders als die üblichen, eine wunderschöne Anlage am Meer, die wird dir gefallen!«

Eine gute Idee, ich stimme zu.

»Und morgen kommst du wieder zurück zu uns. Wir bleiben noch in Poum bei Freundinnen.« Sie reicht mir die Autoschlüssel: »Wie wäre es, wenn du danach direkt zu unserem Stamm zurückkehrst? Wir können mit unseren Freundinnen zurückfahren.«

Also steige ich in den Wagen und fahre zum *Relais de Poingam*. Es ist tatsächlich nicht weit.

Das erste, was mir auf dem Weg nach Poingam auffällt, ist ein selbst gemaltes Verkehrsschild, das Autofahrer vor herabfallenden Kokosnüssen warnt: ein rot umrandetes Dreieck, in der Mitte eine grüne Palme, von der eine große braune Kokosnuss auf ein kleines blaues Auto knallt. Verstehe, es wird davor gewarnt, direkt unter Palmen zu parken.

Ich stelle den Wagen auf einer stoppligen, baumfreien Wiese ab und steige aus. Einen Parkplatz, wie ich ihn kenne, gibt es hier nicht. Die wenigen Autos stehen ohne erkennbare Ordnung, hier und da verteilt. Ich schultere meinen Rucksack und laufe zum Empfangshaus, das mit einem Ensemble von alten Wagenrädern, klobigen Holzstühlen und perlmuttschimmernden Muscheln verziert ist. In den Zweigen der Bäume vor der Tür hängen an langen Fäden getrocknete Bambusstäbe, die vom Wind in Bewegung gesetzt gegeneinander schlagen und tiefe, wohltuende Klänge von sich geben. Hier trifft es zu, denke ich: Der Wind spielt sein Lied.

Die Schönheit des kleinen Anwesens vertreibt sofort meine Müdigkeit. In einem von grauen Schieferplatten gesäumten Bassin blühen lilafarbene Seerosen. Daneben glänzen bunte Blätter im glitzernden Wasser und am Rand des Teiches leuchtet purpurrot ein prächtiger Flammenbaum. Dahinter schimmert kobaltblau der Ozean, gesäumt von stark verholzten Mangroven, die ihre dicken Wurzeln wie Fangarme in den Boden gegraben haben.

Es zieht mich ans Meer, ich breite die Arme aus, atme die frische, salzige Luft ein, schiebe die Füße in den feinkörnigen Sand.

Am Strand ruhen bunt angestrichene Boote, über deren Sitze Fischernetze zum Trocknen ausgebreitet sind. Auf einer großen Wiese vor dem hellen Ufer stehen acht strohgedeckte Hütten. Von der Feuerstelle in der Mitte des Platzes steigt Rauch auf, dort wird auf einem langen Eisenstab gerade ein Hirsch aufgespießt und zum Grillen vorbereitet.

Éliane, eine der drei Frauen, die dieses wunderschöne Anwesen am nördlichsten Punkt Neukaledoniens führen, kommt auf mich zu. »Bonjour! Ich weiß Bescheid, Louise hat mich angerufen!« Man kennt sich, keine Wunder bei den wenigen Leuten, die hier wohnen. Sie bringt mich zu meiner Hütte namens *Baabo*.

»Voilà, ich komme nachher noch einmal vorbei, falls du Fragen hast!« Damit eilt die schlanke, hoch gewachsene Kanakin zurück zur Rezeption.

Die Holztür meiner Wohnhütte quietscht beim Öffnen, so wie ich es aus alten Märchenfilmen kenne. Im Zimmer steht ein rundes Bett mit einem weißen Moskitonetz, daneben ein knorriger Einbaumstuhl und ein rot angestrichener Tisch. Statt Glasfenstern zieren dunkle Fensterläden mit angerosteten Scharnieren die Wand. Meine Aufmerksamkeit richtet sich jäh auf das Bad mit halbhoher Außenwand: Schieferplatten und Steine stapeln sich bis auf Brusthöhe und bilden somit einen Sichtschutz, während man ungehindert nach draußen blicken kann. Bambusblätter ragen von außen hinein.

Ich werfe den Rucksack in die Ecke und probiere die Dusche aus, die unter freiem Himmel steht. Lediglich das Waschbecken und die Toilette sind durch ein kleines Dach geschützt. Ich reibe mich mit Kokosschaum ein und schaue auf den dunklen Ozean und in den hellen Himmel, während ein kräftiger Wasserstrahl Staub und Schweiß des Tages von meiner Haut spült. Minutenlang verharre ich unter der Dusche und habe das irre Gefühl, geschützt und doch mitten im Freien zu stehen.

Ein halbe Stunde später kommt Éliane und teilt mir mit, dass es um acht Uhr Abendessen gibt. Ich frage sie nach dem Zimmerschlüssel, worauf sie mich verständnislos ansieht. »Gibt es nicht. Wozu brauchst du einen Schlüssel hier am Ende der Welt? Was soll denn hier wegkommen und wohin bitte schön soll es verschwinden?«

Da ist was dran, denke ich.

Fröhlich vor mich hinsummend schlendere ich über den Platz. Ein paar Männer und Frauen sitzen um das Feuer, schenken mir Kaffee ein und reichen ein paar klebrige Kokoskekse. William, ein blonder Lockenkopf aus Auckland zeigt mir stolz, was er heute gefunden hat: eine filigrane Muschel, die einer Schnecke ähnelt. »Hast du so etwas schon mal gesehen?«, fragt er. Alle in der Runde schweigen andächtig. Ich sehe mir dieses weiße, geschwungene Gehäuse mit den bräunlichen Linien genauer an. »Ein Nautilus!«, sagt er stolz und zückt sein Tablet. Ich bin überrascht, dass es hier eine Internetverbindung gibt. Er wischt ein paar Mal hin und her, liest dann laut vor: »Der endemische Nautilus macromphalus lebt vor den Küsten Neukaledoniens und gehört zu den ältesten lebenden Fossilien der Erde! Es gibt ihn seit 120 Millionen Jahren, und er hat sich von seiner Statur und Lebensweise her kaum verändert. Zudem besteht er aus Kopf und Fangarmen, lebt in 500 Meter Tiefe und steigt in der Nacht auf, um Nahrung zu suchen.« Der junge Mann zwirbelt mit dem Finger nachdenklich seine Stirnlocken: »Den gab es also schon, als die Dinosaurier noch über die Erde stapften. Wahnsinn!« Weiter erfahre ich, dass es verschiedene Theorien gibt, warum der Nautilus nicht ausgestorben ist – die einleuchtendste ist, dass er einfach unverschämtes Glück gehabt hat. Die Runde lacht. Ich fotografiere das imposante Gehäuse, trinke meinen Kaffee aus und verabschiede mich bis zum Abend, da ich mich noch ein bisschen auf meinem Himmelbett ausruhen möchte.

Zur blauen Stunde werde ich wieder wach, schlüpfe in mein trägerloses, geblümtes Sommerkleid, gehe hinaus und schaue mir die Gegend um meine Hütte herum an. Plötzlich bleibe ich wie angewurzelt stehen: Dutzende Augenpaare starren mich an, neugierig, gespannt, ohne auch nur einmal mit der Wimper, besser gesagt, mit den Wimpern, zu zucken. Eine Herde brauner kräftiger Hirsche steht vor mir. Ich verharre ebenso regungslos und schaue neugierig zurück. Am Rand dann entdecke ich *ihn*, den Anführer, einen stolzen Burschen mit ausladendem Geweih. Und hinter den hohen Grasbüscheln lugt das Jüngste des Rudels hervor – zwei spitze Ohren, zwei kleine schwarze Äugelein, die Schnauze verborgen im hohen Gras. Da ich mich nicht bewege, gibt schließlich der Anführer Entwarnung, indem er zu grasen beginnt. Alle aus der Herde folgen seinem Beispiel. Ich wage einen Schritt, alle Tiere halten in der Bewegung inne, sämtliche Augenpaare sind erneut auf mich gerichtet. Die Tiere machen nicht den Eindruck, als ob sie Angst hätten, sie wirken lediglich gespannt, so als wüssten sie nicht, wie mit der Situation umgehen. Ich gehe langsam auf die Herde zu. Das war dann doch zu viel des Guten, sie heben die Köpfe und rennen geschlossen im Galopp von dannen.

Langsam wird es dunkel, und überall auf dem Gelände werden Fackeln aufgestellt und angezündet. Nahe der Grillstelle sehe ich, wie liebevoll eine lange Holztafel gedeckt wird, mit Brettchen, Tellern, Besteck, Gläsern, Servietten, Windlichtern und Lampions.

William und seine Kumpels aus Neuseeland sitzen schon beim Bier, sie sind die ersten am Tisch. Ich hole mir eine Orangina von der Bar und geselle mich zu ihnen. Wie ich erfahre, hat die Truppe nebenan auf dem Campingplatz ihre Wohnwagen stehen. Nach und nach trudeln die anderen Hüttengäste ein: ein junges Paar aus Vanuatu, das auf Neukaledonien Verwandte besucht, drei Lehrerinnen von den französischen Inseln Wallis und Futuna, die hier ihre Ferien verbringen, und schließlich eine *caldoche*-Familie aus Nouméa sowie zwei Frauen von den Fidschi-Inseln.

Éliane entkorkt mehrere Rotweinflaschen, lässt die Flaschen kreisen und serviert dazu die Vorspeise: Thunfischpaste mit einer Passionsfruchtsauce. Lecker, diese salzig-süßliche Kombination. Dann bringen der Koch und sein Gehilfe Platten mit grünem Salat, frittierten Maniokwürfeln, Süßkartoffelpüree, Bohnensalat und schließlich mehrere voluminöse Hirschkeulen, die am Tisch zerteilt werden.

Die Haut ist ausgesprochen knusprig, das Fleisch fest und gut gewürzt, mit Salz und etwas Chili. Doch ich beiße eher mit schlechtem Gewissen hinein und frage schließlich Éliane, ob es aus ökologischer Sicht zu vertreten ist, dass auf Grande Terre außergewöhnlich viel Hirsch gegessen wird. Bereits im Tante-Emma-Laden ist mir das aufgefallen –Salami, Schinken, Wurst, Steak, alles aus Hirschfleisch.

»Aber ja, auf jeden Fall«, erwidert sie. »Es gibt zu viele dieser Tiere, sie vermehren sich rasend schnell, weil sie keine natürlichen Feinde haben. Und sie richten Schaden an, fressen im Wald alles, was sprießt. Wenn wir den Wildbestand nicht verringern, gibt es große Probleme in unseren Wäldern, da nichts mehr nachwächst und der Baumbestand abnimmt.«

»Verstehe, wer für den Naturschutz auf Neukaledonien etwas tun möchte, sollte also Hirsch essen.«

Éliane nickt: »Es gibt natürlich noch mehr zu tun. Aber das ist schon mal wichtig.« Gut, denke ich und greife zur zweiten Keule.

Éliane schiebt die Ballonärmel ihres Missionarskleides hoch und wischt sich den Schweiß von der Stirn, denn die Wärme des Grillfeuers zieht zu uns herüber. Dann schenkt sie Rotwein nach. Wir prosten uns zu. Toby, der wie William in Auckland wohnt und seine schwarzen Locken am Hinterkopf mit einem Gummiband zusammengebunden hat, erhebt sich leicht beschwipst und gibt einen Trinkspruch zum Besten. »Auf James Cook, unseren Admiral!«

»Warum das?«, frage ich.

»Na, der hat Neuseeland gesichtet! Und auch Neukaledonien. Yes! Und wegen der landschaftlichen Ähnlichkeiten mit Schottland nannte er es Neuschottland, übersetzt Neukaledonien.« William fährt leutselig fort: »Da wir eine Deutsche in unserer Mitte haben, muss ich noch etwas hinzufügen. Auf der zweiten Südseefahrt hatte Cook auch einen Preußen an Bord! Wer weiß es?«

Ich zucke mit den Schultern.

»Sagen dir Johann Reinhold Forster und Sohn Georg etwas? Das waren Deutsche, die keine Vorurteile gegenüber den Ureinwohnern in der Südsee hatten. Sie waren neugierig und achtsam, daran hätten sich die späteren kolonialen Besetzer ein Beispiel nehmen sollen.«

»Das muss ich mal nachlesen. Bei uns in Deutschland weiß man wenig über Neukaledonien«, entgegne ich. »Leider. Wenn das Wort Kanak fällt, staunen die meisten, dass es sich um die Ureinwohner Neukaledoniens handelt. Kaum einer weiß, dass sie sich auch selbst so nennen.«

Um Mitternacht löst sich die Runde auf. Wir tauschen noch Handynummern aus, dann geht jeder in die Richtung seines Schlafplatzes, ob Hütte, Wohnwagen oder Zelt.

Nachts jedoch komme ich nicht zur Ruhe. Aus der Ferne höre ich immer wieder ein lautes Knallen, das gelegentlich bedrohlich nahe kommt. Was mag das bloß sein? Einmal zucke ich heftig zusammen, weil es klirrt und scheppert. Ich steige aus meinem Bett,

gehe vorsichtig vor die Tür und laufe ein Stück. Am Himmel funkeln die Sterne. Plötzlich knallt es wieder, neben mir fällt etwas
mit einem dumpfen Aufschlag auf die Erde und rollt vor meine
Füße. Eine Kokosnuss! Fast so groß wie ein Rugbyball. Die ledrig
faserige Außenschale bewahrt die kiloschwere Nuss beim Aufprall
vor dem Platzen. Ich schaue hinauf, die Palmen erreichen un-
glaubliche Höhen, als müssten sie miteinander wetteifern, wer zuerst das Himmelszelt erreichen wird. Beruhigt, weil ich nun weiß,
was den Lärm erzeugt, und weil die Kokospalmen weit weg von
meiner Hütte (und auch vom Auto) stehen, krieche ich wieder unter das Moskitonetz hinein in mein rundes, weiches Bett.

Kurz nach Sonnenaufgang werde ich wach und schlendere zum
Strand, der einen Steinwurf von meiner Hütte entfernt liegt. Es ist
so still, dass ich das Knarzen und Knirschen meiner Schritte höre
und mir das Plätschern des Wassers beim Hineinlaufen regelrecht
laut vorkommt. Ich bin allein, nur in der Ferne sehe ich ein paar Fi-
scherboote. Gemächlich stakse ich durch das knöchelhohe, warme Gewässer und sehe am Ufer einen Stand, an dem selbstgeern-
tete Salzblüte zum Verkauf angeboten wird. Aber auch Lantanaöl,
eine Essenz aus den Blüten der Wandelröschen. Wandelröschen
habe ich zu Hause auf meinem Balkon gepflanzt, weil ich das Farbenspiel zwischen gelb, orange, rot faszinierend finde. Während
meine Berliner Wandelröschen nie über ihr Bonsaiformat hinaus-
wachsen, präsentieren sich hier auf Grande Terre als imposante,
meterhohe Büsche. Eine beeindruckende Pflanze. Ich wusste
nicht, dass man aus ihren kleinen Blüten einen so feinen, süßli-
chen, aromatischen Duft gewinnen kann. Da an diesem winzigen,
wackligen Stand nur selten Kundschaft vorbeikommt, steht auch
kein Verkäufer hinter dem Tresen. Üblich auf Neukaledonien ist
die Kasse des Vertrauens. Der Preis der Wandelröschenflakons ist
schwer zu entziffern, etwas verschmiert, ich muss raten, ob es
2000 oder 3000 CFP sind. Ich entscheide mich für letzteres und

stopfe die Geldscheine mit den Kagus in die noch leere, rostige Büchse.

Dann laufe ich zurück zu meiner Hütte, packe die Sachen zusammen und steige gut gelaunt in meinen Wagen, um erst einmal zurück in Richtung Poum zu fahren. Kurbele die Fenster hinunter und drehe das Radio laut auf. *Radio Djiido*, der Sender des Nordens, spielt gerade »*Faitu Chapelle*« von *Femmes de Muli*, einer kanakischen Frauenband, die, wie der Moderator verkündet, die Charts dieser Woche anführt. Ein kraftvoller, rhythmischer Gesang, den ich mitsummen kann, obwohl ich diesen Song noch nie zuvor gehört habe.

Mein Aufenthalt im äußersten Norden, im *Relais de Poingam*, hat mir gutgetan. Ich fühle mich ausgeruht, voller Energie und freue mich darauf, Louise und die anderen Frauen wiederzusehen.

Da die Straßen wie üblich kaum befahren sind, muss ich mich zügeln, denn die Versuchung, das Gaspedal durchzutreten und in einen Geschwindigkeitsrausch zu geraten, ist groß. Vernünftigerweise bleibe ich bei den vorgeschriebenen fünfzig Kilometern pro Stunde und genieße den Ausblick auf das flache, dicht bewachsene, grüne Land voller Bromelien und Niaouli-Bäume.

Eher zufällig schaue ich auf das Armaturenbrett und plötzlich schießt mir vor Schreck das Blut in den Kopf: Ich fahre offenbar schon seit geraumer Zeit auf Reserve, und die Anzeige signalisiert mir, dass fast kein Benzin mehr im Tank ist! Allerhöchste Zeit, eine *station-service* zu aufzusuchen. Zum Glück entdecke ich am Straßenrand einen alten Mann, der Gras mäht, und frage ihn nach der nächsten Tankstelle. »Die ist in Koumac, eine gute Stunde von hier entfernt!«

»Was?« rufe ich fassungslos.

»Ja, haben Sie auf der Hinfahrt nicht das Schild in Koumac gesehen? Da steht, man solle das Auto volltanken, es ist die letzte Möglichkeit auf dem Weg zur Nordspitze. Danach kommt keine Tankstelle mehr.«

Ich schüttle den Kopf, darauf hatte ich nicht geachtet, – und Louise hatte das wohl auch vergessen.

Ich beiße die Zähne zusammen und rolle langsam weiter, doch, wie zu erwarten, ruckelt es nach ein paar Minuten. Völlig verzweifelt lasse ich das Auto zum Straßenrand hin ausrollen. Das war's. Niemand in Sicht, nirgends eine Hütte, niemand hier, der mir helfen kann. Ratlos und schwitzend steige ich aus, fühle mich verloren, verloren in der Fremde. Wie lange werde ich im Niemandsland warten müssen, bis irgendjemand vorbeikommt? Und wie wird man mir helfen können? Gibt es Fahrer, die Benzinkanister im Kofferraum mit sich schleppen und aushelfen können?

Ich setze mich mit meiner Wasserflasche auf einen umgefallenen Baum am Straßenrand. Warte eine Stunde lang. Nichts. Überlege. Was kann ich tun? Die Wahrscheinlichkeit, dass in den nächsten Stunden nichts passiert, ist ziemlich hoch.

Soll ich Louise anrufen? Zu weit weg. Éliane vom *Relais de Poingam*? Die hat zu tun, die kann nicht herkommen ... aber die Jungs aus Neuseeland mit ihren Wohnwagen! Die Nummer von Toby hatte ich doch gestern Abend gespeichert!

Ich versuche es. Wie gut, dass Jugendliche ihr Handy immer griffbereit haben und ständig erreichbar sind!

»Hello?«, schnarrt es am anderen Ende der Leitung. »Oh my lady!«

Ich schildere mein Dilemma. »Lady, keep cool!«, ist die Antwort, »wir besorgen den Stoff, den du brauchst!«

»Benzin!«, flehe ich. »kein Stoff!

»Lass das unsere Sorge sein. Noch was zu essen und zu trinken? Wir machen uns einen schönen Abend, wir haben Zeit.«

Diese Lässigkeit und Entspanntheit tut mir so gut. Ich atme auf und warte nun voller Hoffnung auf die Ankunft der Neuseeland-Jungs.

Drei Stunden später hupt es. Zwei weiße Wohnwagen kommen in hohem Tempo angerast und bremsen quietschend vor meinem Auto. Ein gut gelauntes Sextett stapft mit großem »Hallo« auf mich zu. Ich liege Toby vor Erleichterung in den Armen.

Dann rufe ich Louise an, doch bei ihr springt nur die Mailbox an. Ich schildere mein Missgeschick und gebe Bescheid, dass ich erst morgen zum Stamm zurückkehren werde.

Die Jungs sind klasse, sie füllen meinen Tank auf – jedes Wohnmobil führt einen großen Kanister mit sich. Dann fahren wir im Konvoi zum nächstgelegenen Strand, der nicht allzu weit von Koumac entfernt ist. Bis zum *tribu* von Louise würde ich es der Entfernung wegen heute ohnehin nicht mehr schaffen.

»Wir haben ein Zelt dabei, in dem kannst du übernachten.« Es ist, als hätte Toby meine Gedanken erraten. Dann holt er mehrere eisgekühlte Flaschen *Number One* aus der Kühlbox und wir prosten uns zu. Ich leere die erste Flasche ohne abzusetzen. Was bin ich erleichtert!

Toby und William stellen ein kleines Iglu auf, rollen eine Isomatte aus, schieben sie mit ein paar Decken in das Zelt. Nachts kann es nahe an der Küste recht frisch werden. Dann legen wir uns alle auf den Grassaum am Ufer. Ich döse vor mich hin, die Jungs schauen abwechselnd aufs Meer und aufs Smartphone, bis William eine Nachricht von einem Freund aus Auckland erhält. »Heute wird es den hellsten Vollmond der letzten Jahrzehnte geben! Den hellsten seit 68 Jahren«, verkündet er. »Den nächsten Super-Mond könnt ihr erst 2034 sehen! Dauert also noch ein bisschen.«

»Aber warum soll der Vollmond heller sein als sonst?«, fragt Toby.

»Na, der Mond bewegt sich ellipsenförmig um die Erde. Und nun kommt er uns eben mal ganz nah. Wenn er dann auf einer Linie mit der Sonne steht, wird der Mond zum Supermond«, erläutert William.

»Das Tolle ist, dass wir keine Wolken haben, es ist richtig klar«, freue ich mich.

Toby überlegt, ob auf der ganzen Welt zur gleichen Zeit Vollmond ist. William ist ratlos, wischt wieder hektisch auf seinem Smartphone hin und her: »Tatsache! Vollmond gibt es gleichzeitig auf der Welt. Versetzt nach Zeitzone.«

Und schließlich geht selbiger dann am Himmel auf und überstrahlt alles mit seinem silbrigen Licht. Es ist so hell, dass wir sogar auf der Zeitung, die mir als Sitzunterlage dient, die Buchstaben entziffern können. Schwarz auf weiß, das lässt sich gut erkennen, nur farbige Texte und Bilder »verschwimmen« in der Unkenntlichkeit.

Ob der Mond nun heller strahlt als sonst, lässt sich nicht feststellen, da wir im Moment keinen Vergleich zu den sonstigen Vollmonden haben. Doch strahlt er so stark, dass ich immer wieder geblendet die Augen von ihm abwenden muss.

Schließlich krabble ich in das Igluzelt und bin froh, dass der Tag mit dieser verdammten Autopanne eine solch angenehme Wendung genommen hat. Ich lege mich auf den Rücken, ziehe die Baumwolldecke bis unter die Nasenspitze und lausche in die Nacht. Tropische Nächte sind Hörspiele: Zikaden zirpen, laut klatschen die Flughäute der Flughunde, Wildtauben gurren, heiser klingt der Schrei eines Falken. Aus der Ferne höre ich das tosende Meer, wie es an die Küste schlägt. Ich lausche noch eine ganze Weile in die Dunkelheit hinein, bis mich die Müdigkeit übermannt.

7

Vom Diesseits ins Jenseits und zurück

Die kurvenreiche Fahrt hinauf zum Stamm der Atéou meistere ich spielend, schließlich hatte mich Théo das erste Mal gefahren, und ich weiß nun, wie ich die winkligen Serpentinen, schiefen Wegkrümmungen und unverhofften Fahrspurschleifen »nehmen« muss.

Oben, auf der Anhöhe, werde ich wieder mit einer herrlichen Aussicht belohnt: Girlanden von dicht aneinandergereihten Wolkenbällchen hängen bis ins Tal hinein. Darüber legt sich fahles Sonnenlicht, ein wunderschönes Farbenspiel aus dunstigen gelben Strahlen, weißen Wolken, grün bewaldeten Bergen. Es ist windstill, und so kann ich aus der Ferne Gesprächsfetzen und Hühnergegacker vernehmen, das vom *tribu* zu mir hinüber hallt.

Als ich das Auto schließlich vor der offenen Kochstelle des Dorfes parke und zu meiner Hütte laufe, sitzt dort schon Louise auf einem Baumstamm und hält Ausschau nach mir. Wie schön, wenn am anderen Ende der Welt jemand auf einen wartet! Sie kommt winkend auf mich zugelaufen und fällt mir um den Hals: »Gut, dass dir nichts passiert ist! Leider habe ich nicht daran gedacht, den Benzinstand im Tank zu prüfen! Komm, das Essen ist fertig.«

Der Tisch ist gedeckt, mit einem wahren Festmahl: Salat mit Salamiröllchen, gedünsteter Schwertfisch in Kokoscreme, gegrilltes Huhn, Gemüsepfanne aus Chouchoupflanzen, Kartoffelhälften, Maniokpuffer. Als Dessert steht ein tiefschwarzer Schokoladenkuchen auf dem Tablett, dazu heißes Wasser für den Instantkaffee, den alle so sehr mögen.

Beim Anblick des leckeren Diners merke ich erst, wie hungrig ich bin. Die Fahrt hierher zog sich, nachdem ich endlich eine Tankstelle gefunden hatte, noch über vier Stunden hin. Seit dem Morgen hatte ich nichts mehr gegessen. Froh und glücklich, wieder bei »meinen« Frauen zu sein, nehme ich meinen Stammplatz an der langen Tafel ein. Diesmal setzt sich Louise neben mich, nimmt mich noch einmal in ihre Arme und drückt mich kurz und kräftig an sich.

Plötzlich stelle ich mir vor, wie es wäre, Louise nach Berlin einzuladen, um ihr mein Leben und meine Stadt zu zeigen, ihr meine Familie und meine Freunde vorzustellen. Wie würde sie sich fühlen, in meiner Wohnung im dritten Stock mit Balkon und Ausblick auf eine kleine, mit Linden gesäumte Straße? Wie wäre es für sie, U-Bahn zu fahren, ins Kino zu gehen, einzukaufen im Bio-Supermarkt? Der Verkehr würde sie irritieren, die vielen Menschen auf der Straße auch.

Welche Musik würde ich ihr vorspielen, welche Fotos zeigen, was kochen? Ich müsste die Heizung ordentlich aufdrehen. Kennt sie überhaupt eine Heizung? Je länger ich darüber nachdenke, desto unwahrscheinlicher scheint es mir, dass sie sich in Berlin wohlfühlen würde, sie, die Naturfrau aus dem freien, weiten Land inmitten der Berge, die noch nie Fahrstuhl gefahren ist und Fisch aus der Dose gegessen hat. Louise sagte einmal: »Eine Hütte verbannt die Menschen nicht in die Isolation, wie es in einem Haus der Fall ist. Eine Hütte ist immer auch offen nach draußen.«

Ich merke, dass ich wenig über Louise weiß. Sie selbst ist mit ihrer eigenen Geschichte mir gegenüber sehr zurückhaltend. Ihr Wohnhaus kenne ich nur von außen, es ist eine Holzhütte mit Schilfdach und roter Eingangstür. Ihr neuer Mann erlaubt nicht, dass ich sie betrete.

»Hast du eigentlich Kinder?«, frage ich sie am Tisch. Louise nickt stolz: »Vier Töchter! Sie haben alle in einen anderen Stamm geheiratet und werden irgendwann zurückkehren.«

Dieses Zurückkehren meint eine andere Art des Zurückkommens, wie ich erfahre: Die Kanak schließen untereinander spezielle Verträge, das sind Abmachungen zwischen den Generationen, nicht zwischen einzelnen Personen. So zum Beispiel wechselt durch die Heirat eine Frau zum Klan ihres Ehemanns. Dieser Wechsel ist mit einem Darlehen vergleichbar. Wenn die Frau Töchter zur Welt bringt, werden diese nach der Geburt zu ihrem Herkunftsklan zurückgebracht. Söhne jedoch bleiben im Stamm des Ehemannes.

»Es kann also sein, dass du das nicht mehr erleben wirst?«, frage ich.

»Möglicherweise, aber es macht mich stolz, dass meine Mädchen, die nun junge Frauen sind, einen anderen Klan mit ihrer Persönlichkeit bereichern. Ja, so ist das bei uns geregelt, ohne Urkunde oder notarielle Vereinbarungen. Der Name der zurückkehrenden Vorfahrin kann vergessen sein, nicht aber die Rede.«

Ich nicke und bin froh, da ich mittlerweile weiß, was »Rede« bedeutet, und dass damit nicht nur Wörter und Handlungen gemeint sind, sondern auch Tradition und Vereinbarung.

»Auch wenn die Töchter als Ehefrauen dem Mann in seinen Klan folgen, bewahren sie den Geist der mütterlichen Herkunft«, erklärt Louise. »Das bedeutet, dass in einem Stamm nicht nur die

Jeanette und ihr Cousin Jean. Jeanette ist eine der wenigen
Single-Frauen auf der Insel, aber sie liebt ihre Unabhängigkeit.

eigenen Geister gegenwärtig sind, sondern auch die, die die Ehe-
frau mitbringt. Natürlich kann das auch zu Spannungen in der Ehe
führen.«

Was für eine wunderbare Erklärung, damit lassen sich Streit
und Konflikte zwischen Männern und Frauen einleuchtend erklären! Denn keiner von beiden kann etwas für die Zwistigkeiten,
schuld ist schließlich der Geist aus dem Klan des anderen!

»Was jetzt für dich etwas kompliziert klingen mag«, führt Louise fort, »ist aber auch ein Schutz vor Inzucht, da im eigenen Klan
viele Blutsverwandte leben und man nicht immer genau weiß, ob
sich da nicht Brüder und Schwestern ineinander verlieben.«

Louise lächelt mich an, so offen und herzlich. Ich spüre, wie sehr
ich sie in der kurzen Zeit lieb gewonnen habe. Da fasse ich mir ein
Herz und frage, ob ich sie fotografieren darf. Das Lächeln verschwindet im Nu, sie schaut mich mit einem Mal sehr ernst an.

»Ich weiß, dass es euch in der westlichen Welt leicht fällt, einander zu fotografieren. Für uns Kanak ist das anders. Fotos haben bei uns keinen hohen Stellenwert. Die Menschen, die abgelichtet werden, sind zu dem Zeitpunkt höchst lebendig, doch auf dem Foto bewegen sie sich nicht mehr und wirken, als seien sie tot.« Deshalb schaut Louise sich genau die Augen auf den Bildern an, um herauszufinden, ob es sich um einen noch Lebendigen oder bereits Verstorbenen handelt. Die Augen sagen viel aus, in ihnen vermag sie das alles zu sehen. Und oft spürt sie im Blick der Porträtierten, besonders bei den Alten, die Frage: Was wird nach dem Auslösen des Apparates noch übrig sein von mir?

Ich halte inne, niemals hätte ich gedacht, mit dieser einfachen Frage eine Diskussion zu entfachen. Die große, schlanke, sehr betagte Frau, die uns am Tisch gegenübersitzt, mischt sich ein: »Du musst eins wissen: Als unsere Vorfahren fotografiert wurden, glaubten sie, dass ihnen ihre Seele weggenommen wird. Denn auf dem Bild sieht man sich zwar – und doch ist es nicht das Gleiche wie beim Blick in den Spiegel.«

Louise erzählt mir die Geschichte von der Insel Maré. Dort gebe es einen Ort, *Padaho*, der für Fotografen tabu ist. »Wenn man dort Aufnahmen macht, sieht man nicht nur denjenigen, der fotografierte wurde, sondern hinter ihm wird ein Ahne sichtbar.« Fotos würden eben stets auch Dinge zeigen, die das menschliche Auge nicht sehen kann. Die Kamera setze sich über alles hinweg, mache keinen Unterschied zwischen dem, was erlaubt ist zu zeigen, und dem, was nach Ansicht der Kanak nicht gestattet ist.

Dann erfahre ich von einem anderen Phänomen. Louise erzählt von ihrem Großvater, der ihr auftrug, bestimmte Orte am Meeresufer zu meiden. Orte, an denen bei Sonnenauf- oder untergang der eigene Schatten sich ins Unendliche verlieren würde: »Der Ozean nämlich ist wie die Welt der Toten. Sobald die Sonne hinter dem Horizont verschwindet, macht sich der Schatten auf und davon. Wer vorher nicht das Ufer verlässt, kann somit ins Jenseits hinübergezogen werden.«

Deshalb habe ich bislang auch keine Alten gesehen, die abends am Strand sitzen und zusehen, wie die Sonne ins Meer taucht.

Nun mischt sich die Frau ein, die links neben mir sitzt: »Wisst ihr, als ich zehn oder zwölf Jahre alt war, hatten sich die Leute schon ein wenig an Kameras gewöhnt, aber sie fürchteten sich trotzdem noch davor. Das hat wohl damit zu tun, dass wir Kanak denken, sobald man sein Spiegelbild sieht, werde man in zwei Teile geteilt. Man beginnt, sich von seinem Selbst zu trennen, und fragt sich, ob man nach dem Fotografieren noch ein unversehrtes Ganzes ist?«

Louise ergänzt: »Wichtig ist dann auch, was mit dem Foto geschieht. Wir mögen es nicht, Fotos an die Wand zu hängen, schon gar nicht von Verstorbenen. Auf keinen Fall darf ein Porträt sich nahe beim Sarg eines Verstorbenen befinden. Das kann nämlich dazu führen, dass sein Geist nicht fortgehen kann, weil er sich festklammert.«

Ich erfahre, dass der beste Verwahrungsort für Familienfotos die Bibel ist. Wenn sich ein Foto erst einmal dort befindet, wird es nicht mehr so schnell hervorgeholt und ruht da zusammen mit den Haarlocken der Kinder und der Liste von Geburtsdaten.

Dann holt Louise tief Luft, atmet hörbar laut aus und sieht mich eindringlich an: »Wir nämlich glauben an die Welt des Unsichtbaren. Bitte, ich möchte nicht, dass du mich fotografierst, verstehst du das?«

Gerührt von dem, was mir die drei erzählt haben, drücke ich Louise fest an mich und flüstere ihr ein »Ja« ins Ohr. Solche Gedanken lagen mir bislang fern, gerade in einer Zeit, wo es üblich geworden ist, jederzeit und überall mit dem Handy herumzufotografieren.

Eine schwere Hand legt sich auf meine Schulter. Ich drehe mich um. Es ist Théo: »Wie geht es dir?«

»Sehr gut, ich fühle mich wohl hier!«, entgegne ich. »Und dir?«

Théo schaut mich ernst an und presst mit Daumen und Mittel-finger seine Nasenwurzel, wie es jemand tut, der Tränen unterdrü-cken will: »Jean, mein Großvater, ist von uns gegangen. Das habe ich heute Morgen erfahren. Ich liebe ihn sehr, obwohl ich ihn in den letzten Jahren nur selten gesehen habe. Er war nach Nouméa gezogen, er hat dort im Musée de Nouvelle-Calédonie gearbeitet, um sein Wissen über unsere Kultur weiterzugeben.«

»Das tut mir leid für dich«, unterbreche ich ihn, als ich merke, dass er abschweifen will, um die Trauer nicht zu zeigen.

»Danke. Bergé hat mir die Nachricht am Telefon überbracht. Aber so ist es, der Boden unter unseren Füßen ist die Asche der von uns Gegangenen. Die Erde ist erfüllt von den Seelen unserer Vorfahren. Und er gehört nun dazu.«

»Ja«, sage ich tonlos.

»Doch Diesseits und Jenseits sind untrennbar miteinander verbunden«, fährt er fort.

Die Kinder lieben das Meer, während die Alten oft nicht Schwimmen lernen, weil sie zu großen Respekt vor dem Ozean haben.

Ich denke an meinen eigenen Großvater, der Neukaledonien liebte und mir noch so viel hätte erzählen können.

Nun aber möchte ich mehr wissen über die Verehrung der Ahnen. Und erfahre: Leben und Tod sind zwei Aspekte desselben Wesens. Die Kanak unterscheiden zwar laut ihrer Tradition zwischen *kamo*, den Lebenden, und *bao*, den Verstorbenen, doch der *bao* ist auch ein Lebender, obwohl er sich von den im Diesseits Lebenden unterscheidet.

»Das bedeutet, ein Stammesmitglied bleibt immer anwesend, auch wenn es gestorben ist.«

»Genau. Der Tod ist das unsichtbar gewordene Leben.«

Wie tröstlich, so zu denken. Da verliert der Tod etwas von seinem Schrecken, den er für mich hat. »Wie wird dein Großvater bestattet?«, frage ich vorsichtig.

»Nach christlichem Ritual. Er wird mit Blumen und Gebeten auf dem Friedhof in Nouméa beigesetzt. Wir sind neben unserem Ahnenglauben eben auch Christen.«

Théo erzählt, dass früher, noch bevor Missionare und die französische Kolonialregierung ihre Bestattungsriten und Hygienevorstellungen durchgesetzt hatten, Tote in Felsgrotten gelegt oder auf Banyanbäume gebunden wurden: »Das sind heilige Bäume. Durch diese unzähligen Verästelungen symbolisieren sie das ewige Leben.«

»Banyanbäume sind mir bereits aufgefallen, mit ihren verschlungenen Wurzeln und Ästen. Und vor allem wegen des dichten Blätterdachs. Solch ein Baum ist ein wunderbarer Schattenspender.«

»Sei vorsichtig, wenn du dich einem Banyanbaum näherst! Sollten dort Vorfahren ruhen, darf man diese Orte nicht betreten. Denn dort wachen Geister über die Verstorbenen, die jeden Eindringling heftig attackieren.«

Im Augenblick des Todes verlässt die Seele nämlich den menschlichen Körper und sucht sich einen ruhigen Aufenthaltsort, wo sie nicht gestört werden will. Eines Tages kehrt die Seele dann ausgeruht als »wahrer« Mensch ins Diesseits zurück – und sucht sich für ein neues Leben ein Kind aus.

»Ich kann dir nicht mehr folgen!«, unterbreche ich Théos Ausführungen.

»Aber warum, es ist doch ganz einfach: Die Seele eines Verstorbenen ist ein Neuankömmling im Reich der Ahnen. Und der Ahne wird wieder zum Kind im Reich der lebenden Menschen.«

Ich überlege, was ich damit meine, wenn ich »Seele« sage. Gar nicht so einfach. Ist es das *Ich* in mir, die Persönlichkeit, die sich aus meinen Gedanken, Gefühlen, Erfahrungen zusammensetzt?

Louise stupst mich an und weist mit ihrer Gabel auf meinen Kuchen, den ich während meiner Unterhaltung mit Théo völlig vergessen habe. Ich lange zu. Der zuckersüße Schokoladenberg und der Instantkaffee holen mich nach den verwirrenden Ausführungen über Jenseits und Diesseits in die Realität, an den Tisch zurück.

Der scharfe Schrei eines Vogels lässt mich zusammenzucken. Théo schaut auf. »Eine Krähe! Ich mag Krähen, die sind ausgesprochen klug.«

»Klug?«, staune ich. »Bei uns gelten Krähen als durchtrieben und gefräßig. Sie holen sich aus den Abfallkörben im Park, was sie so brauchen, und hinterlassen ein Chaos aus zerfetzten Müllresten.«

Neukaledonische Krähen sind aber tatsächlich schlau. Sie benutzen kleine Äste als Werkzeug, um sich Würmer aus der Baumrinde zu holen. In den Löchern der Rinde stochern sie so lange herum, bis sie den Wurm provozieren und dieser zubeißt. Das ist der Moment, in dem die Krähe ihn herauszieht und verspeist. So clever sind sonst im Tierreich nur die Affen.

Ich beobachte die große, dunkle Krähe, die von Ast zu Ast flattert, wahrscheinlich auf der Suche nach einem Loch im Baum, und muss an den Kagu vom 1000-CFP-Geldschein denken, mit dem ich im Café in Nouméa mein Frühstück bezahlt hatte.

»Hast du mal einen Kagu gesehen?«, frage ich.

»Was für eine Frage, klar. Zwar ist er scheu, aber ab und zu hat man Glück und sieht ihn im Wald herumspazieren. Er ist hübsch, hat ein graublaues Federkleid, lange, orangefarbene Beine, einen roten Schnabel und ein Häubchen auf dem Kopf.«

» Gibt es eigentlich gefährliche Tiere in Neukaledonien?«

Théo schüttelt den Kopf. »Nein, im Meer schwimmen zwar Seeschlangen, von denen einige giftig sind, aber die sind ganz weit draußen und greifen keine Menschen an.«

»Gut zu wissen.«

Dann verabschiedet sich mein treuer Begleiter, denn er wird morgen nach Nouméa fahren und muss sich um die Gaben für den verstorbenen Großvaters kümmern, die während der Beerdigung dem Sarg beigelegt werden: Pandanusmatte, Stoff und Geld. Blumen wird er vor Ort kaufen, da sie während der Fahrt verwelken würden.

Die kunstvoll geflochtenen Wände meiner Hütte trotzen Regen und Sturm.
Dennoch verbindet mich jedes Rascheln und Knacken mit dem Draußen.

Théo steht auf, hält dann inne: »Hatte Bergé nicht versprochen, dich mit dem Mann aus Lifou zusammenzubringen, dem Mann mit dem Zauberstein?«

Das fällt mir jetzt auch wieder ein: »Genau!«

»Dann komm doch morgen mit nach Nouméa und nimm den Flieger nach Lifou! Bergé wird dort schon längst Bescheid gesagt haben, ein Mann, ein Wort. Ich werde anrufen und Soan über deine Ankunft informieren.«

Ich schlendere zu meiner Hütte. Es ist dunkel geworden, und wie jeden Abend verebben nach und nach die Geräusche im Dorf. Die Menschen gehen zeitig ins Bett, denn am nächsten Morgen müssen die meisten früh raus: Die Kinder fahren mit dem Bus zur Schule; die Männer, die in der Stadt arbeiten, stehen ebenfalls gegen fünf Uhr auf, die anderen nur wenig später, denn auf dem Feld gehen all die Verrichtungen leichter von der Hand, wenn es noch morgendlich frisch ist. Und die Frauen, so scheint es, sind immer am Werkeln, morgens, mittags, abends, als würden sie nie ruhen.

Louise hatte sich wortlos von der Tafel entfernt, aus Höflichkeit, um unser angeregtes Gespräch über die Ahnen nicht zu stören. Abgeräumt und saubergemacht wird am nächsten Morgen, lediglich die Reste vom Abendessen hat jemand im Kühlschrank des Gemeinschaftshauses verstaut.

In meiner Hütte rolle ich die kleine Pandanusmatte aus und schleife sie vor die Tür. Dort strecke ich mich genüsslich darauf aus, verschränke die Arme unter dem Kopf und schaue in den Himmel. Hier und da blinzeln Sterne hinter den vorbeiziehenden Wolken hervor.

Unmerklich hat sich eine Katze angeschlichen. Ich spüre plötzlich einen feuchten Atem an meinem Gesicht, und zwei grün leuchtende Augen schauen mich an. Wider Erwarten kommt sie noch näher, springt schließlich auf meinen Bauch und kuschelt sich an mich. Ich möchte sie nicht stören und beschließe, liegen zu bleiben und unter freiem Himmel zu schlafen. Es ist so wohlig, mit diesem wärmenden, schnurrenden Fellknäuel auf mir.

Irgendwann in der Nacht werde ich wach, Regentropfen fallen mir ins Gesicht, ich springe auf, husche in die Hütte, die Katze kommt hinterhergelaufen. Dann liegen wir wieder in trauter Zweisamkeit auf der Matte, wie zwei Komplizinnen, die es gerade noch geschafft haben, dem Wolkenbruch zu entrinnen, der sich nun mit Blitz und Donner über dem Dorf entlädt.

Wie versprochen nimmt mich Théo mit nach Nouméa und setzt mich am Flughafen ab. Nicht am Internationalen Airport, meinem Ankunftsort, als ich nach über zwanzig Stunden Flug von Berlin nach Paris, von Paris nach Tokio, von Tokio nach Nouméa landete. Es gibt noch einen anderen, kleinen Aérodrome, von dem die Inlandsflüge abgehen. Eine überschaubare Anlage: schmale Abfertigungshalle, ein einziges Gate, eine winzige Besucherplattform.

Nach dem Einchecken wird eine Glastür aufgeschlossen und wir, ungefähr vierzig Passagiere, laufen zügig zur bereitstehenden orangefarbenen Propellermaschine. Sie sieht hübsch aus, bunt verziert mit kleinen Zeichnungen: Rundhütte, Speer, Masken – die Embleme der Kanak.

Langsam erhebt sich der Flieger in die Luft. Ich schaue aus dem Fenster und bin fassungslos, wie schön die Welt ist! Grüne Tupfer im blauen Ozean, der sich mal weißblau, mal türkisfarben zeigt. Die Sonne setzt glitzernde Tupfer auf das Wasser, und an kleinen Felsen und Sandbänken brechen sich weiß schäumende Wellen. Ich drücke mir die Nase an der Scheibe des Fensters platt! Ein Glücksgefühl durchströmt mich, ich fliege über den Pazifischen Ozean, das größte aller Meere unseres Planeten!

»Wunderschön, nicht wahr?«, sagt mein Sitznachbar. Den hageren Mann hatte ich bislang gar nicht wahrgenommen. Ich nicke begeistert. »Kommen Sie aus Lifou?«, erkundige ich mich.

»Nein, nein, ich wohne auf Lifou. Ursprünglich stamme ich aus dem Kongo.«

»Aus dem Kongo? Das ist ja so weit weg! Was machen Sie denn auf Lifou?«, frage ich erstaunt.

»Ich bin Philosophielehrer am Gymnasium.«

»Vom Kongo nach Lifou! Und dann noch Philosophie!«

»Da wo ich herkomme, wurden immer wieder die Schulen geschlossen, wegen der Gewalt auf der Straße sollten die Kinder besser zu Hause bleiben. Ständig gab es Schießereien und Überfälle. Mal ging eine Tankstelle in Flammen auf, dann wurden die Supermärkte geplündert. Ich habe das nicht mehr ertragen, ich wollte weg, ein neues, besseres Leben anfangen und arbeiten. Das Gute für mich ist, dass wir im Kongo auch Französisch sprechen. Da musste ich keine neue Sprache lernen. Es geht mir gut hier.«

Dann schaue ich wieder hinaus, möchte mich sattsehen, nichts verpassen und beobachten, wie wir langsam auf eine dicht bewaldete, tiefgrüne Insel zusteuern. Wenig später ruckelt es, und nach einer guten halben Stunde sind wir im äußersten Norden, in Wanaham, gelandet.

Das erste, was ich hier auf Lifou feststelle – alles braucht seine Zeit. Seit einer geschlagenen Stunde warte ich auf Jeanette, die mich abholen und erst einmal beherbergen soll, bis ich den »Mann aus Lifou« mit seinem Zauberstein treffen darf. So hatte es Théo für mich eingefädelt.

Ich sitze auf einer Bank unter einem Schraubenbaum und es passiert nichts. Kein Auto fährt an mir vorbei, kein Flugzeug hebt von der Rollbahn ab, es ist mittags, und scheinbar steht die Welt auf Lifou um diese Zeit still. Jeanette zieht es wohl vor, Siesta zu halten, statt eine fremde Frau aus Deutschland vom Aérodrome abzuholen. Mein einziger Anhaltspunkt ist ein Zettel, auf dem steht, dass sie im District de Gaica im *tribu* Wedrumel wohnt. Beides hatte ich zumindest auf meiner Karte schon mal gefunden. Ich zücke mein Notizheftchen, will etwas einschreiben, doch starre wie benommen auf die leeren Seiten. Die Hitze macht mich lustlos und träge. Ich greife zur Wasserflasche und leere sie in einem Zug. Das war's, nun brauche ich dringend Nachschub. Ich döse, warte, sinne vor mich hin. Keine Jeanette, niemand hier, lediglich im kleinen Wellblechcontainer der Mietwagenagentur entdecke ich einen Mann mit vor der Brust verschränkten Armen, den Kopf leicht vornübergebeugt. Er scheint zu schlafen. Wie mir nun klar wird, ist er in dieser Ödnis am Aérodrome der einzige Mensch weit und breit. Ich beschließe ihn zu wecken, gehe laut schlurfend auf ihn zu, tippe ihn sanft am Arm. »Du Süße, du!« flüstert er. »Ich werde dich gleich vernaschen!« Ich muss loslachen, da schaut er erschrocken auf. Offenbar nahm er an, seine Freundin würde ihn überraschen. »Pardon, Madame!«, auch er kann sich ein Schmunzeln nicht verkneifen.

»Kennen Sie zufälligerweise Jeanette Passil aus Wedrumel? Ich warte auf sie, sie soll mich abholen.«

Er rückt seinen zerfledderten Strohhut zurecht und massiert sich die Stirn: »Heute?«, fragt er ungläubig. »Das kann ich mir nicht vorstellen. Heute spielt sie Kricket, da kommt sie nicht. Gerade finden die Meisterschaften zwischen Lifou und Maré statt. Es sei denn, das Spiel wurde verlegt, keine Ahnung.«

»Kricket?«

»Ja, bei uns spielen Frauen Kricket. Und nur die Frauen!«

»Und du?« frage ich, um Zeit zu gewinnen und zu überlegen, was ich nun anstellen soll, einen Schlafplatz zu finden, bevor es dunkel wird.

»Ich? Fußball wie alle Männer hier. Alle eifern Christian nach. Du denkst wohl, wir klettern noch auf Palmen, werfen Baumstämme oder stemmen Felsbrocken?«

Ich muss lachen und schüttle den Kopf. Davon hatte ich ja nicht einmal etwas gehört, wobei ich mir das spannend vorstellen kann, sicher hat man früher hier so seine Kräfte gemessen.

»Jedenfalls, wenn Kricket gespielt wird, ist das kein guter Tag, um sich mit Frauen zu verabreden.«

»Das hilft mir jetzt auch nicht weiter. Wer ist eigentlich Christian?«

»Christian Karembeu!«

Ich wiederhole: »Muss man Christian Karembeu kennen?«

»Absolut! Er ist unser Fußballidol! Wir wurden mit ihm Weltmeister, als Frankreich gegen Brasilien gewann. Außerdem ist er einer meiner Cousins!«

»Falls du etwas trinken möchtest, ich habe noch Cola da.«

Der Mann, wohl um die vierzig, mit Oberlippenbärtchen und kurzem gekraustem Haar, läuft mit federndem Panthergang zum kleinen Kühlschrank, holt zwei Flaschen und reicht mir eine, die er zuvor öffnet. Ich trinke sonst eigentlich keine Cola, aber jetzt ist dieses zuckersüße Getränk genau das Richtige, um mich zu beleben und mir neuen Schwung zu geben.

Während ich trinke, ruft er Jeanette auf dem Handy an. Man kennt sich und weiß wohl auch die Telefonnummern der Leute auswendig. Er redet in der Sprache der Einheimischen mit Jeanette und erklärt mir dann, dass das Spiel schon zu Ende sei und sie in der nächsten Zeit kommen würde. Wann genau das ist, könne sie nicht sagen, lediglich, dass es vor Sonnenuntergang wäre.

Was soll ich darauf sagen!

»Pascal«, stellt sich der mir recht sympathische Typ vor und reicht mir die Hand. »Weißt du, was ich mache, wenn mir langweilig ist? Ich schließe die Augen, tupfe mit den Fingern auf meine Lider und dann blüht ein Teppich gelber Blitze auf. Das funkelt so schön! Versuch das mal, es vertreibt die Langeweile, wenn man warten muss.«

Mit diesem Tipp kann ich wenig anfangen. »Wo wohnst du?« erkundige ich mich.

»Na da, wo Christian Karembeu gewohnt hat, im *tribu* de Nang.

»Ist es weit von hier?«, setze ich vorsichtig nach.

»Nein. Wenn du willst, können wir auch dort auf Jeanette warten. Hier kommt heute sowieso keiner mehr her, um einen Wagen zu mieten. Da kann ich mein Büro schließen. Ich werde Jeanette eine SMS schicken, dass sie dich in Nang abholen soll. Und noch was, auf dem Weg zu mir gibt es ein Bistro mit richtig leckerem Eis.«

»Ja, lass uns aufbrechen!«, rufe ich erleichtert.

8

Begegnung mit einer kanakischen Businessfrau

Eine Schotterstraße führt uns durch dichten Pinienwald, der sich alsbald lichtet und den Blick auf ein weites Feld freigibt. An dessen Rand steht ein mir unbekannter prächtiger Baum mit tellergroßen, zart lila schimmernden Blüten, von denen ein betörender Duft herüberweht. Darunter lehnt ein aus Holzbrettern zusammengezimmerter Verkaufsstand mit dicken Bananenstauden, frischem Ananassaft in Glaströgen, getrocknetem Fisch auf Zeitungspapier, geräucherten Hirschkeulen, die auf einem Metallgitter aufgereiht sind.

Ein paar Meter entfernt hocken ein paar Männer mit Bierflaschen auf weißen Holzstühlen vor einem Bistro und scheinen auf irgendetwas zu warten. Vielleicht nur darauf, dass dieser drückend heiße Tag vorbeigeht. Was kann da mehr Abwechslung bringen, als ein Auto, aus dem Pascal und eine Frau aussteigen.

Ein Raunen geht durch die Runde. Pascal wird mit Handschlag begrüßt, dem, wie ich ihn für mich bezeichne, echten Kumpel-Handschlag: Die Männer schlagen die Handflächen laut klatschend aneinander, formen dann die Hand zur Faust und boxen spielerisch mit den Faustrücken gegeneinander. Mir reicht man höflich die Hand, mit laschem Händedruck.

Die nächste Runde *Number One* wird geordert, für uns beide gleich mit. Mit ein paar Sätzen stellt Pascal mich vor, und erzählt, dass wir hier angehalten haben, um Eis zu essen. Nun erfahren wir, dass die eine Tiefkühltruhe kaputt ist und Ersatzteile aus Nouméa noch nicht eingetroffen sind. Und in der anderen, noch intakten Truhe wird Bier gekühlt. Das ist ohne Frage wichtiger als Eis!

Zwei von den Männern stehen auf, holen leere Bierkästen, um sich darauf zu setzen, und bieten uns ihre wackeligen Stühle an, die aber auf jeden Fall bequemer sind als die Bierkästen aus Plastik.

Einer von ihnen, ein untersetzter melancholisch wirkender Mann mit schwarzen, lockigen Haaren, die zu ergrauen beginnen, breiter Nase und vollen Lippen, mustert mich eindringlich und fragt mit einem fast väterlichen Unterton. »Was hat dich denn hierhergeweht?«

»Ich bin einfach neugierig auf Lifou ...«, weiter komme ich nicht, denn Pascal unterbricht mich: »Stellt euch vor, sie kennt Christian nicht.«

Der Melancholiker und die anderen in der Runde schauen mich entsetzt an: Wie kann man nur einen Fuß auf den Boden von Lifou setzen, ohne Christian zu kennen!

Die Männer beschließen, dennoch Milde walten zu lassen und mich aufzuklären, dass Christian Karembeu, der einstige französische Nationalspieler, das Idol des Nang-Stammes ist. Denn schließlich ist der Fußballer in Nang geboren und aufgewachsen. Christian hat 17 Geschwister, kein Wunder also, dass praktisch jeder auf der Insel mit der Familie in irgendeiner Form verwandt oder verschwägert ist. So eben auch Pascal.

Anfangs interessierte mich das alles nicht sonderlich, da Fußball so gar nicht mein Ding ist, doch im Laufe des Gespräches ändert sich das. Die Jungs erzählen die Geschichte von jenem Christian, der, als er volljährig war, von seinen Eltern nach Frankreich geschickt wurde, weil er dort bessere Trainingsmöglichkeiten hatte. Nicht nur Pascal, auch der Melancholiker betont immer wieder, dass Christian in Frankreich zwar Karriere machte, aber auf Distanz blieb zu der Grande Nation. So weigerte er sich konsequent, vor Länderspielen die Nationalhymne zu singen, und schwieg eisern, während die anderen aus der Mannschaft voller Inbrunst die Marseillaise anstimmten. Diese Konsequenz rechnet man ihm auf Lifou hoch an. »Er hat eben nie vergessen, woher er kommt«, sagt Pascal.

»Aber immerhin hat er in Frankreich all die Möglichkeiten bekommen, die er auf Lifou sicher nicht gehabt hätte«, wende ich ein.

»Stimmt, das ist die eine Seite«, erwidert Pascal, als hätte er auf diese Bemerkung gewartet. »Doch die andere Seite ist, dass die Franzosen unseren Familien, besonders auch seiner Familie, großes Unrecht angetan haben.«

»Inwiefern?«, hake ich vorsichtig nach.

»Seine beiden Urgroßväter wurden wie Tiere im Zoo gehalten! Sie wurden im Gehege zur Schau gestellt, in Paris, aber auch in Hamburg! Als Wilde, als Menschenfresser, vor denen man sich in Acht nehmen muss!«

Dann folgt Schweigen. Niemand sagt etwas. Davon hatte ich noch nie etwas gehört und bin schockiert.

»Es gibt ein Buch über diese Zeit. Es heißt *Cannibale* und ist von Didier Daeninckx. Der ist eigentlich Krimi-Autor, aber er war mal bei uns, weil er davon erfahren hatte und zu recherchieren begann.«

»Ein furchtbarer Titel!«

»Der ist ironisch gemeint«, erzählt Pascal. »Es ist ein Roman, aber er beruht auf Fakten. Darin geht es um die Pariser Weltaus-

stellung von 1931, zu der über hundert Kanak mit dem Schiff gebracht wurden. Zunächst unter dem Vorwand, sie sollten Frankreich kennenlernen. Die Reise endete direkt im Zoo. Es waren
zwei Urgroßväter von Christian dabei. Über fünf Millionen Besucher glotzten sich damals die Augen aus, links lagen Krokodile,
rechts waren die Kanak, die froren und unter Heimweh und
Krankheiten litten, aber hinter dem Zaun tanzen und singen
mussten.«

Pascal holt tief Luft: »Glaub mir, Christian hat nie vergessen,
woher er kommt und was mit seinen Vorfahren geschah! Wir auch
nicht!«

»Kamen die beiden Urgroßväter zurück?«

»Ja, mit gebrochener Seele. Die Erniedrigung dort, aber auch
das Leben in der Großstadt hatten ihnen schwer zugesetzt. Ihre
Geschichten machten die Runde und sind uns bis heute in Erinnerung geblieben.«

»Unglaublich«, ich schüttle den Kopf, »das alles ist nicht einmal
hundert Jahre her. Ich stelle mir vor, wie es wäre, wenn man Europäer auf Neukaledonien ausgestellt hätte, in einer Menagerie, um
sie den Kanak vorzuführen!«

»Madame, der Vergleich hinkt nun wirklich. Wir kennen Europäer, seit Neukaledonien von James Cook betreten wurde. Und
leider gibt es kaum gute Erinnerungen aus den vergangenen Zeiten, die waren geprägt durch Unterdrückung, Knechtung und
Mord. Von Seiten der Franzosen. Und dann irgendwann haben
sich unsere Leute gewehrt, mit Revolten.«

Ein Wagen braust heran, bremst und unterbricht mit lautem Quietschen unsere Unterhaltung. Eine Frau steigt aus. »Jeannette«, ruft
Pascal. Bevor ich noch ein einziges Wort mit ihr gewechselt habe,
spüre ich, dass sie anders ist als die meisten Frauen hierzulande.
Forsch knallt sie die Wagentür ihres Kleintransporters zu, kommt
mit selbstbewusstem Schritt auf uns zu und hebt grüßend die

Hand. Wie mir sofort auffällt, trägt sie eine Armbanduhr. Bislang sah ich kaum jemanden mit einer Uhr.

Jeannette hat einen ernsten, fast strengen Blick, jedoch ein schönes Gesicht: weit auseinanderstehende, braune Augen, eine hohe Stirn, eine schmale Nase, kräftige Wangenknochen und strahlend weiße Zähne. Obwohl rote Blüten ihr tiefblaues Missionarskleid zieren und ihre silbrigen Ohrringe die Form von Hibiskusblüten haben, ist sie alles andere als ein Blumenmädchen. Eine kanakische Businessfrau, denke ich. Später stellt sich heraus, dass ich richtig liege.

»Es ging nicht eher«, begrüßt sie mich. »Ich hatte nach dem Kricketspiel noch einen Geschäftstermin. Jetzt können wir nach Wedrumel fahren.«

Wir steigen in ihren Kleintransporter, der innen versandet und schmutzig ist.

»Bist du angeschnallt?«

»Nein, pardon!« Ich vergesse jedes Mal, dass man sich auch am anderen Ende der Welt im Auto anschnallen muss, obwohl es so wenig Verkehr gibt.

»Das ist Pflicht! Der Hirsche wegen. Da springt schnell mal einer auf die Straße und landet auf der Motorhaube!«

Nach den ersten strengen Ansagen wird ihr Ton sanfter. »Tut mir leid, dass du so lange warten musstest, aber ich hatte einen vollen Tag heute. Erst das Kricketturnier, und dann musste ich noch auf meine Baustelle, um nach dem Rechten zu sehen.«

Während wir auf einer endlos langen, gut asphaltierten Straße durch den Wald brausen, beginnt sie, ungefragt und selbstbewusst von sich zu erzählen.

»Weißt du, ich habe nicht geheiratet, deshalb muss ich mich allein um die Baustelle kümmern. Na ja, ich wollte auch nie heiraten. Bin im Stamm meiner Eltern geblieben. Ich weiß nicht, ob du dich mit unseren Rechten auskennst, jedenfalls ist jeder im *tribu* Miteigentümer des Grund und Bodens und kann entscheiden, ob er Felder bewirtschaftet oder Häuser baut. Es muss lediglich beim Stammeshäuptling beantragt werden, damit er den Überblick behält.«

Ich erfahre, dass es auf Lifou keine einzige Fläche ohne Eigentümer gibt. Jedes noch so kleine Fleckchen Erde ist einem Stamm zugeordnet. »Das sollten Fremde wissen, die unsere Insel besuchen. Immer wieder tappen Urlauber in einem Anwesen herum, in der Annahme, da steht keine Hütte, also gehört es keinem, und holen sich Bananen oder ernten Tomaten. Das gibt Ärger, denn es ist Diebstahl!«

Jeannette hatte sich in den Kopf gesetzt, ein Haus bauen zu lassen und noch zwei Hütten dazu, die sie an Touristen vermieten wird. Sie will damit ihren Lebensunterhalt verdienen, aber auch Leute kennenlernen: »Eine Insel bleibt eine Insel. Doch ich möchte neue Impulse von außen bekommen, andere Menschen kennenlernen, sonst drehe ich mich im Kreis.«

Die burschikos wirkende Frau arbeitet als Zollbeamte am Flughafen von Lifou. Deshalb kennt sie auch Pascal. »Weißt du, irgendwann will ich da aufhören und lieber eine kleine Pension führen und etwas Land bewirtschaften.«

»Ich muss dich mal was fragen«, beginne ich vorsichtig, »bist du grundsätzlich gegen die Ehe? Ich bin zwar auch nicht verheiratet, lehne das aber nicht ab.«

»Ich lehne das auch nicht ab, aber ich persönlich möchte das nicht. Weißt du, was ich denke? Dass eine Frau so gut wie zwei Männer ist!« Sie lacht laut auf. »Will sagen, ich brauche keinen Mann.«

»Das klingt sehr resolut!«

»Ich weiß eben, was ich will. Meine beiden Schwestern sind verheiratet, außerdem gibt es noch drei Brüder und etliche Cousins. Die helfen beim Hausbau.«

Als wir ankommen, ist Jean, einer ihrer Cousins, gerade damit fertig, die Fensterläden des Hauses braun anzustreichen. Anscheinend wartet er schon eine ganze Weile auf das Eintreffen seiner

Cousine – nun, man wartet eben, das ist weder schlimm noch schön, es ist ein anderes Warten, als wir es kennen, wo man verärgert ist, wenn sich jemand um Stunden verspätet.

Ein kurzer Wortwechsel folgt, in ihrer Muttersprache, die ich nicht verstehe, dann trinkt Jean seine Colaflasche leer, schnappt das Motorrad, das unter einem Mangobaum aufgebockt ist, und braust von dannen. Er wirbelt dabei nicht nur eine Menge Staub auf, sondern macht auch ohrenbetäubenden Lärm. Das Knattern hallt noch eine Zeit lang nach, ehe es in der Ferne verebbt.

Ich habe das Gefühl, je weniger Verkehr es gibt, desto lauter dröhnen Motorräder und Autos. Oder vielleicht nehme ich das nur so wahr, denn wenn ich etwas gewöhnt bin, dann wohl das stetige Verkehrsrauschen auf den Straßen Berlins.

»Komm her!«, ruft Jeannette. »Ich zeig dir die Hütte, in der du schlafen wirst.« Es ist eine Rundhütte, wie ich sie kenne. Daneben sehe ich jedoch ein Board mit Solarzellen.

»Da staunst du, was?«, fragt die Bauherrin stolz. »Derzeit gibt es auf Lifou eine Kampagne für die Nutzung von Sonnenenergie, um die Insel energiemäßig mehr und mehr von Grande Terre unabhängig zu machen, die bislang die gesamte Stromversorgung sicherstellt.«

Die Hütte selbst jedoch wurde nach alter Tradition erbaut und mit Pandanusblättern gedeckt. Der Boden ist gefliest, die Fenster bestehen aus verstellbaren Lamellen. Zwei Liegen und ein Doppelstockbett befinden sich in der Hütte, doch es gibt weder Tisch noch Stuhl. Die Tür, ich achte jetzt immer darauf, ist abschließbar.

Draußen, auf einem Baumstumpf, ist die Waschschüssel befestigt, als Seifenschale dient eine große, gewölbte Muschel, als Zahnputzbecher steht eine Kokosnussschale bereit, die in einem Bambusring liegt. Ein mit Wasser gefüllter Flaschenkürbis steht neben dem Baumstumpf.

»Heute Abend – ich habe keine Lust zu kochen – gibt es Pizza aus der Tiefkühltruhe. Dazu könnte ich einen Tomatensalat machen und als Dessert eine Papaya aufschneiden. Macht insgesamt dreizehn Euro, bist du einverstanden?«

»Ja, klar.«

Wir trinken Bier und verschlingen die Pizza mit dreierlei Käse, sie scheint auch solch Bärenhunger zu haben wie ich.

»Kennst du eigentlich die Geschichte von den ersten Menschen auf Lifou?« Sie tupft mit Küchenpapier ihren Mund ab und spreizt dabei elegant die kleinen Finger ab.

»Nein, erzähl mal!«

»Sie handelt vom Ursprung der Yamswurzel und davon, wie der Tod auf die Insel kam, den es vor Urzeiten hier noch nicht gab. Also, der erste Mensch war ein Waihmene. Er hieß so, weil er aus dem Ort Waihmene stammte. Er hatte eine Frau und mehrere Söhne. Damals gab es weder Krankheiten noch den Tod. Es war das Paradies, niemand musste arbeiten, alles war im Überfluss vorhanden. Die Söhne des Waihmenen besaßen die Fähigkeit, sich in Tiere zu verwandeln und auch ab und zu unter der Erde zu leben. Eines Tages begannen sie dem König der Unterwelt Yamswurzeln zu stehlen, weil sie diese nicht kannten und neugierig waren. Der König merkte das und bestrafte die Familie des Waihmenen, indem er den Tod auf die Erde holte. Der veränderte alles, denn nun mussten die Menschen sterben, damit er sie verspeisen konnte. Das war seine Rache. Der Preis für die Yamsknolle, die wichtig ist für uns, weil sie uns alle nährt und sättigt, ist das endliche Leben auf Lifou«, schließt Jeannette. Dann trinkt sie einen großen Schluck Bier und isst das letzte Stück Pizza auf.

Kurz vor Mitternacht dann stehe ich vor »meinen« vier Betten und überlege, für welches ich mich entscheiden soll. Meine Wahl fällt auf die obere Etage des Doppelstockbettes, wie einst als Kind im Ferienlager. Ich steige die drei Holzstufen hinauf. Die Zudecke riecht ein bisschen modrig wegen der hohen Luftfeuchtigkeit, hat aber auch eine gewisse rauchige Note, was den Geruch etwas erträglicher macht. Ich knautsche das Kopfkissen zusammen, um meinen Kopf höher zu betten und strecke mich aus.

Wedrumel schläft längst. Es ist still, nur ab und zu höre ich durch das geöffnete Fenster das dumpfe Aufeinanderschlagen von Bambusstäben im Wind. Bei dem Klang fällt mir die Nasenflöte ein, die *vivo,* auf der die Kanak spielen. Dieses ungefähr einen Meter lange Instrument wird aus Bambus hergestellt und ist auf Neukaledonien, in Melanesien, aber auch in Polynesien sehr beliebt. Die Töne werden durch Atemluft erzeugt, die aus der Nase herausgepresst wird. Sie haben einen ähnlich tiefen, beruhigenden Klang wie das Zusammenprallen der Bambusstäbe, das ich gerade höre.

Mit einem Mal raschelt es in der Nähe meiner Hütte, dieses Geräusch kommt langsam näher. Ich halte den Atem an. Mir klopft das Herz, ich bin mir nicht mehr sicher, ob ich die Tür abgeschlossen habe, da ich das nicht mehr gewohnt bin. Dann knackt es sogar. Sind das etwa Eindringlinge, die beobachtet haben, dass eine fremde Frau alleine in der Hütte übernachtet? Ich schleiche mich aus dem Bett an das Lamellenfenster. Es lässt sich zwar nicht öffnen, doch es gelingt mir, hinaus auf den Boden zu schauen. Und nach einer Weile kann ich die Unruhestifter ausmachen, da sie sich durch den Lichtkegel einer kleinen Laterne bewegen. Harmlose Igel! Na, wenn es weiter nichts ist! Beruhigt steige ich wieder hinauf in mein Doppelstockbett und schlafe ein, tief und fest.

Am nächsten Morgen starte ich eine kleine Erkundungstour, wandere auf einem schmalen Weg ins Innere der Insel, in Richtung Wald. Auf dem Weg entdecke ich Baumfarne, die sich elegant auffächern, und mächtige Bäume mit moosbehangenen Ästen, deren dicht wachsende, herabhängende Lianen wie Bärte aussehen. Vögel zirpen und fliegen unter den Wipfeln umher. Auf dem Boden krabbeln rote Käfer, Eidechsen huschen vorbei, die sich farblich kaum von der braunen Erde und den vertrockneten Blätter abheben.

Ich streife meine Badelatschen ab und laufe barfuß. Die nack-

ten Füße setzen auf trockenem, festem Waldboden auf, die Fußsohlen sind inzwischen nicht mehr so empfindlich wie in den ersten Tagen, an denen ich ohne Schuhe umherlief.

Plötzlich stehe ich vor dem Hügel, auf dem sich die Chapelle
Notre Dame de Lourdes erhebt. Eine steile Treppe führt hinauf,
mit großen Stufen, die ich Schritt für Schritt erklimme. Das Erste,
was ich von oben sehe, sind die blendend weißen Strände von Jin-
ek und Santal.

Die Kapelle mit der Heiligen Jungfrau, so lese ich auf der Info-
Tafel, wurde Ende des 19. Jahrhunderts gebaut, um der katholischen Missionare auf der Insel zu gedenken. Ich versuche mir vorzustellen, wie die Missionare, auch mein Großvater einst, diese
fremden Kulturen erlebten. Ich versuche mir auszumalen, wie das
tägliche Leben aussah, welcher Arbeit sie nachgingen, mit welchen Problemen sie sich herumschlugen, auch was sie an den
Abenden taten.

Völlig versunken schaue ich auf das Meer, meine Augen wan-
dern die Horizontlinie entlang, die sich über die Weite des Ozeans
ein wenig wölbt – und bleiben an einem unförmigen Klotz hängen, einem riesigen, schwimmenden Container, einem Kreuzfahrtschiff, das Kurs auf den Hafen von Easo nimmt, der nicht
weit von der Kapelle entfernt liegt.

Erfüllt von der Vorahnung, dass gleich Unmengen an fotogra-
fierenden, filmenden, schwatzenden Passagieren von Bord gehen
und auf »meinen« Hügel samt Kapelle zusteuern werden, flüchte
ich die Treppen hinunter. Am Parkplatz unterhalb der Kapelle lasse ich mich von einem älteren französischen Ehepaar, Touristen
aus Nantes, bis nach Wé, der »Hauptstadt« von Lifou, mitnehmen.

Wé ist ein kleines, überschaubares Nest mit einem Rathaus
und zwei Kirchen – eine evangelische und eine katholische, die lediglich einen Steinwurf voneinander entfernt sind. Dahinter befinden sich ein altes Postamt und eine Apotheke, untergebracht in
einem schmucken Kolonialgebäude. In der Nähe entdecke ich ein

Internetcafé, das aber nur an nur zwei Tagen für zwei Stunden geöffnet ist.

Der einzige Supermarkt des Ortes ist eine Baracke aus Wellblech, bemalt mit einer Cola trinkenden Frau im Bikini und versehen mit einem Graffiti: *Drehu* steht da, der Name von Lifou in der Sprache der Einheimischen. Hier möchte ich Trinkjoghurt und Biskuits kaufen. Bleibe kurz vor der Kasse stehen und staune nicht schlecht: In einem Regal liegen traut nebeneinander die Ausgaben der *Nouvelles Calédoniennes* von der ganzen Woche: Der heutige Donnerstag als größter Stapel, daneben etwas kleiner Mittwoch, Dienstag, Montag, Sonntag, sogar Samstag und Freitag.

Davor steht ein kleiner Mann in kurzärmeligem Hemd und roter Hose, über der rechten Schulter trägt er eine riesige Tragetasche, die ihm wie ein Flügel nach hinten absteht. Ich frage den völlig vertieft im Mittwoch und Samstag lesenden Einheimischen, ob er mir erklären kann, warum alle Wochentags-Ausgaben einer Zeitung noch zu haben sind. Ich würde es so kennen, dass es am Mittwoch nur die Mittwochausgabe gibt und die dann bereits am Donnerstag passé ist.

Der Man schaut zu mir hinauf, runzelt die Stirn und sieht mich an, als würde ich etwas Unglaubliches erfahren wollen, als würde ich ihn zwingen, ein großes Geheimnis zu lüften. Er neigt leicht den Kopf zur Seite, lässt die Zeitung sinken, die er gerade in der Hand hält, zuckt mit den Schultern und sagt leise: »Ich kenne es nicht anders.« Und: »Es ist doch aber praktisch. So kann ich mich für die Ausgabe entscheiden, die ich am interessantesten finde. Es gibt nicht viele Neuigkeiten auf Lifou, und das Wichtigste spricht sich sowieso innerhalb kürzester Zeit herum, da hinkt jede Redaktion hinterher.« Mir fällt in diesem Zusammenhang das Wort Buschfunk ein – das trifft wahrlich zu auf Lifou.

Das Männchen fragt mich, wo ich denn wohne. »In Wedrummel«, antworte ich. Wie es denn dort sei, will er wissen. »Kennen Sie Wedrummel nicht?«, frage ich. Er schüttelt den kahlen Kopf und erzählt, dass er als Kind mal dort gewesen sei, aber keine rechte Erinnerung mehr habe. »Seitdem meine Tante nicht mehr lebt, gibt es auch keinen Grund mehr für mich, nach Wedrummel zu fahren. Es ist doch ein ganzes Stück von Wé dorthin.«

»Tja, eine halbe Stunde mit dem Auto. Aber natürlich ist es weit, wenn man keins hat und zu Fuß laufen muss«, meine ich.

Kleine Inseln haben es wohl so an sich, dass man seinen Ausflugsradius eng begrenzt hält, warum auch immer. Ich muss an Hiddensee denken, wo ich mit einer Familie aus Grieben befreundet bin, deren Sohn in Vitte wohnt, eine Strecke von zwanzig Minuten mit dem Fahrrad. Doch die Entfernung ist für ihn wie auch für die Eltern »beträchtlich«, sodass man sich an lediglich an Weihnachten besucht.

Ich entscheide mich nun für die Samstagsausgabe, die von den meisten Leuten gekauft wurde. Zahle an der Kasse Zeitung, Joghurt und Biskuits und wünsche »Bonne Journée«. Der Kleine winkt mir nach, als ich den Laden verlasse und zum Ortsausgang schlendere.

Mir kommt plötzlich der Gedanke, dass ich nun schon recht lange auf Neukaledonien bin und noch nie baden war! Das glaubt mir keiner. So nehme ich spontan die nächste Weggabelung Richtung Strand, folge dem Schild *Baie de Chateaubriand* und stehe wenig später an einem wunderschönen weißen Strand, an dessen von Palmen gesäumtem Ufer ein paar Kokosnüsse liegen und das Meer türkisfarben leuchtet.

Der kilometerlange Strand ist menschenleer. Nach einer ganzen Weile, in der ich die Weite und Schönheit des ruhigen Ozeans auf mich wirken lasse, kommt eine Mädchenklasse mit ihrer Lehrerin angetrottet. Mit umgebundenen Neonwesten geht es zum Schwimmunterricht. Welch ein Traum, Schwimmunterricht im Pazifischen Ozean!

Die Meute grölt, als die Kinder mich sehen: endlich Abwechs-

lung, endlich mal jemand da an diesem morgens sonst menschen-
leeren Strand!

Ein Mädchen möchte, dass ich alle fotografiere, und drückt
mir ihr Smartphone in die Hand. Zuerst jedoch mache ich mit
meiner Kamera ein Foto von der ausgelassenen Bande, und es wird
eines meiner schönsten: Die Mädchen in ihren leuchtenden
Schwimmwesten, die langen schwarzen Haare zu Knoten zusammengebunden, weiße Sandkörner kleben auf der braunen Haut.
Dann lachen und albern sie herum, machen allerlei Gesten, frech
und fröhlich, schubsen sich gegenseitig ins Meer. Halten nicht
still, kichern und kreischen. Die Lehrerin, eine schlanke, sportli-
che Französin, hat keinen Einfluss mehr auf die ausgelassenen
Kinder. Sie kann nicht mehr als aufpassen, dass nichts Schlimmes
passiert. Mit dem Schwimmunterricht wird es heute wohl nichts
mehr werden.

Ich verlasse die Meute, werfe meinen Rucksack in den Sand,
ziehe mir unter einem übergeworfenen Badetuch meinen Bikini
an und renne in den wohlig warmen Ozean hinein. Renne, bis das
Wasser mir so viel Widerstand leistet, dass ich stolpere und plat-
schend in das samtige Meer falle. Ich schwimme, ich tauche, ich
schieße unter Wasser Vorwärtsrollen, mache Handstand, kann gar
nicht aufhören zu rollen, zu plantschen, mit den Füßen zu paddeln
und den Händen herumzurudern. Ich genieße es, mich ziellos zu
bewegen, die Arme auszubreiten, die Leichtigkeit im mich tragen-
den, salzigen Ozean zu spüren. Dann drehe ich mich auf den Rücken, die Füßen zeigen in Richtung Ufer. Ich schaue auf das Küs-
tenpanorama, auf all die Palmen, kleinen Hütten und die beiden
Kirchtürme. Lasse mich treiben, eine halbe Ewigkeit lang.

9

Das sonderbare Leben der Papageienfische

Nach dem Schwimmen spaziere ich am Strand entlang, bis zum Ende, wo er in den Wald mündet. Ich laufe und laufe, dann höre ich aus der Ferne ein Sägen, Klopfen und Hämmern. Wird da eine Hütte gebaut? Vorsichtig bewege ich mich in Richtung des arbeitsamen Treibens, denn ich möchte nicht gleich die Aufmerksamkeit auf mich ziehen, sondern erst mal beobachten, was dort vor sich geht.

Plötzlich bleibe ich stehen und halte inne. Der Wind trägt den Rauch eines kleinen Feuers zu mir herüber. Wonach riecht das? Samtig, pudrig, etwas süßlich, schwer zu beschreiben. Woran erinnert mich das? Mir fällt mein kleiner Buddha aus Indien ein, den mir eine Freundin von ihrer Yogareise mitgebracht hatte. Der ist aus Sandelholz – und genauso riecht es jetzt auch. Offensichtlich befinde ich mich in einem Sandelholzwald.

Ich schaue mich um: meterhohe Stämme mit dunkler Borke, die gezeichnet sind durch tiefe längliche Risse und Einkerbungen. Die Blätter an den langen Ästen haben eine ovale Form, erinnern mich an Lorbeerblätter, die ich zu Hause in der Küche für Suppen verwende. Hier und da entdecke ich winzige rote Blüten und kleine, braune Früchte.

Durch das Dickicht sehe ich Arbeiter in blauen Overalls, die mit ihren Sägen Holzstämme zerteilen. Ein Mann mit khakifarbener Hose und blau-weiß kariertem Hemd hantiert mit einem Schnitzeisen und versucht, in einem rötlich schimmernden Stamm Muster herauszuarbeiten. Ich nähere mich behutsam der kleinen Siedlung, doch meine Gegenwart wird sofort wahrgenommen. Eigentlich überrascht mich das nicht, denn mir ist schon öfter aufgefallen, dass die Kanak außerordentlich feine Sinne haben, feinere als die meinen: Sie sehen weiter als ich, hören Laute, die ich nicht orten kann, wittern, was ich nicht rieche. Und so ist es nicht verwunderlich, dass einer der Männer innehält und in meine Richtung aufschaut. Er legt das Schnitzeisen zur Seite, klopft die Hände an seiner Hose ab und wartet lächelnd, dass ich auf ihn zukomme. Derweilen nimmt er seine Schutzbrille von den Augen und rückt das schwarz-weiße Kopftuch zurecht, das seine Dreadlocks zusammenhält.

»Salut«, grüßt er freundlich. »Was führt dich her?«

»Der Zufall«, erwidere ich. Der Schnitzer scheint es gewohnt zu sein, dass ab und zu jemand hier vorbeischaut.

Nun, inzwischen weiß ich ja Bescheid: Um mich umsehen zu können, sollte ich mir etwas für das *faire la coutume* einfallen lassen. Ich schaue in meinen Rucksack und lege nach und nach Traubenzucker, eine Banane, Feuerzeug und einen 100-CFP-Schein in das Gras zwischen uns. Er dreht am Traubenzucker – wahrscheinlich auch um festzustellen, was das ist, eine Tüte Drops in einer Sprache, die er nicht kennt. »Vielen Dank für die Geste! Ja, schau dich um, auch im Atelier oder auf dem Platz. Ich bin übrigens Kodrue, und das ist Edmond.« Er zeigt auf einen älteren Kanak mit grauen Haaren und weißem Bart. Kodrue Sihaze hat seine Dankesrede kurz gehalten, vielleicht ist das bei den Jüngeren üblich. Außerdem nimmt er das *coutume* stellvertretend für seinen Chef entgegen, der offenbar nicht vor Ort ist. Und kostet gleich die Traubenzuckerbonbons.

Ich gehe zur Hütte, die Kodrue sein Atelier nennt. An ihr lehnt ein zwei Meter hoher Stamm aus Sandelholz, der einen warmen,

Der Stammeshäuptling ist unterwegs, die Tür ist geschlossen, aber nicht verschlossen. Rechts und links stehen die Wächter über die Hütte.

würzigen Duft verströmt. An diesem Stamm entdecke ich ein Gesicht, kantig geschnitzt, mit schmalen Augen und gewölbtem Mund. In das Haupt wurden Blumen eingeritzt. Am Körper »krabbeln« geschnitzte Eidechsen und Schildkröten entlang symmetrisch verlaufender feiner Linien.

In der Hütte herrscht Chaos: wahllos hingeworfene Schnitzeisen, Messer, Schleifsteine, Pinsel, Öle, Wischtücher. Nur die Sägen sind ordentlich an die Wand gehängt. Auf einem großen Tuch liegen Späne zum Trocknen, kleinere Skulpturen und Masken, kunstvoll gearbeitete Kämme, fantasievoll gestaltete knorrige Äste. Alle Kunstwerke sind naturbelassen. »Eine Skulptur braucht keine Farbe«, sagt Kodrue. »Sie ist schön durch die ursprüngliche Maserung, vor allem durch die Rottöne des Sandelholzes«, und er streicht über das glatt geschliffene Holz.

»Wohnst du hier im Wald?«, frage ich.

»Nein, ich lebe im Norddistrikt, in Hnathalo. Komme jeden Tag mit dem Motorrad zur Arbeit. Das Atelier gehört mir und Edmond.« Dann spielt er mit den Fingern an der weißen Perlenkette, die seinen Hals schmückt. Und scharrt mit den Füßen, die in festem Schuhwerk stecken, das er auch braucht, wenn er mit der Kettensäge Stämme und Äste zerteilt. »Meine Inspiration«, fährt er fort, »kommt durch die Maserung ... und hängt davon ab, wie ich mich gerade fühle, welche Bilder in meinem Kopf entstehen. Es ist, als ob wir kommunizieren, das Holz und ich, uns sozusagen absprechen.« Und so entsteht etwas unter seinen Händen, was es vorher noch nicht gab. »Es ist, als würde ein Geist auftauchen, der etwas mitteilen will.«

Dann nimmt Kodrue wieder seine Arbeit auf, widmet sich dem Stamm. Ich darf bleiben und ihm zusehen. Der junge Mann fährt damit fort, das Gesicht zu gestalten, und wie dicke Schneeflocken fliegen Späne in alle Richtungen.

»Man muss präzise arbeiten und gutes Schnitzwerkzeug haben«, sagt er und wischt sich mit einem grauen Handtuch den

Schweiß von der Stirn. »Besonders, um die Muster herauszuarbeiten, geschlossene Augen, Lachfalten in den Augenwinkeln oder ein offener Mund. Schwierig für mich sind Ohren mit Ohrringen oder krause Haare.«

Kodrue wechselt beinahe rhythmisch das Werkzeug, nimmt verschiedene Stichformen von der vor ihm liegenden Palette. Jede Ecke, Kante, Fläche, Welle erfordert ein anderes Schnitzeisen. Von Zeit zu Zeit muss er sie nachschleifen, da sie sonst stumpf werden.

Nach einer kleinen Pause geht es weiter: Messer schräg ansetzen, vom Körper weg auf das klobige Ende klopfen, bis sich wieder ein Span löst. Für große Flächen greift Kodrue zu breiten Schnitzeisen, für kleinere Flächen und Feinarbeiten nimmt er schmale Stichformen. Irgendwann – für mich nicht erkennbar, wann dieser Punkt erreicht ist – entscheidet er, dass nun das Werk vollendet ist.

Ich greife ein noch unbehandeltes Stück Sandelholz vom Stapel und betrachte es genauer. Es hat eine feine und gleichmäßige Struktur, einen ausgesprochen geraden Faserverlauf. Dieses Stück scheint frisch geschnitten zu sein, es ist gelbbraun. Die anderen, die in der Sonne zum Trocknen liegen, sind viel dunkler. Ich schnuppere an dem warmen Holz und stelle fest, dass nur der innere Kern duftet, außen die Borke ist geruchlos. Das Stück liegt schwer in meiner Hand und fühlt sich an, als wäre es mit einer Wachsschicht überzogen.

Die meterhohen Skulpturen vor dem Atelier sind imposant. Was mir jedoch auffällt – ich sehe keine Frauengestalten, auch keine weiblichen Masken. Weil es auch keine Frauen gibt, die zu Häuptlingen ernannt werden?

»So ist es«, bestätigt Kodrue.

»Warum ist das so?«, frage ich. Die Antwort fällt ebenso knapp aus: »Weil es schon immer so war.« Aha!

Die Maskenfiguren, die im Atelier stehen, finde ich besonders stilvoll. »Das sind Wächterfiguren, die an die Innenwände der

Hütten gelehnt werden«, erfahre ich. »Wir nennen sie *katara*. Sie sollen unsere Häuser vor schlechten Einflüssen schützen, unheilbringenden Kräften den Zutritt verweigern.«

Bei den Skulpturen, die ich sah, konnte ich keine Ähnlichkeiten mit der Maske meines Großvaters erkennen. Sie ließ sich bislang nirgends zuordnen, weder einer Region noch einem Stamm. Doch der übergroße Kamm einer von Kodrues Skulpturen sieht ein bisschen so aus wie der meines kleinen Erbstückes. Als ich mich danach erkundigen will, merke ich, dass Kodrue nicht weiter gestört werden möchte, und so trolle ich mich. Mir bleibt ja noch genügend Zeit, das Rätsel zu lösen!

Abends hocke ich mich vor meine Hütte und warte auf Jeannette. Bei den milden Abendtemperaturen ist es eine Wohltat, die Kleider abzustreifen, die wie durchtränktes Papier an meinem Körper klebten. Ich wickle ein leichtes Baumwolltuch um mich. Meine nicht an Hitze und ständiges Schwitzen gewohnte Haut hat in den ersten Tagen auf Grande Terre ziemlich empfindlich reagiert. Jetzt fühle ich mich wie ein Reptil, das sich gehäutet hat und dessen neue Haut zäh geworden ist. Wenn mich nun irgendwo ein Ast streicht, tut es nicht mehr so weh wie am Anfang meines Aufenthalts. Es ist schön, den Wind, die Sonne, den Regen auf der Haut zu spüren – statt wie gewohnt den Stoff von T-Shirt und Hose.

Auch meine Fußsohlen sind widerstandsfähiger, härter geworden, und ich zucke nicht mehr bei jedem Kieselstein, jeder aufragenden Wurzel zusammen, auch nicht, wenn ich vom kühlen Gras in den heißen Sand trete.

Ich schaue auf den Brotfruchtbaum neben der Hütte, an dessen Ästen Bananenstauden zum Nachreifen hängen. Ich pflücke mir eine von den leuchtend gelben Früchten ab. Sie ist zuckersüß, nicht zu vergleichen mit dem milden Aroma der Bananen, die es in Berlin zu kaufen gibt.

Bananen werden hierzulande meistens mit der Machete geköpft, das heißt, der Stamm wird am unteren Ende durchschnitten, die Stauden werden extra abgetrennt und, wenn nötig, zum Nachreifen in Bäume gehängt oder auf Matten gelegt. Eine Bananenpflanze, habe ich erfahren, trägt nur einmal in ihrem Leben Früchte, nach der Ernte wird sie radikal geköpft. Das Wunderbare ist: Aus dem Stumpf sprießt eine neue Pflanze hervor, die dann innerhalb eines Jahres die alte Pflanze vollends ersetzen und an der wieder Bananen wachsen.

Von weitem vernehme ich ein Motorengeräusch. Ein Auto nähert sich dem Gelände, die Kegel der Scheinwerfer hüpfen auf und nieder, denn die Straße ist holprig und voller Schlaglöcher. Vor dem Wohnhaus erlöschen sie, Jeannette springt heraus, wie immer barfuß, heute trägt sie ein besonders hübsches Kleid, ein tiefblaues mit gelben Blüten, die aussehen wie Margeriten. Dazu Ohrringe aus kleinen bunten Vogelfedern.

Sie setzt sich zu mir auf den Boden, mit ausgestreckten Beinen, lässt das untere Ende des Kleides in den Schoß fallen. Ich dagegen hocke im Schneidersitz, was natürlich nur geht, weil ich das weite Baumwolltuch um mich gewickelt habe, das meine Beine verdeckt.

»Ça va, toi?«, es folgen Küsschen links, Küsschen rechts.

»Ça va. Weißt du«, setze ich an, »ich möchte einen traditionellen Stamm kennenlernen.«

»Du bist in einem traditionellen Stamm, du bist in Wedrumel!«

»Ich möchte Frauen eines traditionellen Stammes kennenlernen«, setze ich hinzu.

»Du sitzt neben einer Frau eines traditionellen Stammes, ich bin eine echte Kanak-Frau!«, erwidert sie mit Nachdruck. »Ich bin hier geboren und werde hier sterben. Ich lebe nach unseren Bräuchen! Ich trage keine Hosen und achte unsere Traditionen. Ich gehe in die Kirche, verehre die Alten, schätze meine Vorfahren.«

»Aber du bist nicht verheiratet, so wie die anderen«, sage ich, um ihr zu erklären, warum sie sich in meiner Vorstellung von den anderen Stammesfrauen unterscheidet.

»Bist du es denn?«

Ich schüttle den Kopf.

»Sind deine Freundinnen verheiratet?«

Ich nicke.

»Aber du bist eine typische Frau aus Berlin, auch wenn du nicht verheiratet bist«, erwidert sie.

»Ja. Doch du gehst arbeiten, baust ein Haus, hast keine Kinder. Die anderen Frauen hier leben so nicht. Du bist anders«, füge ich hinzu.

»Jeder ist anders. Aber was ist denn typisch? Ich liebe es eben, unabhängig zu sein.« Früher war das nicht möglich, weil eine Frau mit ihrer Arbeit kein Geld verdiente und alle Geschäfte über die Männer liefen. Tradition schließt aber nicht aus, dass sich Dinge verändern.

»Ich mache meinen Job am Flughafen, habe das Glück, ein Haus bauen zu können. Ich liebe die Kinder meiner Schwestern, möchte aber keine eigenen.« Sie will mich einfach nicht verstehen.

»Jeder bei uns ist irgendwie anders, dennoch gehören wir alle zusammen.«

»Das stimmt. Nun, ich möchte das Leben noch besser kennenlernen«, sage ich und frage vorsichtig: »Meinst du, ich könnte in einer Schlafhütte übernachten?«

»Aber ich habe Bergé doch versprochen, mich darum zu kümmern, dass du eine Nacht in einer Schlafhütte bleiben kannst. Und du wirst auch Soan, den Mann mit dem Zauberstein kennenlernen.«

Mein Herz hüpft vor Freude. Das ist, was ich mir gewünscht habe.

»Wenn du magst, komm doch auch mit zum Kricketspielen. Das ist ebenso typisch für Frauen von Lifou!«

Jeannette, die anfangs spröde und reserviert war, zeigt sich nun

Die Schlafhütte. Zum Durchlüften bleibt die Tür am Morgen geöffnet.

zugänglich. Vertrauen aufzubauen braucht Zeit, bei manch einem dauert es länger, und das wird seine Gründe haben. Ich muss das nicht alles verstehen, einfach dem folgen, was geschieht, denke ich.

Wir setzen uns auf die Terrasse ihres Haus und essen Papageienfisch, *perroquet bleu*, den sie schnell zubereitet hat: mit Zitrone gewürzt, gesalzen, in Butter gebraten – eine Delikatesse! Das Fleisch ist weiß und fest, die Haut des Filetstückes sieht tatsächlich blau aus, doch es gibt auch grüne und rote Schuppen. Der Fisch ähnelt tatsächlich einem bunten Papagei. Dazu gibt es getoastetes Baguette, das wir mit einer frisch geschälten Knoblauchzehe einreiben. Wir trinken Weißwein, eisgekühlten Chardonnay, Import aus der Metropole, wie das Mutterland Frankreich hier genannt wird. Er ist ziemlich teuer, denn schließlich hat die Flasche eine weite Reise zurückgelegt, bis sie in den Supermarkt von Lifou gelangte. Jeannette ist ein Gourmet und lässt sich das auch etwas kosten.

Ein paar Tage später ist der Abend da, auf den ich seit Langem gewartet habe! Jeannette hat im *tribu* alles arrangiert, damit ich in der Schlafhütte übernachten darf. Wir laufen hinüber zum zentralen Platz und sind wohl zu früh dran, denn noch ist niemand da. »Lass uns zum *arbre à palabres* gehen. Ich nenne diesen Litschibaum Schwatzbaum, weil die Frauen sich dort zu Klatsch und Tratsch treffen.«

Wir setzen uns unter den grünen Giganten auf die Matte, die mir Jeannette für die Nacht geliehen hat. Sie selbst hat, wie jeder andere auch im *tribu*, ihre eigene Schlafmatte in der Hütte.

»Die sind alle noch beim Abendbrot oder beim Aufräumen.« Jeannette reißt ein Büschel Litschi vom Baum. Die Früchte hängen wie rote Trauben herab. Ich zupfe mir einige ab, grabe meinen Daumennagel in die feste Schale, pule sie ab und esse das weiße, saftige Fruchtfleisch. Danach lutsche ich den Kern so lange, bis er ganz glatt ist, und spucke ihn aus. Was für ein schöner Kern, bohnengroß, braun glänzend wie Mahagoni.

»Ich zeige dir etwas«, sagt Jeannette. Sie nimmt ein paar Kerne, schneidet sie in der oberen Hälfte durch, bohrt winzige gerade Aststückchen in die Mitte hinein. »Das ist ein *toupie*, ein Kreisel.« Sie nimmt das Ästchen zwischen Daumen und Zeigefinger, gibt ihm Schwung, und der Kreisel dreht sich eine ganze Weile. »Damit haben wir als Kinder gespielt. Wer am längsten kreiseln konnte, hatte gewonnen und durfte sich etwas wünschen.«

Die Nacht legt sich wie ein seidenes Tuch über das Dorf und hüllt es in Dunkelheit. In den Fenstern der Häuser schimmert Licht. Die Luft ist angenehm warm, und es riecht nach gemähtem Gras. Aus den Häusern dringen Tellergeklapper und das Klirren von Besteck, das in die Spülbecken zum Abwasch geworfen wird. Dazwischen Kindergeschrei, die Stimme des Nachrichtensprechers aus dem Fernseher, eine Frau, die vor der Tür zur Nachbarin herüberruft.

Langsam trudeln ein paar Männer ein, grüßen und lassen sich

einen Steinwurf von uns entfernt nieder. Offenbar ist der Schwatz-baum nicht für sie bestimmt. Der eine holt Dominosteine aus der Tasche, der andere verteilt noch ein paar Büchsen Bier, und sie beginnen schweigend und konzentriert Steine zu legen.

Drei kleine, rundliche Frauen mit ihren Kindern kommen direkt auf uns zu. Die Kinder grüßen mit einem höflichen *Bonsoir* und laufen, sich immer wieder nach mir umdrehend und dabei fast stolpernd, zur Schlafhütte.

Die Mütter hocken sich zu Jeannette und mir. Auch sie wissen Bescheid – es hat sich längst herumgesprochen, dass heute eine Fremde die Nacht mit ihnen verbringen wird. Ist der Häuptling einverstanden, sind es die anderen im Stamm auch. Wenn es in irgendeiner Angelegenheit erheblichen Widerspruch gibt, muss das Problem in großer Runde in der Häuptlingshütte besprochen werden. Das war wohl nicht der Fall, offenbar genügte Bergés Empfehlung. Ich selbst bekomme nichts von all dem mit, was sich ohne mein Wissen abspielt, doch mit mir zu tun hat.

Die Frauen sitzen allesamt unter dem Schwatzbaum, doch sie beachten mich zunächst nicht weiter. Ich bin mir nicht sicher, ob aus Unsicherheit oder Höflichkeit. Und so plaudern sie mit Jeannette, lachen dabei ein bisschen zu laut und gestikulieren nervös. Dabei bin ich doch viel aufgeregter als sie und suche nach einem Anknüpfungspunkt, um mit ihnen ins Gespräch zu kommen.

Vorstellen brauche ich mich nicht: Sie wissen offenbar, wer ich bin. Also fasse ich mir ein Herz und erzähle, dass ich heute Abend bei Jeannette zum ersten Mal in meinem Leben Papageienfisch gegessen habe.

»Hat er dir geschmeckt?«, fragt die junge Frau neben mir, und ich nicke. »Ein schlauer Fisch«, fügt sie hinzu. »Weißt du, dass Papageienfische als Weibchen geboren werden und als Männchen enden?« Ich hatte bereits gelesen, dass die Papageienfische Hermaphroditen sind. Die Runde kichert, eine Ältere hinter mir fügt hinzu: »Sag es doch richtig: Sie *sterben* als Männchen.«

»Das ist schon richtig ausgedrückt so!« ruft eine zierliche Frau neben mir und klopft sich juchzend auf die Schenkel. »Sie *enden* als Männchen – das trifft es viel besser.« Schallendes Gelächter. Scheue Blicke zu den Männern, doch die sind in ihr Dominospiel vertieft und trinken stumm weiter ihr Bier.

»Nein«, beharrt die junge Frau, »sie wandeln sich im Laufe ihres Lebens und können beides ausprobieren: ihr Leben als Madame und ihr Dasein als Monsieur. Möchtest du nicht auch mal wissen, wie es so ist als Mann?«

Eine Ältere hält sich verschämt die Hand vor den Mund: »Ich weiß, woran du denkst!«

»Erzähl doch mal«, kommt es witzelnd von meiner linken Flanke. »Nein ... ähm, stell dir vor, du müsstest dich in Hosen zwängen, rasieren und immerzu Bier trinken.« Einige lachen, manche Frauen schüttelt es bei dieser Schilderung. Jeannette und die junge Frau, die Marie gerufen wird, bleiben gelassen und finden nichts Schlimmes dabei. »Auf Hosentragen und Rasieren verzichte ich gerne, doch nicht auf Bier. Aber«, so fährt Jeannette fort, »wir hätten als Männer die Chance, Stammeshäuptling zu werden. Das bleibt uns Frauen verwehrt.«

»Ach«, ruft die Ältere, »ich möchte kein Häuptling sein. Es ist gut, dass wir davon verschont bleiben.«

Sie schaut zu mir herüber, von ihren Augen sehe ich in der Dunkelheit nur das Weiß leuchten. »Oder würdest du dich gerne um den Stamm kümmern, mit der ganzen Verantwortung?«

Ich zucke diplomatisch mit den Schultern und erkläre, dass ich das nicht beurteilen könne. »Aber ich trage gerne Hosen, rasiere mir die Achselhöhlen und mag auch Bier.«

Betroffenes Schweigen. Die Frauen ihres Stammes würden sich niemals die Achselhaare rasieren. Dennoch bemühen sie sich, Verständnis für meine Abartigkeiten aufzubringen, versuchen sich das damit zu erklären, dass ich aus Europa komme, da ist das so, das kennen sie aus der Werbung im Fernsehen, Rasierer für Frauen und Jeans auch. Und Bier, na ja, sie finden, eine Frau mit Bierflasche in der Hand sieht komisch aus.

»In deiner Stadt kennst du sicher keine Schlafhütten?«, meint die Ältere. »Mit wem schläfst du denn zusammen?«

»Ich schlafe allein – seitdem ich von meinem Mann getrennt bin. Meine Tochter ist längst ausgezogen, sie wohnt mit ihrem Freund in einer eigenen Wohnung.«

Erneutes Schweigen. Dann: »Schläfst du nicht mit deinen Eltern, Geschwistern, Cousins, Cousinen, Onkeln, Tanten oder auch Großeltern zusammen?«

»Nein, das ist bei uns nicht üblich, höchstens es wird gefeiert und man hat viel Besuch. Dann teilt man schon mal die Zimmer mit anderen. Ansonsten, ich habe keine Geschwister.«

Entsetzte Blicke – ich glaube, ich tue gerade allen schrecklich leid, und sie verstehen sehr wohl, warum mich die Schlafhütte interessiert. »Sind sie alle schon gestorben?«, will man wissen.

»Nein, ich bin ein Einzelkind«, erkläre ich.

»Ist das furchtbar«, vernehme ich aus der Runde. Allerdings würde es sich nicht schicken, weiter nachzufragen, denn die Kanak sind höfliche, feinfühlige Menschen.

»Jedenfalls bist du herzlich eingeladen, die Nacht mit uns zusammen zu verbringen. Du hast es wahrlich nicht leicht.«

Die Ältere legt mir die Hand auf meinen Kopf. »Du bist eine tapfere Frau, dass du trotz deiner familiären Isolation ein so freundliches Wesen hast.«

Und ich weiß nicht, was plötzlich in mich gefahren ist. Habe ich bei Jeannette zu viel Weißwein getrunken oder bin ich übermüdet oder aufgeregt? Auf einmal schüttelt es mich, und ich fange zu weinen an. Mir ist das unangenehm, doch ich habe es nicht unter Kontrolle, es bricht aus mir heraus. Die Ältere nimmt mich in ihren fülligen, festen Arm, und ich beruhige mich langsam. Was mögen sie jetzt alle von mir denken? Wie unglücklich

ich bin? Dass ich nach Neukaledonien kam, um dem schlafhüttenlosen Berlin und auch meiner Existenz als Einzelkind zu entfliehen?

»Ich weine gern«, sagt die Ältere, »das reinigt die Seele. Wie gut, das du es eben getan hast!«

Jeannette kommt das doch merkwürdig vor, sie ist sachlicher, nüchterner als die anderen, und so versucht sie schnell das Thema zu wechseln.

»Birgit, weißt du eigentlich, wie Papageienfische schlafen? Sie formen mit ihrem Mäulchen einen Kokon aus Schleim, und in den schwimmen sie hinein. Der Kokon ist vorne und hinten offen, damit in ihrem Schlafzimmer frisches Meerwasser hindurchfließen kann.«

»Schlafen, das ist das Stichwort. Lasst uns in die Hütte gehen!«, sagt die Ältere.

Die Tür der Schlafhütte ist niedrig. Gebückt, mit gesenktem Kopf, schiebe ich mich hindurch. Auch hier muss man mit geneigtem Haupt eintreten, denn es könnte sich der Stammeshäuptling darin aufhalten, was aber so gut wie nie vorkommt. Der hat als Oberhaupt eine eigene Schlafhütte und natürlich auch einen Schlafraum im Familienhaus. Vielleicht zeugt dieses Verneigen von Ehrerbietung gegenüber den Ahnen, gegenüber den anderen, gegenüber sich selbst.

Die Schuhe bleiben draußen. Verstreut liegen Badelatschen vor dem Eingang, daneben auch ein Paar Turnschuhe. Der Eingangsweg ist mit hellen Kacheln gefliest, ein schmaler Weg führt zum Mittelpfosten.

In einer gemauerten Vertiefung sind Brennhölzer aufgetürmt, deren Glut warmes Licht spendet und einen würzigen Rauch aufsteigen lässt. Auf einem betonierten Sockel erhebt sich der an die zwanzig Meter hohe Mittelpfosten, der die Dachkonstruktion stützt. Die Kuppel besteht aus symmetrisch angeordneten, sternförmigen Stäben, an denen das dickgeflochtene Palmendach be festigt ist. Das flackernde Licht des Feuers, die ausgelegten Matten, die gedämpften Stimmen geben dem Innenleben der Hütte etwas Anheimelndes, Gemütliches.

Bis zum Mittelpfosten sind es zehn Schritte. Es ist eine recht geräumige Hütte, wie groß genau sie ist, kann ich im Dämmerlicht schlecht abschätzen.

Am anderen Ende des Raums ist eine Wäscheleine gespannt, darüber hängt ein Schlafsack. Daneben entdecke ich eine kleine Tür, die fest mit einem verkanteten Brett verschlossen ist.

Zu meiner linken Seite liegen ein paar Gestalten in Decken gewickelt und scheinen zu schlafen. An den Wänden stapeln sich etliche zusammengerollte Pandanusmatten, die wohl noch auf ihre Eigentümer warten.

Im Zentrum liegen bäuchlings einige Jungen auf ihren Schlafstätten, schauen auf die leuchtenden Displays ihrer Smartphones, wischen und tippen darauf herum. Zu meiner Rechten hocken

Schlafhütten haben eine lange Tradition. Sie stammen aus der Zeit, als viele Menschen arm waren und kein eigenes Dach über dem Kopf hatten.

Männer und blicken auf den kleinen Fernseher, der an der hinteren Wand angebracht ist und von dem ein sehr leiser Ton ausgeht. Männer und Frauen schlafen also zusammen in einem Raum.

Die Männer tragen als Nachtwäsche Sportsachen, T-Shirts und eine Art Jogginghosen. Die Frauen haben ihre bequemen Missionarskleider an, sie sind andersfarbig als die vom Tag, meist dunkelblau oder dunkelrot. Diese Kleider sind das feminine Universalmerkmal Neukaledoniens, ob zur Feldarbeit, beim Kricket, zum Kochen oder Schlafen. Sie kneifen nicht und machen immer eine »gute Figur«.

Da fällt mir meine Großmutter ein, die in den letzten Jahren, als sie schon krank war, zur Nacht stets ein schönes Kleid anzog. Denn falls sie ins Krankenhaus müsste, wäre sie zumindest fein angezogen. Sie starb dann an einem Abend gut gekleidet in ihrem dicken Ohrensessel.

Jeannette, die vor mir eintritt, winkt mich zu sich heran und weist mir den Platz neben sich zu. Ich rolle meine Pandanusmatte aus, zupfe mein orangefarbenes Stammeskleid zurecht und ziehe meine braune Strickjacke aus, die ich nun unter meinen Kopf zusammenknautsche. Die leichte Wolldecke lege ich nur über meine Hüften.

Die Luft ist voller Gerüche, es riecht nach frischer Wäsche und Niaouliseife. Die Neukaledonier lieben den Duft von Niaouli, einer Myrte, die auf der Insel wächst und aus deren Blättern und Zweigen ein kräftiges Aromaöl gewonnen wird. Vom Geruch her ist es eine Mischung aus Kiefer und Kampfer, recht herb. Es soll wohl auch Insekten abwehren und Entzündungen schneller abklingen lassen.

Neben dem Niaouliduft weht der Rauch des Holzfeuers herüber. Jemand stochert immer mal wieder in der Glut, damit das Feuer nicht erlischt. Es ist ja auch die einzige Lichtquelle in der Hütte.

Der Lautpegel erinnert an ein wirres Bienensummen: Das Flüstern der Frauen mischt sich mit dem Murmeln der Männer

und dem Tuscheln der Kinder. Es säuselt und wispert mal hier, mal
da. Direkt neben mir streckt sich die ältere Frau aus, rollt sich auf
die Seite und nickt mir freundlich zu. Sie legt ihre beiden Hände
aufeinander, schiebt sie unter die Wange und schließt die Augen.
Draußen bellen heiser ein paar Hunde. Das monotone, beinahe
lustlose Kläffen lässt mich in den Schlaf sinken.

10

Weibliches Taroblatt und männliche Yamswurzel

In der Nacht wache ich mehrmals auf. Es ist hart auf der Matte, mein Rücken tut weh. Am bequemsten liegt es sich auf dem Bauch. Nach einer Weile zieht es fürchterlich im Nacken, meine Strickjacke ist eben kein Kopfkissen. Immer wieder setze ich mich schlaftrunken auf, um meinen Gliedmaßen zur Erholung eine andere Haltung anzubieten.

Bis Mitternacht kommen noch Nachzügler, und auch wenn sie vorsichtig die Tür öffnen, knarrt sie heftig. Hin und wieder schleicht auch jemand raus, wahrscheinlich um die Toilette aufzusuchen, die sich am Waldrand befindet – ein Bretterverschlag mit einfachem Plumpsklo. Und nach einigen Minuten öffnet sich die Tür wieder.

Beim ersten Hahnenschrei kriechen die Ersten unter ihren Decken hervor, rollen das Nachtlager zusammen, steigen geübt über die Schlafenden hinweg und legen ihre Mattenrolle an die Seite der Rundhütte.

Immer wenn die Tür einen Spalt weit aufgeht, ergießt sich blau-rosa das Morgenlicht in den Schlafsaal. Schließt sich die Tür, ist es wieder dunkel, bis auf die feurige Glut, die am Glühen gehalten wird.

Irgendwann in der Frühe geht es zu wie im Taubenschlag. Ohne dass ein Wecker klingelt, erheben sich nach und nach mehrere noch recht müde Gestalten und verschwinden nach draußen. Irgendwann bleibt die Tür weit geöffnet, die Morgensonne scheint in die Hütte und füllt den Raum mit ihrem gleißenden Licht.

Nach einer Weile leert sich die Hütte. Lediglich die Mütter mit ihren kleinen Kindern bleiben noch liegen. Die Hände unterm Kopf verschränkt, dösen sie vor sich hin, scheinen zu warten, bis sich die Kleinen von selbst regen und bemerkbar machen. Drüben sehe ich noch einige Alte verweilen, die nicht mehr gut laufen können.

Ich genieße dieses heimelige, behagliche Gefühl, liegen bleiben zu können, und erinnere mich an meine Kindheit, als die Mutter ins Zimmer kam, um den Ofen zu heizen. Ich höre noch das klirrende Schrauben, um die Ofentür zu öffnen, das Scharren, um die Asche herauszunehmen, das Entzünden des Streichholzes, um ein Papier und einige Holzscheite anzufachen. Nach einer Weile das dumpfe Poltern der Kohlen, die hineingeworfen wurden. Kurz danach lief in der Küche mit hellem Surren die Kaffeemühle, und spätestens das war das Signal, dass ich gleich geweckt würde, obwohl ich schon längst wach war. Doch ich wünschte damals schon, dass die verbleibende Zeit im Bett sich noch unendlich ausdehnen ließe. Ein angenehmes Gefühl, ich wusste, das Frühstück stand bereit, das morgendliche geschäftige Klappern gab mir die Gewissheit, umsorgt zu werden.

Die Situation jetzt lässt sich mit dieser Zeit nicht vergleichen, doch erinnere ich mich daran, als ich mich, eingepackt in meine

Decke, ausruhe und weiß, dass auch für mich gesorgt wird, dass das Frühstück für mich und die im *tribu* Verbliebenen vorbereitet ist.

Von den ungefähr dreißig Schläfern sind noch eine Handvoll in der Hütte. In meiner Nähe drei Frauen mit ihren Kleinkindern und ein Junge, der einen bandagierten Fuß hochlagert und nicht zur Schule geht. Da der Junge die ganze Zeit zu mir herüberschaut, robbe ich zu ihm.

»Wie ist denn das passiert?«, frage ich.

»Beim Reifenrennen. Bin gestolpert und umgeknickt.«

»Reifenrennen? Wie geht das!«

»Du nimmst einen alten Autoreifen, den musst du mit zwei Stöckern vorwärtstreiben. Den einen Stock hältst du links, den anderen rechts. In der Mitte befindet sich der Reifen. Wenn man es schafft, den gerade zu halten, was nicht leicht ist, dann rollt er extrem schnell. Jeder hat einen Reifen, und wir rennen damit um die Wette. Irgendwo bin ich über eine Wurzel oder einen Stein gestolpert. Der Fuß ist nicht gebrochen, aber verstaucht und tut ziemlich weh.«

Daniel ist elf Jahre alt, ein munteres Kerlchen, kräftig und durchtrainiert, mit wachen Augen, kurzgeschorenen Haaren und leicht abstehende Ohren. Ein bisschen nervös zupft er mit Daumen und Zeigefinger an seinem hellgrauen T-Shirt. Es nervt ihn sichtlich, liegen bleiben zu müssen, viel lieber würde er rausrennen, um wieder herumzutollen.

Auf mein Nachfragen erzählt Daniel, dass er die Schlafhütte gern mag. Da treffen sich Freunde, Cousins, auch andere Angehörige. »Meine Mutter ist oft hier, sie liebt es, weil sie Neuigkeiten erfährt. Sie sitzt da drüben, mit meiner kleinen Schwester, die in ein rosa Tuch eingewickelt ist.«

Ich schaue hinüber, ein kleines lockiges Mädchen liegt auf dem Rücken, Ärmchen angewinkelt zum Kopf gestreckt, die Mutter hockt daneben und plaudert mit anderen Müttern.

»Warst du beim Arzt?«, frage ich Daniel.

»Ja, bei Toutou, der kümmert sich um solche Sachen.«

»Wer ist Toutou?«

»Der Medizinmann von unserem Stamm der *Gaica*. Wenn du Schmerzen hast, Toutou hockt da drüben.«

Das lasse ich mir nicht zwei Mal sagen, denn ich habe noch nie einen Medizinmann getroffen. Vorsichtig über die noch verbliebenen Matten steigend, nähere ich mich dem großen, hageren Mann. Sein Bart sieht eigenartig aus, er ist in zwei Hälften geteilt und an beiden Enden zusammengezwirbelt. Die Stirn des Mannes ist stark nach vorn gewölbt, seine Nase scheint länger als die der anderen Kanak zu sein. Er trägt einen blauen Umhang, darunter eine helle Leinenhose und ein helles Hemd. Gerade ist er damit beschäftigt, Palmenblattsteifen zu verknoten.

»Entschuldigung, darf ich fragen, was Sie da machen?«

Toutou hält inne, schaut auf und fixiert mich mit seinen braunen Augen. Dann erklärt er, dass er ein Orakel herstellt, *pwue* genannt: »Damit kann ich die Zukunft lesen. Wenn du magst, kann ich auch in deine Zukunft schauen?«

Entschieden schüttle ich den Kopf. Ich fürchte mich vor den schlimmen Dingen, die mir möglicherweise vorausgesagt werden. Da sitzt dann doch der Aberglaube in mir. Deshalb habe ich Angebote von Handleserinnen oder Kartenlegerinnen bislang immer ausgeschlagen.

Ich versuche ihm meine Angst zu erklären. Er hört nicht richtig hin, lässt vier Palmenstreifen durch seine Finger gleiten und beginnt scheinbar wahllos, Knoten in die Fasern zu knüpfen, während er leise summt und vor sich hinmurmelt. Dann hält er inne und beginnt die Knoten zu zählen. Jede Verknüpfung präsentiert einen geistigen Helfer, der ihm Einsichten übermittelt.

Nach einer Weile hebt Toutou den Kopf und schaut mich an. Mit einem Blick, der von weit, weit herkommt: »Ich habe mir gerade deine nächsten Jahre angeschaut, du musst dich nicht in Acht nehmen. Du kannst in vollen Zügen leben und genießen. Du kannst beruhigt sein.«

Ich wüsste zwar nicht, wovor ich mich hätte in Acht nehmen sollen, aber da ich das gar nicht wissen möchte und er mir signalisiert, dass aus seiner Sicht keine persönlichen Katastrophen zu erwarten seien, bin ich erleichtert.

Toutou scheint immer noch das Orakel über meine Zukunft zu befragen, knotet und brabbelt weiter vor sich hin. Ich ziehe es vor, mich wieder Daniel zu widmen.

»Tut dein Fuß noch sehr weh?«, frage ich den Jungen.

»Ja, deshalb soll ich den Fuß still halten, dann wird alles gut, hat Toutou gesagt.«

Der Medizinmann mischt sich ein, und ich erfahre mehr über seine Sicht auf Krankheiten und Verletzungen. Für ihn ist klar, dass die Jungen zu »überschwänglich« gespielt haben, sie seien »hochmütig« gewesen.

»Weißt du«, werfe ich ein, »dazu gibt es ein deutsches Sprichwort. Wenn jemand über die Stränge schlägt, sagt man: Hochmut kommt vor dem Fall.«

»Das trifft es sehr gut!«, ruft Toutou.

Die Verletzung ist nach seiner Ansicht eine Botschaft der Ahnen. »Die Ahnen wachen über die Lebenden, sie können diese nicht nur beschützen und ihnen helfend zur Seite stehen, sondern auch über sie richten und ihnen Schaden zufügen. Sie verordnen sozusagen Verletzungen, Unfälle und Krankheiten.«

Kein Unglück, keine Krankheit wird von den Kanak als Zufall angesehen, sondern als Aufgabe, die von den Ahnen gestellt wird. Im Laufe der Genesung soll der Betroffene an Stärke und Kraft gewinnen und seinen Körper besser kennenlernen.

Deshalb bekommen Kinder von den Ahnen öfter gesundheitliche Aufgaben gestellt, um daran zu reifen und zu wachsen. »Und wenn ein Kind während einer Krankheit stirbt«, erklärt Toutou, »holen die Ahnen das kleine Wesen zu sich, um es vor weiteren Schwierigkeiten zu bewahren.« Sie schlussfolgern, dass es zu schwach sei für dieses Leben, und wollen ihm eine neue Chance geben. Das heißt, jene Kinder, aber auch Erwachsene, werden später als Pflanze oder Tier wiedergeboren, um dann besser mit dem Leben zurechtzukommen.

Die Kanak glauben daran, dass Verletzungen, Unwohlsein und Krankheiten die daran Leidenden in eine Übergangsphase versetzen, in der sie sich zwischen den Menschen befinden, die sich wohl fühlen, und jenen, die im Reich der Toten weilen. Dabei bedeutet Wohlfühlen nicht unbedingt Gesundsein, denn es gibt auch chronisch Kranke, denen es einigermaßen gut geht.

»Aber es ist für mich auch selbstverständlich, einen Arzt zu holen oder den Patienten in ein Krankenhaus zu fahren, wenn ich nicht weiter weiß,« ergänzt der Alte. »In Nouméa gibt es dafür gute Möglichkeiten. Man sagt, die medizinische Versorgung sei fast so wie in Europa. Ich kann das nicht beurteilen, denn ich kenne Europa nicht.«

Was Daniel angeht, hat Toutou mit sicherem Blick »gesehen«, dass es sich um eine Verstauchung und nicht um einen Knochenbruch handelt und er als Medizinmann die Verletzung selbst behandeln kann.

»Ich halte meinen Fuß wirklich still«, beteuert Daniel. Doch obwohl er nicht in die Schule gehen darf, muss er sich dennoch zu Hause nützlich machen. Zurzeit hilft er seiner Mutter dabei, *tapa* zu schlagen. Da der Junge dabei stillsitzt und nur die Arme bewegt, war Toutou mit dieser Arbeit einverstanden

»Du weißt sicher nicht, was *Tapa* schlagen ist«, sagt Daniel.

»Nein, aber vielleicht kannst du es mir zeigen?«

Da seine Mutter immer noch ins Gespräch mit den anderen vertieft ist, erhebt sich Daniel vorsichtig, ohne ihr Bescheid zu geben, und rollt seine Matte zusammen. Ich tue es ihm gleich, klemme sie aber unter den Arm, da ich nur zu Gast bin und sie Jeannette am Abend zurückgeben werde.

Geduckt laufe ich durch den niedrigen Eingang, richte mich auf und bin geblendet von der Helligkeit des angebrochenen Tages.

Auf dem Platz vor der Hütte steht ein Frangipanibaum, aus dem gerade weiße Blüten wie leuchtende Sterne herabregnen. Es geht ein leichter Wind, der die Blüten von den Ästen zupft. Unter dem Schwatzbaum sehe ich die ältere Frau von gestern Abend stehen. Kraftvoll schlägt sie mit einem spitzen Eisenstock auf eine Kokosnuss, bis sich die äußere Schale aufbrechen lässt. Das Aufbrechen knirscht fürchterlich und klingt, als würde jemand eine verrostete Tür öffnen. Mit gezielten Machetenhieben zerteilt sie die Nuss in zwei Hälften, greift sich eine Hälfte und setzt sich rittlings auf einen Hocker. Es ist ein spezieller Hocker mit einer Reibevorrichtung, einem Schaft, über den sie die Nuss rhythmisch hin- und herschiebt, damit das Fruchtfleisch in feinen Flocken in die daruntergestellte Schüssel fällt. Als sie mich sieht, legt sie die Kokosnusshälfte zur Seite. »Möchtest du frühstücken?«

»O ja, nichts lieber als das!«

»Ich auch!«, ruft es hinter mir. Daniel hüpft, gestützt auf Krücken, herbei.

Die Frau stemmt ihre Hände auf die Oberschenkel, erhebt sich mühsam, geht ein paar Schritte und bleibt unvermittelt stehen. Ein kleiner Landkrebs, der vergebens sein Schlupfloch sucht, krabbelt vor ihr über die Wiese. Sie nimmt den kleinen Krebs in die Hand und setzt ihn vor einer Erdhöhle ab. Im Nu ist das Tierchen darin verschwunden. Dies ist nicht nur eine barmherzige Geste gegenüber niederen Kreaturen: Wie sie mir anschließend erzählt, könnte der Krebs ein durchreisender Geist eines Ahnen sein. Nie käme es den Kanak in den Sinn, auch noch so kleine Tiere zu zertreten.

Dann schlurft sie in die Gemeinschaftsküche und kommt mit einer Kanne Kokoswasser sowie einem Teller mit gekochten Süßkartoffelscheiben, Maniokstücken und gesalzenem Fisch zurück: »Das Frühstück ist fertig!«

Daniel macht sich gleich über den Teller her. Auch ich bin ziemlich hungrig, frage aber, ob ich nicht etwas Brot und Konfitüre haben könnte, da ich morgens gern Süßes esse. Brot gibt es nicht, dafür bringt die Alte ein Glas Honig, mit dunklem Honig von wilden Bienen, den ich über das Gemüse tröpfle, um Süßkartoffeln und Maniok einen samtigen Geschmack zu geben. Und gegen all meine Frühstücksgewohnheiten mümmle ich dazu getrockneten Kabeljau, trinke in kleinen Schlucken Kokoswasser; Kaffee oder Tee ist nicht vorgesehen. Ich unterdrücke mein Verlangen nach einem heißen Getränk. Mein Magen wundert sich über die ungewohnte Mischung am Morgen und sendet das Signal: Nicht zufrieden, aber satt.

Ich lehne am Litschibaum, ziehe die Beine an meinen Körper, umschlinge die Knie mit meinen Armen. Die ältere Frau sitzt neben mir, auch entspannt, aber natürlich in der üblichen Position: ausgestreckte Beine, durchgedrückter, gerader Rücken, die Hände liegen im Schoß des Missionarskleides.

Sie ergreift die zweite Kokosnusshälfte und fängt an, weiter das Fruchtfleisch herauszuraspeln. Von der Geschäftigkeit angesteckt, schnappt sich Daniel einen anderen Hocker ohne Schaft und nimmt an dem schmale Tischchen Platz, auf dem ein orangefarbenes faseriges, grobes Tuch liegt. Er ruckelt sich auf dem Hocker zurecht, sodass er bequem sitzt, nimmt die neben ihm liegende Keule, einen getrockneten, verholzten Maiskolben und beginnt mit schnellen Schlägen das Stück zu bearbeiten. Nach einer Weile taucht er das Tuch mehrmals in Wasser, wohl damit es geschmeidig bleibt.

»Das ist ein *tapa*. Tapas sind Stoffe aus der Baumrinde eines Maulbeerbaumes«, erklärt er, ohne sein Klopfen zu unterbrechen. Die Rinde wird durch das Hämmern und Walken weich und dünn und kann anschließend gut verarbeitet werden. Jahrhundertelang kannten die Kanak nur Tapas als Stoff, der sich angenehm an die Haut anschmiegt, sich gut trägt – und doch über einen wesentlichen Nachteil verfügt: Er verträgt keinen Regen. Wenn es regnete, mussten sich die Menschen früher schnell ausziehen, um Hosen,

Hemden, Kleider ins Trockene zu bringen. Denn sobald ein Tapa nass wird, verliert er seine Form und löst sich nach und nach auf.

Heutzutage werden Tapastoffe überwiegend für Inneneinrichtungen verwendet, als Tischdecken, Laken, Vorhänge, Kissenbezüge. Auch mein Laken in der Schlafhütte war ein Tapalaken – es war gröber als Leinen, nun weiß ich, dass ich auf einer Maulbeerbaumrinde gelegen habe.

Früher wollten die Kanak den Touristen zeigen, wie sich die Menschen einst gekleidet haben. Manche Urlauber fanden das »exotisch« und wollten ebenfalls aus Tapas gefertigte Kleidung tragen, um für ihre Fotos zu posieren. Nach manch längerem Spaziergang in der Regenzeit, stand dann mancher Urlauber in Boxershorts oder in Tangas und BH da, an denen nur noch Faserreste klebten.

Die Ältere schabt, einer Meditation gleich, versunken weiter ihre Kokosnusshälfte hin und her. Der Junge klopft in langsamer werdenden Schlägen. Um uns herum gackern ein paar Hühner, kläfft ein streunender Hund, ansonsten ist es ruhig im Dorf. Alle sind ausgeflogen und gehen ihrem Tagwerk nach. Lediglich zwei Mütter mit ihren Kleinkindern und eine Schwangere lehnen wie ich unterm Litschibaum, an dessen meterbreitem Stamm viele Leute Platz haben.

Gewiss ist das Leben hier alles andere als leicht, vor allem weil es körperlich anstrengender ist als in der Großstadt und die Natur als Arbeitgeber keinen pünktlichen Feierabend vorsieht, keine Überstunden bezahlt und auch sonntags nicht frei gibt, besonders wenn Erntezeit ist. Dennoch wirken die Menschen sehr zufrieden. Der Alltag in der Stammesgemeinschaft ist klar geregelt, und diese Regelungen werden kaum in Frage gestellt.

Es entspricht auch nicht ihrer Kultur, Fragen zu stellen oder sich Gedanken darüber zu machen, was sie tun und ob es nicht vielleicht noch ein besseres Leben gäbe. Das betrifft nicht nur den Alltag, sondern vor allem auch die Beziehungen der Frauen und Männer untereinander.

Natürlich bin ich durch mein Aufwachsen in Berlin viel zu sehr geprägt, als dass ich mir vorstellen könnte, mit einer Kanakfrau zu tauschen. Doch von der klaren Struktur, wie Frauen und Männer miteinander umgehen, was sie zu tun oder zu lassen haben, geht für mich eine Faszination aus. Möglicherweise liegt es daran, dass Traditionen gelebt werden, und das ohne grundlegende Abweichungen.

Ich spreche darüber mit der älteren Frau, die, wie ich nun erfahre, Waimalo heißt. Auch wenn ich nicht sicher bin, ob sie versteht, was ich meine.

»Ich denke nicht darüber nach, ob es gut oder nicht gut ist, wie wir leben«, meint sie. »Es fühlt sich für mich jedenfalls nicht schlecht an. Das Wichtigste ist, in der Familie, im Stamm aufgehoben und geborgen zu sein. Für mich läuft das Leben darauf hinaus, dass man zurechtkommen muss mit sich selbst und mit der Gemeinschaft.«

Ich schmunzle: »Ein Philosoph hätte das nicht besser auf den Punkt bringen können!«

»Ein Philosoph? Ach was«, sie schüttelt den Kopf, legt die Kokosnussschale zur Seite und wischt sich die klebrigen Hände an einem Küchentuch ab.

»Was eigentlich bedeutet Frausein für dich?« hake ich nach und bin überrascht, dass sie, bereit darauf einzugehen, die Finger beider Hände ineinander verschränkt und ihr Kinn darauf abstützt: »Frau sein bedeutet Taro.«

»Taro ist doch eine Gemüsewurzel. Was hat das damit zu tun?«

»Bei uns Kanak werden Frauen und Männer jeweils einer Pflanze zugeordnet: Frauen der feuchten Wasserpflanze Taro, Männern der eher trockneren Yamswurzel.« Sie erzählt mir, dass nach der Vorstellung der Ureinwohner alle Menschen hierzulande durch eine göttliche Geste entstanden seien. »Der Schöpfer hat einst zwei eingewickelte Erdklumpen ins Meer geworfen. In den einen war ein Taro-Blatt, in den anderen eine Yamsknolle gewickelt. Aus diesen beiden Brocken hat sich das weibliche und männliche Leben entwickelt.«

»Das ist deine Erklärung dafür. Aber sind auch alle Aufgaben untereinander vorgegeben?«

Sie zeigt sich erstaunt: »Aber das ist doch alles selbstverständlich. Da die Frauen die Kinder gebären, sind bestimmte Aufgaben gegeben. Wenn zum Beispiel ein Paar bei uns heiratet, bekommt die Frau zur Hochzeit Streichholzschachteln geschenkt, was bedeutet, dass ihr Platz am Herd ihres Mannes ist.«

»Bei uns könnte das auch umgekehrt sein«, entgegne ich.

»Irritiert dich das nicht, wenn man alles so oder so, also immer wieder auch anders entscheiden kann? Ich stelle mir das anstrengend vor, wenn man ständig die Wahl hat.«

»Die Wahl zu haben und mich zu entscheiden, was gerade das Beste für mich ist, finde ich gut. Ich mag es auch, wenn ein Mann die Wäsche wäscht und Babys wickelt. Aber du hast recht, es kann auch anstrengend sein, zwischen Frau und Mann in einer Partnerschaft Aufgaben zu verteilen.«

»Männer kochen bei uns aber auch. Doch das ist klar verteilt. Fisch und Fleisch bereiten die Männer zu, um Gemüse und Obst kümmern wir Frauen uns. In Nouméa mag das anders sein, aber in großen Städten herrscht sowieso ein chaotisches Leben.«

Waimalo gräbt ihre dunklen, rauen Finger in die Schüssel voller Kokosnussflocken.

»Das müsste reichen«, sagt sie zufrieden.

»Wofür?«

»Heute Abend gibt es ein schönes Essen. Ein Gericht, das wir *bambi* nennen. Darin werden alle Zutaten vermengt und zusammen gekocht: Zwiebeln, Karotten Petersilie, grüne Bohnen, Kohl, alles zuvor natürlich klein geschnitten. Der Fisch auch, der wurde filetiert.«

Gemüse und Reisnudeln liegen schon in der Gemeinschaftsküche bereit, nur welchen Fisch es geben wird, hängt davon ab,

was die Männer, die am Morgen zum Angeln auf das Meer hinaus-
gefahren sind, fangen werden.

»Wo liegen eure Taroterrassen? Kannst du mir eine zeigen?«

Waimalo nickt. Offenbar ist sie dankbar für etwas Bewegung,
schlüpft in ihre Schlappen, ich folge ihr. Zunächst überqueren wir
ein großes Feld, auf dem birnenförmige Papayas und gelbe Man-
gobäume wachsen. Dahinter liegt ein Ackerboden mit meterhohen Pflanzen, die büschelweise aus feuchten Mulden wachsen.
Ein großes herzförmiges Blatt ragt wie ein Sonnenschirm aus jeder Taropflanze. Darunter ranken sich weitere, ähnlich große satt-
grüne Blätter, an denen kleine Wassertropfen perlen.

»Es gibt übrigens eine Geschichte«, erzählt Waimalo. »Drei Taroblätter einer Pflanze symbolisieren drei Frauengenerationen –
Großmutter, Mutter und Tochter. Und weil sie alle drei sehr fleißig sind, schwitzen die Pflanzenblätter aus Mitgefühl. Deshalb
gibt es die Tropfen. In Wahrheit jedoch gibt die Pflanze Feuchtig-
keit ab, damit die Nährstoffe transportiert werden.«

Waimalo zieht für mich einige dunkle Taroknollen heraus, lässt
die Blätter dran und klopft die Erde ab. Die Knolle selbst ähnelt
der Ingwerwurzel, nur ist sie eben größer. Manche sind fast so lang
wie meine Hand. Doch sie wirken enttäuschend klein im Vergleich
mit den wuchtigen, dicken Yamswurzeln, die einige Kilos auf die
Waage bringen und beim *faire la coutume* der Hingucker sind.

Sechs dieser für mich exotischen Gewächse legt Waimalo in
ihren geflochtenen Pandanuskorb. »Für unser Mittagessen!«

In der Gemeinschaftsküche dann schneidet sie die pelzige, braune Schale der Taroknolle ringsherum ab. Es kommt weißes Fruchtfleisch zum Vorschein. Dann werden Blätter und Stiele kleinge-
hackt: »Da musst du aufpassen, roh sind sie giftig, erst gekocht
kann man sie essen.«

Der Herd besteht aus zwei Eisenstangen, die parallel zueinan-
der in zwei Betonklötzen stecken. Auf diesem provisorisch anmu-

tenden Gestell stehen Töpfe und Pfannen. Darunter brennt ein Holzfeuer. Zunächst kocht Waimalo die Knollen auf. Dann schüttet sie das Wasser weg und kocht sie noch einmal in frischem Wasser, da die Tarowurzel eine Substanz enthält, die zu Halskratzen führen kann. Anschließend köchelt das »Frauengemüse« eine Stunde in Salzwasser, bis es weich ist.

Danach rührt Waimalo Reis-und Maismehl mit Wasser zu einem weichen Teig, püriert die Tarowurzeln, knetet die Masse unter und formt daraus geschickt kleine Bällchen. Palmzucker und Salz löst sie im Kokoswasser auf, gibt eine Handvoll Kokosraspeln dazu und kocht die Tarobällchen abschließend in der Sauce.

Dazu wird ein Salat aus gedünsteten, kleingeschnittenen Zwiebeln und gehäckselten Taroblättern zubereitet, eine Beilage, die an Spinat erinnert. Ich koste die ersten fertigen Bällchen, die nach Kartoffeln und Esskastanien schmecken.

Als alles vorbereitet ist, stellt Waimalo das Essen auf eine Steinplatte zum Nachziehen, denn es wird noch dauern, bis alle Mitglieder des Stammes eintreffen, sehr hungrig natürlich, wie jeden Abend.

11

Dem Himmel
so nah

Die Luft liegt schwer über dem Dorf. Kein Lüftchen regt sich, es ist, als ob der Wind tief und fest schläft. Am Abend kommt Jeannette mich abholen. Wir fahren zurück auf ihr Anwesen. Sie holt eine rot-weiß karierte Matte aus dem Schuppen – keine hellbraune Pandanusmatte, wie sie mir inzwischen lieb und vertraut geworden ist. Diese ist ein Billigprodukt aus China. Mich stört die quietschrote Lackfarbe, dann spüre ich die Steifheit und Härte des Materials und stelle fest, dass dieses Gebilde aus abwaschbarem Plastik besteht.

»Jeanette, diese Matte ist sicher praktisch und leicht zu reinigen«, werfe ich ein, »aber unter ökologischen Aspekten finde ich das nicht so gut. Warum hast du eine künstliche Matte gekauft?«

»Weil ich keine Zeit habe, etwas zu flechten«, entgegnet sie.

»Warum kaufst du sie nicht den Frauen ab, die sie herstellen?«

»Es wäre komisch, wenn ich in meinem Stamm anderen Frauen Matten abkaufe. Es wäre, als ob du deiner Tante Geld gibst, um Familienfotos zu bekommen.«

Damit ist das Thema für sie erledigt. Ihr Blick nach oben signalisiert mir: Statt sich jetzt über den Wert oder Unwert von Plastik zu unterhalten, wäre es wichtiger, die Wäsche reinzuholen. Denn die Wolken am Himmel haben sich zu dicken schwarzen Haufen zusammengeballt – es sieht nach Regen aus. Wir erheben uns, flitzen zum Wäscheplatz hinüber, zupfen die Holzklammern von der Leine und werfen uns die einzelnen Stücke über die Schultern: Bettlaken, Kopfkissen, Handtücher, ihr rotes und mein orangefarbenes Missionarskleid. Kaum erreichen wir die Terrasse, geht die Welt unter.

Es schüttet wie aus Eimern. Konnte ich eben noch in den Garten schauen, taucht der Regen nun die Palmen in einen türkisfarbenen bis grauen Dunst. Dicke Tropfen prasseln aufs Dach, so heftig, wie es nur der Sommerregen der Südsee vermag. Es gießt und gießt und will gar nicht aufhören. Fasziniert beobachte ich dieses Naturschauspiel, sehe, wie sich die Farben der Luft verändern, mal sieht die Regenwand vor der Terrasse grau-gelblich aus, dann wieder tiefblau bis schwarz. Ab und zu flimmern matte, milchige Sonnenstrahlen durch den wabernden, wässrigen Nebel und tauchen ihn in ein fluoreszierendes Licht.

Am Horizont erkämpft sich schließlich die untergehende Sonne ein Schlupfloch in der Wolkendecke und färbt den Himmel grauorange, wie ich es von NASA-Fotos kenne, die Sonden vom Mars zur Erde sendeten. So gern ich auf einem anderen Planeten beobachten möchte, wie die Sonne auf- oder untergeht, so bedrohlich würde ich es finden, sie vor einem orangefarbenen Himmel wie auf dem Mars zu sehen. Wie liebe ich unser Firmament, nun ja, wenn es schön blau und nicht gerade wolkenverhangen ist und der Regen niederprasselt.

Jeannette versucht mich zu beruhigen: »Auch wenn der Regen heftig ist, hält er selten lang an, und er ist meist auch nicht auf der gesamten Insel präsent. Es sei denn, ein Zyklon ist im Anmarsch. Aber das hätte sich sofort herumgesprochen, dann gibt es nämlich entsprechende Warnungen. Meist sind solche Wolkenbrüche lokale Angelegenheiten.«

Sie zündet sich eine Zigarette an, wirkt müde und erschöpft.

»Wie war die Arbeit heute?«, erkundige ich mich.

»Du hast unseren Flughafen gesehen, der ist wirklich klein. In der Abfertigungshalle muss deshalb jeder alles machen können, je nachdem, was anliegt.«

Jeannette steht meistens am Infostand, berät Touristen, die wissen wollen, wie sie zu ihrem Hotel kommen oder wo es freie Unterkünfte gibt, und begleitet Ankommende zur Autovermietung.

Wenn zwei Maschinen gleichzeitig landen, ist die Halle überfüllt: Manch einer will Kaffee trinken, andere wiederum laufen zum Souvenirstand, um Postkarten, Briefmarken oder Strandtücher zu kaufen. Jeannette beklagt, dass immerzu alle alles gleichzeitig wollen: »Ich frage mich, warum die Leute in ihrem Urlaub gestresst sind und unter Zeitdruck stehen. Kannst du mir das erklären?«

»Na ja, sie haben lange auf die Reise gespart und wollen in der kurzen Zeit so viel wie möglich sehen und erleben.« Wer Geld und Urlaubstage für die Ferien aufspart, hat natürlich hohe Erwartungen, da soll der Urlaub möglicherweise für etwas herhalten, was sonst zu kurz kommt oder gänzlich fehlt. Vielleicht soll eine Reise auch Trost für eine monatelange Anspannung im Job sein.

Sie zieht an ihrer Zigarette: »Ich hoffe, dass sich die Leute zumindest in unserer *Notre Dame de Lourdes* hinsetzen und mal durchatmen.«

»Von dort bin ich übrigens geflüchtet, als ich ein Kreuzfahrtschiff ankommen sah. Ich fürchtete, dass im Nu alle Passagiere zur Kirche pilgern und es mit der Besinnlichkeit vorbei ist. Wenn nicht gerade Massen hinströmen, ist es ein wunderbarer Ort ist, um zu sich zu kommen.«

»Zu dir zu kommen?«, fragte Jeannette und runzelt die Stirn.

»Wo bist du denn sonst?«

»Kennst du den Ausdruck nicht?«

Sie schüttelt den Kopf.

»Das beschreibt, dass man seinen Bedürfnissen nachspürt. Dazu kommt man häufig nicht, weil man zu viel um die Ohren hat. Im Alltag geht es mir oft so – ich esse nicht, obwohl ich Hunger habe, mache weiter, obwohl ich erschöpft bin, bleibe abends wach, obwohl ich müde bin, weil ich so viel wie möglich schaffen will.«

Ich erzähle von meinen Beobachtungen, von jenen Urlaubern, die bei einer schönen Aussicht oder während anderer wunderbarer Momente nicht innehalten, nicht genießen, sondern reflexartig nach dem Handy greifen, um zu fotografieren. Um dann gleich nach dem nächsten Motiv Ausschau zu halten und auch das folgende Bild gleich wieder über WhatsApp oder Threema zu versenden.

»Du weißt, dass Bergé zu einer Gefängnisstrafe von sechs Monaten verurteilt wurde?«, fragt sie.

»Was hat das damit zu tun?«

Ich erfahre: Vor einigen Jahren betraten zwölf Touristen seinen *tribu*. Dass sie nichts vom *faire la coutume* wussten, konnte er zunächst verzeihen, offenbar waren sie schlecht auf die Reise vorbereitet. Aber dass sie in seinen Stamm kamen, zu seiner Rundhütte latschten, ohne ihn zu grüßen, ohne irgendetwas zu sagen, war unhöflich. So als ob jemand bei einem zu Hause über den Zaun klettert, im Garten steht und über die Beete läuft – nur haben die Kanak keine Zäune als Markierung. Schlimmer noch war, dass sie wie besessen ihn, seine Hütte und die Holzfiguren fotografierten. Als einer dann auch noch mit einer Kamera zu filmen anfing, ist Bergé ausgerastet, hat ihn verprügelt und dabei ihm das Nasenbein gebrochen. Natürlich sei das nicht in Ordnung, meint Jeanette, aber sie kann seine Wut nachvollziehen. Bergé wurde jedoch vorzeitig aus der Haft entlassen, weil sich andere Häuptlinge für ihn eingesetzt haben.

Als hätte der Wettermeister im Himmel einen Schalter umgelegt, hört von einer Sekunde auf die nächste der Regen auf. So, also ob man ein laut aufgedrehtes Radio abschaltet und durch die jäh eintretende Stille erschrickt. Jeannette und ich schauen uns erstaunt an.

Diese Nacht bin ich wieder in meiner Hütte, in meinem Doppelstockbett. Meine Augen ruhen auf den geflochtenen Bambuswänden. Das Muster der Flechtarbeiten wirkt im flackernden Kerzenschein wie ein sich ständig veränderndes Dekor. Einerseits bin ich müde und erschöpft, anderseits von all den Eindrücken des Tages aufgekratzt und munter. An Schlaf ist deshalb noch nicht zu denken, und so krabble ich aus meinem Doppelstockbett und trete in die Nacht hinaus.

Der Regen hat den Himmel reingewaschen, er ist sternenklar. Ich kauere mich vor die Tür und überlege, ob ich noch etwas herumspazieren sollte. Da fällt mir wieder die Warnung vor den Kobolden ein, die nachts Schabernack treiben, weshalb man nicht in den dunklen Wald gehen soll.

Geschichten von Kobolden, Hexen und anderen Fabelwesen habe ich nun des Öfteren gehört. Viele dieser Fabelwesen sind auch im Meer angesiedelt. Das rührt noch aus der Zeit, als man es bewusst unterließ, den Menschen hier das Schwimmen beizubringen. Viele der Älteren können nicht schwimmen. So sollte verhindert werden, dass sie ins Wasser gehen und sich den Gefahren des unberechenbaren Ozeans aussetzen. Außerdem heißt es, wenn man in einem Fischerboot säße, das kentert, sei die Chance zu überleben gleich null – und wer nicht schwimmen könne, gehe schneller unter und ziehe den schmerzhaften Todeskampf nicht in die Länge.

Das ist die Einstellung der Alten. Heutzutage gibt es Schwimmunterricht in den Schulen – ich habe ja selbst am Strand von Lifou beobachtet, mit welcher Freude Kinder Kraulen und Brustschwimmen lernen. Und wenn heutzutage ein Fischer in Seenot gerät, gibt es moderne Technik, um ihn zu orten und schnell zu bergen. Aber vor Jahrzehnten war das natürlich noch anders.

Ich mag die Sagen und Märchen der Kanak. Waimalo hatte mir auch erklärt, dass es untersagt ist, sich mittags Märchen zu erzählen, da einem sonst die Haare ausfallen würden. Märchen haben mittags nicht die gleiche Wirkung wie abends, wenn das Treiben des Tages verebbt, die Sehnsucht nach Geborgenheit wächst und man froh ist, nicht allein in der ach so gruseligen, dunklen Welt zu sein.

Zu Hause würde ich über all das nur schmunzeln. Hier schmunzle ich auch, achte aber dennoch darauf, mir in der Mittagszeit keine Märchen erzählen zu lassen, und verzichte auf nächtliche Waldspaziergänge. Seit ich Waimalos Begegnung mit dem Krebs erlebt habe, achte ich auch darauf, keinem kleinen Tier in die Quere zu kommen, geschweige denn darauf zu treten – ich möchte nicht den Ärger der Ahnen auf mich ziehen!

Ich erinnere mich an ein weiteres Märchen, das Waimalo in der Schlafhütte den Kleinen vor dem Schlafen erzählt hat. Es ging so:

Eine Ratte und ein Perlhuhn lebten in einem Dorf. Da es im Haus der Ratte nichts mehr zu essen gab, fragte sie eines Tages den Vogel: »Hast du Lust, mit mir angeln zu gehen?« Das Perlhuhn war zwar satt, langweilte sich aber, und so kam ihm die Abwechslung gelegen. Die beiden bauten aus Zuckerrohrschilf ein Floß und ruderten zum nahe gelegenen Riff. Dort warfen sie die Angeln aus, warteten und warteten, doch es biss einfach kein Fisch an. Das Perlhuhn, das keinen Hunger hatte, fand das nicht weiter schlimm, streckte sich aus und schlief ein. Die hungrige Ratte lief zurück zum Floß und fing an, das Zuckerrohr anzuknabbern, bis von dem Floß nichts mehr übrig war.

Da wachte das Perlhuhn auf und rief: »Du hast unsere Arbeit zerstört! Zur Strafe musst du jetzt hierbleiben, und ich werde nach Hause zurückkehren, denn im Gegensatz zu dir kann ich fliegen.«

Die Ratte fing jämmerlich zu weinen, denn sie sah keine Möglichkeit, selbstständig vom Riff fortzukommen, da die Flut das Wasser hatte ansteigen lassen.

Tief unten im Meer hörte ein Tintenfisch das Schluchzen, tauchte auf und fragte die verzweifelte Ratte, was denn passiert sei. Sie rief: »Ich bin allein und komme von hier nicht mehr nach Hause!«

Der Tintenfisch hatte Mitleid mit dem kleinen Wesen, ließ es auf seinen Rücken steigen und begann loszuschwimmen.

Die Ratte, dem Tode entronnen, wurde übermütig, lachte und tanzte wie verrückt, ohne Respekt vor ihrem Retter. »Was machst du da?«, fragte der Tintenfisch, denn es wackelte unangenehm auf seinem Rücken. »Nichts, es ist der Blick auf die Erde, der mich erfreut«, juchzte sie.

Dann kratzte die Ratte an dem Kopf des Tintenfischs. »Was machst du da?«, rief es von unten. »Nichts, ich finde nur deine Glatze so komisch!«, lachte sie.

Dann roch es mit einem Mal komisch. »Was machst du da?«, wollte der Tintenfisch wissen. »Nichts«, schallte es von oben, »ich habe mich nur über deinem Kopf erleichtert!«

Die Ratte amüsierte sich weiter und erschwerte ihrem Gönner das Schwimmen.

Der Tintenfisch merkte, dass er einer Undankbaren zur Rettung verholfen hatte und nun den Preis dafür zahlen musste. Rasend vor Wut wollte er das Nagetier abschütteln, doch es ging nicht, die Felsen verletzten seine langen Arme. Unter Schmerzen griff er nach einem spitzen Stock, der am Ufer trieb, und stieß damit das undankbare Tier von seinem Rücken in die Tiefe. Als Zeichen für andere, niemandem zu vertrauen, der nur an sich denkt, hängte er an das Hinterteil des Tieres eine Rute an. »Seitdem«, so schloss Waimalo, »hat die Ratte einen Rattenschwanz, der an diese Geschichte erinnern soll.«

Der Tintenfisch ist hierzulande ein beliebtes Fabelwesen. Kein Wunder, denn dieser pazifische Held hat es wirklich in sich und unterscheidet sich damit von seinen Gattungsgenossen in anderen Regionen. Normalerweise überfallen Tintenfische ihre Beute und packen sie mit all ihren acht Armen. Nicht aber der neukaledonische Draufgänger. Wenn dieser einen Krebs entdeckt, macht er sich platt, schleicht sich von hinten an, streckt vorsichtig einen seiner Arme über den Krebs, tippt ihn an und lauert mit den anderen sieben Armen auf der gegenüberliegenden Seite. Der erschrockene Krebs schnellt instinktiv zurück, will ausweichen und landet somit direkt in den Fängen des raffinierten Giganten.

Am nächsten Tag ist es endlich so weit: Ich darf Soan, »den Mann aus Lifou« treffen. »Wo werde ich dem *Atakoi* begegnen?«, frage ich Jeannette.

»Ganz in der Nähe, nur ein paar Häuser weiter. Du kennst doch die Bank mit dem einzigen Geldautomaten auf der Insel. Vermutlich wirst du dich jetzt wundern, aber Soan ist nicht nur Wunderheiler, er arbeitet auch als Büroangestellter.«

Ein Zauberer im Büro? Jeannette klärt mich auf. Um seinen Lebensunterhalt zu bestreiten, hat Soan ganz normal einen Job im Office. Außerhalb von Wé betreibt der *Atakoi* seine Praxis, sie liegt etwas versteckt, da er nicht im Fokus der Öffentlichkeit stehen möchte. Denn französische Ärzte rümpfen über seine Tätigkeit die Nase; sie glauben, dass er ein besonderes Einfühlungsvermögen besitzt, doch heilerische Fähigkeiten sprechen sie ihm ab. Deshalb achtet sogar die Polizei darauf, dass Soan mit seiner Zauberei kein Unheil anrichtet. Was nach Wissen der Eingeborenen bislang nie geschehen ist. Um sich ein gewisses Ansehen bei den Oberen zu sichern, nahm er das Angebot an, in der Verwaltung für das Schulwesen zu arbeiten.

»Eigentlich spricht der *Atakoi* nicht mit Fremden über seine Zauberei«, flüstert Jeannette, so als stünden wir neben ihm, und sie müsse mir noch eine wichtige Mitteilung machen. »Auch den Zauberstein darf er dir nicht zeigen!«

»Aber ich bin eine Fremde, was machen wir da?«, frage ich enttäuscht.

»Wir gehen zusammen hin und sagen ihm, dass du die Lifou-
Sprache lernen möchtest, bestimmte Wörter und Sätze mit deinem Diktiergerät aufnehmen willst ... für eine sprachwissen-
schaftliche Untersuchung. Die meisten von uns würden sich dafür
Zeit nehmen, wenn sie solch ein Interesse spüren.«

Dann machen wir uns auf den Weg. Ein paar Minuten zu Fuß,
dann, hinter dem Postamt sind wir schon am Ziel und stehen vor
einem hübschen weißen Holzhaus, das mit gestanzten Ornamenten und geschnitzten Ranken verziert ist.

Jeannette klopft leise an die Tür. Wir treten vorsichtig ein.
Hinter einem mit Karten bedeckten Tisch sitzt ein junger Kanak
und füllt mit ungelenken Schriftzügen ein Formular aus. Fragend
blickt er uns an.

»Ist Soan zu sprechen?«

Im selben Moment erscheint durch die kleine Tür im Hinter-
grund ein alter, freundlich wirkender Mann in hellgrauem Anzug
und schwarzem Hemd. Soan höchstpersönlich. Er fährt sich
durch das graue, krause Haar und verschränkt die Finger beider
Hände ineinander. Wie ein Magier sieht er nicht aus, denke ich
und schaue auf die ausgetretenen dunklen Sandalen, in denen seine schmalen, knochigen Füße stecken. Jeannette, die sonst über-
aus selbstbewusst wirkt, begrüßt ihn mit großem Respekt, der fast
schon an Unterwürfigkeit grenzt.

Immer wieder verneigt sie sich und senkt den Blick. In knap-
pen Worten weist sie darauf hin, dass ich eine Bekannte von Bergé
bin und die Kultur und Tradition der Kanak auf Lifou kennenlernen möchte. Dann geht sie einen Schritt zur Seite, damit ich für
das übliche *faire la coutume* in die Mitte des Raumes treten kann.
Ich betone meine Verehrung für den Zauberer, erkläre, dass ich es
eigentlich gar nicht verdient hätte, einem so großen Mann gegen-
überzutreten, schließlich sei ich eine Fremde. Innerlich muss ich

über meine absolute Ergebenheit schmunzeln. Dann lege ich Tabak, Feuerzeug und einen 1000-CFP-Schein zwischen uns auf den weiß gekachelten Fußboden. Soan verkürzt die Zeremonie, nickt und berührt die Geschenke.

Der Zauberer ist sichtlich erfreut über mein Interesse an seiner Heimatinsel und ihrer Sprache.

Ich hätte es nicht für möglich gehalten, schon am Nachmittag sitze ich bei ihm im Büro. Seinen Sekretär, der einzige Mitarbeiter in diesem kleinen Verwaltungsunternehmen, der sich auch um die Schulangelegenheiten kümmert, hat er nach Hause geschickt. Jeannette ist wider Erwarten nicht von meiner Seite gewichen, ich glaube, sie genießt es, den großen Meister auch mal anders zu erleben, eben nicht als Heiler, sondern als Lehrer.

Wie mit ihr abgesprochen, frage ich nun nach Vokabeln der Lifou-Sprache. Nichts Aufregendes geschieht. Zwar habe ich meine Freude an manchen Ausdrücken: etwa dass zwanzig *hi-sadean* heißt, also »Hände einer Person«, wobei die Zahl der Finger und der Zehen gemeint ist. Auch wenn meine erste Unterrichtsstunde ohne weitere Besonderheiten verläuft, ist sie für mich anstrengend genug, denn ich kann mir die neuen Wörter nur schwer merken.

Täglich nun finde ich mich bei Soan ein, immer nach offiziellem Dienstschluss nehme ich in seinem Büro Platz.

»Was heißt Weißer in der Lifou-Sprache?«

»*Tenyuwa.*« Soan besinnt sich einen Augenblick. »Das ist aber ein Wort für alle Fremden, auch für Chinesen, Japaner. Die Franzosen nennen wir *Ate-wiwi,* weil sie immer *oui, oui* sagen. Die Engländer heißen *Ate-papali* und die Deutschen *Ate-alemang.*«

»Wie heißen die Lifou-Leute selbst?«

»*Ate-wets* oder auch *Atinen-djehu.* Denn wir nennen unsere Insel nicht Lifou, sondern Djehu.«

Mit der Zeit beschränkt sich Soan nicht mehr nur darauf, mir Vokabeln beizubringen, sondern verknüpft sie auch mit Erläute-

rungen. Er zeigt mir die Prunkaxt, mit der er Zeremonien einlei-
tet, und erzählt davon, wie man dafür eine Fledermaushaarschnur
veredelt, wie sie durch langes Kochen vom Fett befreit und dann
mit Morinda-Rinde rot eingefärbt wird. Der Griff, *thindachib* genannt, besteht aus einer speziellen Holzart, die samt Grünstein
für die Klinge aus dem Süden von Grande Terre geholt wird. All
das erfahre ich nebenbei und taste mich langsam zu meinem ei-
gentlichen Anliegen vor: »Ich weiß von Bergé«, beginne ich vorsichtig und schlage einen feierlichen Ton an, »dass du über eine
große Macht verfügst!«

»Das stimmt. Ich bin ein *Tschinindjösino*, Zauberer und Arzt zugleich. Alle Lifou-Leute werden es dir bestätigen.«

»Das glaube ich dir gerne. Wie viele Leute hast du bis zum heutigen Tag geheilt?«

»Weiß ich nicht. Ich kann nur sagen, dass ich jedem helfen
muss, der zu mir kommt. Das ist meine Aufgabe, weil ich dazu die
Macht habe und sie auch entsprechend einsetze. Ich bin aber kein
gewöhnlicher Arzt wie so ein Doktor aus Frankreich. Der hat nur
men, nur Begabung, und ein paar Fähigkeiten. Ich aber habe *tschat*,
ich habe Macht!«

»Und woher hast du diese Macht?«

»Von der Eidechse.«

»Wie? Das verstehe ich nicht.«

»Die dunkelfarbige Eidechse *Thu* ist das Totemtier meines
Stammes und hat mir Stärke, Einfluss und Ansehen gegeben.«

Er erzählt mir, wie es dazu kam: Ein Urahn fing einst eine Eidechse, schlug ihr den Schwanz ab und sperrte sie in eine unreife
schwarze Kokosnuss. Wer das Fruchtwasser einer solchen Kokosnuss trinkt und dazu die Bestimmung eines Zauberers und Medizinmannes in sich trägt, auf den geht die Macht der Eidechse über.
Und so war es bei Soan: Er trank von diesem Kokoswasser und
reifte zu dem Mann heran, der er jetzt ist, mit all seinen Begabungen.

Die Urahnen vergangener Zeiten hatten mehr Macht als die heutigen Menschen und werden daher auch »mächtige Großväter« genannt. Nur Zauberer besitzen noch einen Teil dieser ursprünglichen Macht, die Stück für Stück schwindet. Soan befürchtet, dass seine Ururenkel unbedeutende Menschen sein werden, die kaum noch Kraft aus dem Kokoswasser schöpfen können. »Stattdessen werden sie nach Frankreich gehen, um dort Medizin zu studieren, und als gewöhnliche, in seinen Augen machtlose Ärzte zurückkommen.« Durch den Einfluss der Eidechse sei er allen anderen überlegen, und mit seiner Medizinkraft könne er eben Krankheiten besiegen.

Unter Medizin versteht Soan nicht das Heilmittel an sich, sondern die Wirkung, die vom entsprechenden Stoff im Heilmittel ausgeht. Die Heilkunst ist sein Hauptgebiet. Zunächst finde ich seine Erklärungen verworren, doch versuche ich seine Ansicht über das Wesen und die Heilung von Krankheiten nachzuvollziehen: Krankheiten entstehen seiner Überzeugung nach aus dem Leib unterhalb des Nabels und verbreiten sich von dort über Blut und Körpertemperatur. Der Krankheitsstoff ist eine schwarze Masse des Unterleibes, die ausgetrieben werden muss.

»Im Grunde kann ich alles heilen: Kopfschmerzen, Fieber, Schwellungen, Geschwüre, Darmkrankheiten, Grippe, Schmerzen aller Art.« Wenn jemand Schwindsucht hat, dann weiß Soan, dass seine Lunge nicht geschlossen ist, und wählt ein entsprechendes Heilmittel. Wenn jemand Wassersucht hat, dann hat sich Wasser aus einem Krankheitsstoff gebildet und füllt den Bauch.

Um den Krankheitsstoff zu entfernen, ritzt er mit einem Quarzsplitter den Körper des Kranken an bestimmten Stellen ein, damit Löcher entstehen, aus denen das Übel entweichen kann. Die Alternative wäre, zu diesem Zweck ein glühendes Holzstück auf die Haut zu setzen, bevorzugt auf den Arm, und dem Kranken Narben einzubrennen. Hin und wieder sieht man bei manchen älteren Kanak solche Brandnarben. Inzwischen ist es auch bei gesunden jungen Leuten Mode, sich Brandnarben zu setzen. Solche Zierstreifen, ähnlich wie Tattoos, gelten als Mutprobe.

Wirkungsvoll seien auch die Massagen, die Soan selbst vornimmt. Der gezielte Griff, ein sanftes Streichen vom Magen aufwärts, soll ebenfalls üble Stoffe entweichen lassen.

»Ich wurde heute zu einem Mann gerufen, der einen Bluterguss im Knie hat. Mit Ziehen, Streichen, Strecken, etwa eine Stunde lang, konnte ich seine Schmerzen lindern und die Heilung einleiten.«

»Welchen Preis hat deine Behandlung?«, erkundige ich mich.

»Von Lohn will ich nichts wissen. Etwas Tabak für meine Pfeife nehme ich gern. Geld jedoch weise ich zurück. Ich bin nicht käuflich, so wie die modernen Doktoren.«

Soan beginnt mich in die Kunst der Heilmittelzusammenstellung einzuweisen. Leider sind die Heilpflanzen, von denen Blüten, Knospen, Blätter, Rinde oder Wurzeln verwendet werden, nur Namen für mich. Unter den Baumarten *hnime*, *muni* oder *metowen* kann ich mir nichts vorstellen. Erst als er mir erklärt, was man von Farnen, Araukarien oder dem Niaouli nutzen kann, kann ich ihm wieder folgen. Auch das Fruchtwasser der Kokosnuss sei ein Heilmittel. Daneben benutzt er geschabte Korallen und zerstoßenen Muschelkalk. Für all das gilt: Wer diese Heilmittel ohne die Fähigkeiten eines Medizinmannes oder Zauberer herstellen will, hat keinen Erfolg.

Wichtig ist jedoch auch eine gründliche Vorbereitung auf die Behandlung. Eine wichtige Voraussetzung sei sexuelle Enthaltsamkeit: Würde er sich nicht daran halten, wäre er nicht in der Lage, bei der Behandlung des Kranken eine wirkungsvolle Macht zu entwickeln und seine Genesung einzuleiten.

Meine Zweifel an seinen Ausführungen behalte ich für mich. Ich habe keine Lust, seine Künste und seine außergewöhnliche Macht durch schulmedizinisches Nachfragen auf den Prüfstand zu stellen. Ich möchte das alles glauben, glauben, dass es so ist. Oder so sein könnte. Es wäre zu schön. Aber vielleicht hilft der Glaube daran auch schon ein bisschen, seine Gesundheit wiederzuerlangen …

12

Grüne Kalender
mit Stiel
und Blättern

Nach dem Gespräch mit Soan zieht es mich zu Waimalo. Sie zu finden ist nicht schwer, natürlich sitzt sie unter dem Schwatzbaum. Versunken in ihre Arbeit kauert sie auf dem Boden, inmitten von Pandanusblättern, die, in Streifen geschnitten und glatt gezurrt, zum Flechten bereitliegen. Das Gerüst eines Korbes ist bereits erkennbar. Waimalo prüft gerade die Streifen auf verbliebene Dornen. Als ich nähertrete, schaut sie auf und lächelt. »Komm, setz dich!«, ruft sie freudig. »Weißt du noch, wie es geht?«

»Ich versuche mich gerade zu erinnern!« Ich hocke mich zu ihr, ziehe sechs Streifen aus den Blätterhaufen. Dann stelle ich das rechte Bein auf, setze mich auf die linke Seite, um so mit dem Unterschenkel die Streifen festzuhalten, und beginne, den ersten oberen Streifen unter einen zweiten zu schieben. Der Anfang ist gelungen. Nun geht es wie von selbst. Mir fällt das Muster wieder ein, und ich schiebe abwechselnd zwei darüber, zwei darunter, zwei darüber, zwei darunter.

»Toll!«, lobt mich Waimalo. Und wie zwei Strickladys sitzen wir traut nebeneinander, jede an ihrem »Werk«, und plappern vor uns hin.

»Wir haben nun schon Dezember«, sage ich. »Das Jahr ist bald zu Ende ...« – »Das Jahr hat doch gerade erst angefangen«, erwidert sie verwundert, »seit zwei Monaten erst sind die Yamsknollen in der Erde.«

»Das heißt, für dich hat das Jahr im Oktober begonnen?«

Sie hält inne und schaut auf: »Ja, aber natürlich! Wenn die Yamspflänzchen eingegraben wurden, beginnt das neue Jahr. Wir Kanak kennen euren westlichen Kalender, doch wir richten uns nach der Yamswurzel.«

Für die meisten älteren Kanak ist es nicht von Bedeutung, dass wir heute Dienstag, den 13. Dezember haben. Wichtiger ist, dass die Stecklinge in der Erde sind und gut wachsen, bis das Gemüse geerntet werden kann. Das ist konkret, das ist nachvollziehbar. Mit Tag und Monat kann Waimalo nicht viel anfangen. Das ist ihr zu abstrakt, da kann sie nicht das Voranschreiten der Zeit erkennen und messen, wie sie mir zu erklären versucht. Der Abstand zwischen Dezember und Januar ist gewissermaßen unsichtbar und hat deshalb für sie keine Bedeutung. Wenn sie nicht im Stamm leben und arbeiten würde, wäre das anders, räumt sie ein. Dann müsste sie sich auch solch einen abstrakten Kalender zulegen.

Das Jahr hier hat also eine andere Einteilung. Die Zeit an sich hat eine andere Dimension, da sie eher nach dem Stand der Sonne, dem Gesang der Vögel und dem eigenen Hunger gemessen wird – und nicht in Stunden, Minuten und Sekunden unterteilt ist.

Der Tag im *tribu* beginnt nicht mit dem Klingeln des Weckers, sondern mit dem Krähen der Hähne und den Trompetenstößen des papageienartigen einheimischen Kuckucks, der im Morgengrauen durch den Dschungel fliegt und sich auserkoren fühlt, den Wald aus seinem Schlummer zu erwecken.

Waimalo hat, wie sie erzählt, weder eine Uhr noch einen Kalender. Sie meint, dass der Mensch durch sie ein Sklave der Zeitmessung wäre. Dann müsse er sich dauernd beeilen, um mit irgendetwas fertig zu werden.

Was den Verlauf eines Jahres angeht, gibt es für Waimalo all die vielen Momente vor dem Einbringen der Yamswurzelschösslinge und jene danach.

Waimalo rechnet durchaus in Monaten, doch Dauer und Anzahl der Monate eines Jahres können variabel sein. Sie zeigt auf eine Schnur, die ihr als Gedächtnisstütze für die Arbeiten des Jahres dient. Diese Schnur hat zehn Knoten. Der Grund: Auf der Knotenschnur markiert sie die arbeitsreichen Monate und lässt die anderen weg. Wie viele Tage ein Monat hat, ist ziemlich egal. Wenn eine Verrichtung fertig ist, ist eben der Monat vorbei und man kann sich dann auch ausruhen. Wenn die Arbeit über den Folgemond hinausreicht, verlängert sich der aktuelle Monat und schließt sich nahtlos an den nächsten an. Die Dauer wird einzig und allein nach der Zeit der Arbeit bemessen.

Der große Zeitmesser für die Kanak ist letztendlich der Mond. Er gibt die Perioden für die Aussaat, den Fischfang, die Jagd oder das Hüttenbauen vor. Doch auch die Sterne geben Anhaltspunkte – besonders die Venus als Abend- und Morgenstern. Abends »läutet« sie das Abendessen ein. Morgens verhält es sich ein bisschen anders: Da gibt es zwei Sterne, die der Venus vorangehen. Der erste Stern signalisiert, dass der Tag bald anbrechen wird. Der zweite deutet darauf hin, dass es nun gleich hell wird. Wer bei Anbruch des Tages, wenn die Venus am Himmel steht, aufbrechen will, muss sich beim zweiten Stern fertig machen. Welche Sterne das sind und wie sie heißen, weiß Waimalo nicht. Ist ihr auch egal.

Sonne, Mond und Sterne geben den Ureinwohnern Neukaledoniens eine Richtschnur für ihren Alltag. Veränderungen am Himmel und auf der Erde werden als Zeichen gesehen, um bestimmte Tätigkeiten aufzunehmen oder zu beenden.

Die Ausführungen von Waimalo sind für mich nicht leicht nachzuvollziehen, aber ich finde sie außerordentlich spannend. Ungewöhnlich für mich ist ihre Beschreibung von Zeit.

Wenn sie sagt, es wird »ein Augenblinzeln später« regnen, würde ich es mit »gleich« ausdrücken. Außerdem ist es üblich, sich auf bildliche Vorstellungen und konkrete Erfahrungswerte zu beziehen. Etwa wie lange eine Fackel braucht, um herunterzubrennen. Mit Hilfe einer Fackel aus Kokospalmenblättern misst Waimalo die Spanne, die Sonnenuntergang und Mondaufgang voneinander trennen. Sie erklärt, dass der Mond in ein oder drei Fackellängen aufgehen wird. Oder sie misst eine Entfernung nach der Zahl der während des Weges verbrannten Fackeln. Eine große Wanderung kann dann schon mal mehrere Fackeln lang sein.

Waimalo bedauert, dass die Jüngeren diese Art, mit der Zeit zu gehen, immer weniger kennen und dieses Denken irgendwann aussterben wird. Denn ihr Leben ist nicht mehr so stark auf den Stamm und seine Traditionen konzentriert.

Ich komme noch einmal auf den Ausgangspunkt unseres Gesprächs zurück. »Wie seltsam, dass eine Wurzel wie die Yamsknolle das Jahr regelt! Woher eigentlich kommt diese Tradition?«, frage ich.

»Yamswurzeln sind uns heilig«, antwortet Waimalo: »Denn wenn genug Yams geerntet wird, bedeutet es, dass alle im Stamm satt werden. Darüber hinaus war Yams früher auch ein Zahlungsmittel, ähnlich wie Geld heutzutage.« Ein Mann brauchte viele Knollen, um eine Frau zu beeindrucken, damit sie einwilligte, seine Frau zu werden.

Sie beginnt mir mehr über diese Wurzel zu erzählen. In der Zeit von Oktober bis Januar wird der Schössling in die Erde gebracht. Geerntet wird, wenn ähnlich wie bei der Kartoffel das Kraut abstirbt. Dann ist die Yamsknolle reif.

In den ungefähr 400 Quadratmeter großen Beeten des Stammes, die wie Gärten aussehen, wachsen zehn bis dreißig Yamspflanzen. In ein bis zu drei Meter tiefes Loch wird ein Rohr gesetzt, durch das das Jungpflänzchen in die Erde gebracht wird. Dort kann die Knolle ungehindert wachsen und sich ausbreiten. Zur Erntezeit müssen die kräftigsten Männer graben, um die bis zu vier Meter langen und mehrere Kilo schweren Humpen herauszuholen.

Eine Yamsknolle ist nicht nur das beliebteste Gemüse der Kanak, sondern sozusagen eine Persönlichkeit, ein geisterhaftes Wesen, das sehen und hören kann. Deshalb wird der Wachstumsvorgang durch magische Praktiken begleitet. So gibt es Kreistänze, die dazu dienen, das Wachstum der Pflanze günstig zu beeinflussen. Außerdem geben die Männer den Knollen Namen, oft nach ihren erstgeborenen Kindern: Amanaki, Tomo oder Folau sind häufig.

Jede Ernte ist ein Fest, für das die Bauern die prächtigsten Exemplare mit Federn, Muschelstücken und alten Geldringen schmücken und sie dem Häuptling präsentieren.

»Es gibt auch viele Vorschriften bezüglich des Yams«, erklärt Waimalo, »In der Zeit des Wachstums dürfen zum Beispiel wir Frauen die Zeremonialgärten nicht betreten. Auch die Männer haben bestimmte Rituale einzuhalten – sie müssen sich vor der Ernte einer mehrmonatigen Enthaltsamkeit unterwerfen.«

Da ich schon häufiger von der Enthaltsamkeit der Männer gehört habe, frage ich Waimalo vorsichtig, ob es für sie ein Problem sei, auf Lust und Liebe zu verzichten. Sie schaut mich streng an, sie versteht die Frage nicht, denn es sei doch schon immer so gewesen und deshalb überhaupt kein Problem. Außerdem würde sie auf Lust und nicht auf Liebe verzichten. Und ich solle wissen, dass ein Verstoß den Zorn der Geister auf sich ziehen würde, die gesamte Ernte vernichten können – und wer wolle das riskieren?

Ich hake nach: Wenn sich aber in der Zeit des Heranreifens zwei Menschen ineinander verlieben, respektiert der junge Mann dann auch das Verbot, dass er sich nicht voll und ganz dem Mädchen hingeben darf?«

»Man merkt, dass du zügellos aufgewachsen bist. Hattest du etwa auch Sex vor der Ehe?«

Ich möchte es mir mit Waimalo nicht verderben und lüge einfach, dass ich nie verheiratet war und dieser Aspekt also für das erste Mal bei mir keine Rolle spielte.

»Das ist nicht gut, dann wusstest du offenbar nicht, wann ein guter Zeitpunkt war, sich zum ersten Mal einem Mann hinzugeben«, und sie schaut mich voller Mitleid an.

O je, wie komme ich aus diesem Thema wieder heraus! Ich erkläre ihr, dass ich der Lust gefolgt bin, beziehungsweise, es über mich gekommen sei. Aber da ich sehe, dass ihr Blick immer kritischer wird, verstumme ich. Waimalo legt voller Mitgefühl ihre Hand auf meine Schulter. »Ich verstehe, du hattest es nicht leicht in Liebesdingen.«

Ich nicke und schweige weiter.

»Ich werde für dich beten.«

Dankbar drücke ich ihre Hand.

Da Yams und Taro ihre traditionelle Bedeutung haben, fehlen sie auch so gut wie bei keiner Mahlzeit. Heute Abend habe ich besonderes Glück, denn es gibt *Bougna*. Jedem Kanak dürfte schon bei diesem Wort das Wasser im Munde zusammenlaufen, alle lieben das traditionelle Schmorgericht. Waimalo scheint die ungekrönte *Bougna*-Königin zu sein. Übrigens hat sie, wie oft die Frauen hier, gerade wieder eine Machete in der Hand. Die Machete ist *das* Universalwerkzeug, damit wird Gemüse geerntet, werden Löcher gegraben, Wege von ausladenden Ästen befreit; sie dient auch als Zeigestock oder Winkelement, um Kinder heranzurufen. Die Frauen halten das Riesenmesser auch dann in der Hand, wenn sie es gerade nicht brauchen. Es ist ihnen zur Gewohnheit geworden, und so fuchteln sie beim Reden damit herum, ohne es wahrzunehmen. Ich halte immer einen gewissen Sicherheitsabstand, wie auch jetzt, da Waimalo ihre Worte mit einer fuchtelnden Bewegung unterstreicht. Sie weiß jedoch bestens mit der Machete umzugehen.

Mit gezielten Schlägen zerteilt sie nun Kokosnüsse, die die anderen Frauen unter dem Schwatzbaum emsig ausschaben. Als die graue Emailleschüssel mit schneeweißen Kokosflocken gefüllt ist, ist Gemüseputzen angesagt: Maniok, Yams, Taro werden geschält, dann mit der Machete in grobe Würfel gehakt. Zum weißen Gemüse wirft Waimalo gelbe Süßkartoffelscheiben, halbierte Tomaten, geschälte Kochbananen, grüne Zwiebelringe und einige Stängel Petersilie. Das ergibt ein herrliches Farbenspiel, weiß-gelb-orangerot-grün.

Ein junger Mann gesellt sich hinzu, er bringt vier Hühner, die am Morgen geschlachtet wurden. Mir blieb die Prozedur des Schlachtens und Federrupfens zum Glück erspart, da ich noch in der Schlafhütte lag. Ich kann nun zusehen, wie die Hühner zerteilt werden, was nur halb so schlimm ist für mich.

Zwei weitere Männer, die ebenfalls fürs Kochen »abgestellt« wurden, entfachen ein riesiges Feuer und halten Bananenblätter über den Rauch, bis die an sich recht spröden Blätter weich und biegsam werden. Die besonders harten Blätter werfen sie kurz in die Glut, um sie vorzugaren.

Die Kinder genießen es, am Feuer zu hocken, sie kokeln mit kleineren Ästen in der Glut. Niemand sagt etwas, denn bereits die Jüngsten sind geschickt darin, Feuer zu entfachen und so zu hüten, dass sich die Flammen nicht ausbreiten.

Nun verweben die Männer einige Stäbe ineinander, auf die die Bananenblätter gelegt werden. Darauf kommen scheibchenweise Maniok, Yams und Taro. Darüber die in heißem Wasser aufgeweichten Kokosflocken. Schließlich werden die Bananenblätter so übereinandergelegt, dass die jeweiligen Bündel den Inhalt hermetisch abschließen und keine Flüssigkeit auslaufen kann. Anschließend verschnürt Waimalo die Bündel mit Baumfasern, und die Männer bugsieren die Pakete auf die glühend heißen Steine des Feuers. Schließlich schichten sie heiße Steine darüber, so viele, bis alles verdeckt ist.

Nach zwei Stunden Garzeit ist das Lieblingsgericht der Kanak fertig. Behutsam öffnet Waimalo die Blätter und schlägt sie vorsichtig zurück. Kräftige Dampfwolken steigen auf, verbreiten einen erdig-süßen Duft. Die Frauen servieren die *Bougna* auf Bananenblättern und verteilen Gabeln. Hungrig pieke ich mir als erstes ein Tarostück von meinem grünen »Teller«. Probiere dann weiter, die *Bougna* schmeckt lieblich und würzig zugleich. Das Hühnchen ist ausgesprochen saftig, das Gemüse pikant mit einer süßen Kokosnote. Ein Mahl, das süchtig macht, ich kann nicht aufhören zu essen, auch als ich schon satt bin. Maniok, Yams, Taro und Süßkartoffeln, alles schmeckt mir.

Während ich mich bis auf den Boden der Bananenblätter durcharbeite, verstehe ich, warum viele der Kanakfrauen beleibt sind und die Männer Bäuche vor sich hertragen. Früher war solch eine Kalorienbombe wie die *Bougna* lebensnotwendig, da die meisten Menschen hart auf dem Feld schufteten. Heute ist die Feldarbeit nicht mehr so anstrengend wie einst: Es gibt bessere Gerätschaften, und was nicht angebaut, gefischt oder geschlachtet wird, gibt es im Supermarkt der Städte zu kaufen. Doch die Vorliebe für nahrhafte Speisen ist geblieben.

Vieles hat sich in den letzten Jahrzehnten verändert. Überall auf Grande Terre und den vorgelagerten Inseln gibt es Strom und fließendes Wasser. Das war lange Zeit keine Selbstverständlichkeit. Waimalo verflucht das ein bisschen, aber nicht, weil sie lieber eine Petroleumlampe anzündet anstatt eine Glühbirne anzuknipsen oder Wasser in Eimern aus der nahegelegenen Quelle herbeischleppen möchte – es stört sie, dass aufgrund der flächendeckenden Elektrizität überall der Fernseher läuft.

»Wir stammen doch nicht von der Flimmerkiste ab!«, brummelt sie. »Wir kommen aus dem Meer und gehen wieder dorthin zurück. Doch niemand kriecht am Ende seines Lebens in eine Fernsehröhre!« Die Kanak glauben, dass sie von Meerestieren abstammen.

»*Bonsoir*!«, unterbricht Jeannette unser Gespräch. Sie ist spät dran, was aber nicht schlimm sei, denn sie habe schon gegessen, sagt sie, ein Sandwich am Flughafen, bevor sie noch Hause fuhr. Jeanette wirkt müde und bittet mich, meine Siebensachen zusammenzusuchen, damit wir gleich loskönnen. Nicht nur sie möchte ins Bett, auch ich brauche jetzt Zeit für mich und Ruhe, damit sich all die Eindrücke setzen können.

Als wir beide dann noch kurz auf ihrer Terrasse ein Bier trinken, fragt sie, ob ich Lust hätte, am Sonntag zum Kricket mitzukommen.

»Klar, was für eine Frage!«, freue ich mich.

Am nächsten Morgen, wie immer vor der Morgenröte, lange bevor der Tag anbricht, beginnen die Hähne zu krähen. Noch etwas verschlafen frage ich mich, wie es einem Hahn gelingt, stets zur entsprechenden Zeit loszukrakeelen, egal ob es regnet, stürmt oder windstill ist.

Rasch wird es hell, und das Morgenkonzert der Hähne und Tropenvögel verstummt. Die Sonne blinzelt durch das Bambusgeflecht in mein Zimmer.

Ich springe aus meinem Doppelstockbett, stoße die Tür auf und trete in den tauglitzernden Garten. Meine Wahrnehmungsfähigkeit hat sich verändert hier, ist schärfer denn je: Ich rieche, höre und sehe alles um mich herum, als ob ich ein Kind wäre, das gerade nichts als Wunder erlebt. All diese kleinen Dinge sind zwar etwas ganz Alltägliches und doch so besonders für mich – wie dieser Wassertropfen an dem grünen Palmenblatt vor der Hütte, der sich an der Spitze des Blattes bildet und in der Sonne wie ein Juwel funkelt. Kein Edelstein könnte in diesem Moment reizvoller für mich sein als diese flüssigen Juwelen, die ich mit den Händen auffange und durch meine Finger rollen lassen.

Ich lausche dem melodischen Plätschern des kleinen Baches hinter der Rundhütte, zupfe rote Hibiskusblüten von den Zweigen und lasse sie auf dem Wasser davonsegeln. Sie drehen sich, werden von den winzigen Strömungen hinweggetragen und wirbeln zwischen den glatten Steinen dahin. Irgendwo werden sie ins Meer gelangen.

Jeannette hat dafür keinen Blick. Sie fegt den Terrassenboden, schaut kurz auf und zeigt auf mein Frühstück: gezuckerte Papayastücke, Croissants und Kaffee. Während ich das Croissant in den Kaffee tunke, wie es die Franzosen, aber auch die Kanak gern tun, überlege ich, was ich zum Kricketspielen anziehen soll, da ich keinerlei Sportsachen mit habe. Dafür war in meinem Rucksack kein Platz mehr.

»Sportsachen?«, fragte Jeannette verwundert, »wir spielen in unseren Kleidern! Dein orangenes würde farblich gut zu unserer Mannschaft passen. Sportschuhe brauchst du nicht, es sei denn, du magst es nicht, barfuß über den Platz zu laufen. Dann nimm deine Wanderschuhe mit, das geht auch.«

»Kleid und Wanderschuhe, diese Sportkombination hatte ich noch nie! Aber es ist ja immer irgendwann das erste Mal«, lache ich. Jeannette versteht nicht, warum ich mich darüber amüsiere.

»Mit Badelatschen fällst du doch sofort hin!«, ruft sie.

»Schon gut«, entgegne ich und bin überhaupt erstaunt, dass ich als Anfängerin mitspielen darf. Natürlich nur nach einer ausführlichen Einweisung.

Als wir auf dem Spielfeld ankommen, sehe ich Frauen in rotweißen beziehungsweise gelbgrünen luftigen Kleidern über den kurz gehaltenen Rasen rennen. Die Damen haben ihre Haare hochgebunden, einige tragen Turnschuhe, die meisten von ihnen sind tatsächlich barfuß. Beide Teams bestehen aus recht kräftigen Frauen, die auch nach längeren Sprints nicht außer Puste kommen. Sie liefern sich kurze Wortgefechte, klatschen in die Hände, spornen sich gegenseitig an, schwingen die Schläger, und immer ist eine dran, die den Ball wirft. Die Mannschaften spielen konzentriert, doch ab und zu huscht der einen oder anderen ein Lächeln über die Lippen. Auch wenn gekämpft wird, erscheint mir dieses Match eher ein entspannendes Vergnügen mit festen Regeln als ein bitterernstes Spiel zu sein. Oder täusche ich mich?

Zwei Männer in weißen Bermudashorts und blauen Trikots laufen als Schiedsrichter mit und verteilen Punkte. Da ich mich mit Kricket nicht auskenne, sehe ich kein System, verstehe die Regeln nicht.

Am Feldrand hocken ein paar Frauen und schauen zu. Jeannette geht durch die Reihen, und dabei begrüßen sie einander so, wie ich es bisher lediglich bei Männern gesehen habe – sie klatschen die Handflächen gegeneinander. Sie stellt mich als Freundin vor, was mich ehrt und mich auch nicht in die Not bringt zu erklären, warum ich hier bin, falle ich doch auf, obwohl ich mein orangefarbenes Kleid trage – mit Wanderschuhen.

»Komm, setz dich«, fordert Jeannette mich auf, »es ist total spannend: JS Ouvéa gegen AS Kirikitr. Es geht um den Jahrestitel von Neukaledonien. Danach tritt Lifou gegen Ouvéa an. Also wir.«

»Ich habe noch nie davon gehört, dass Frauen so sehr auf Kricket stehen«, meine ich.

»Vielleicht ist es für dich ja nicht so einfach, ein Faible für Kricket zu entwickeln. Was du brauchst, ist vor allem Geduld und jede Menge Zeit. Ich will dir nicht zu nahe treten, aber du gehörst zu einem der hektischsten, oder sagen wir flinksten Völker der Welt.« Ich räusperte mich, das Thema Zeit hatten wir doch schon diskutiert.

Dann beginnt sie zu erzählen: Englische Missionare haben Mitte des 19. Jahrhunderts den Kanak Kricket beigebracht. Als Freizeitsport, aber auch, um gute Spieler ins Mutterland zu holen. Das Überraschende war, dass die Kanakfrauen nicht nur Gefallen an dem für sie ungewöhnlichen Spiel fanden, sondern auch geschickter, schneller, eben einfach besser waren als die Männer. Frauen spielten weiter, auch als Neukaledonien von Frankreich besetzt wurde.

Jeannette versucht mir die Regeln zu erläutern. »Schau, da auf dem ovalen Feld siehst du einen hellen breiten Streifen. An beiden Enden stehen drei Stäbe, auf denen zwei Querhölzer liegen. Das ist ein Tor, das muss man treffen und zerstören.« Ich beobachte das Geschehen: Jede Mannschaft hat elf Frauen im Einsatz. Das eine Team versucht durch Schlagen des Balls in einem Sprint Punkte zu erzielen. Das andere Team setzt alles daran, das zu verhindern.

Die Spielregeln erschließen sich mir nicht wirklich, obwohl sich Jeannette redlich müht, mir den Ablauf zu erklären, der auf Neukaledonien etwas anders ist als in England oder Neuseeland. Mit der Zeit erkenne ich zumindest, dass die angreifende Mannschaft nur zwei Schlagfrauen auf dem Feld hat, während das verteidigende Team alle Spieler über den Rasen schickt. Die beiden Schlagfrauen stehen sich beim Wurf gegenüber. Hinter ihnen befindet sich das Tor.

Nun geht es wieder los: Eine Spielerin der verteidigenden Mannschaft wirft den Ball in Richtung des gegnerischen Tores. Die Schlagfrau dort versucht den Ball mit ihrem Schläger so zu treffen, dass er von niemandem gefangen wird, bevor er den Boden berührt. Die Spielerinnen der angreifenden Mannschaft setzen alles daran, ihn zu fangen beziehungsweise so schnell wie möglich zum gegnerischen Tor zu befördern.

So weit kann ich folgen, doch wer wann und warum Punkte bekommt, losrennt, wirft oder auch ausscheidet, kapiere ich nicht.

Mir fehlt auch heute der Ehrgeiz, den Spielablauf im Detail zu verstehen, ich genieße es, zuzuschauen und zu beobachten, wie sich die Frauen mit Lust an der Bewegung und Freude am Werfen und Schlagen die Zeit vertreiben. Zeit vertreiben trifft es, denn eine Runde zieht sich über Stunden hin. Wie ich später erfahre, kann ein Spiel auch ein, zwei Tage dauern.

»Warum mögt ihr Kricket so gern?«, frage ich Jeannette.

»Warum nicht?«, erwidert sie. »Da gibt es viele Gründe. Weil Frauen länger vom Herd weg sein können. Weil sie sich gerne bewegen. Weil sie die Machete gegen einen Schläger eintauschen wollen. Weil sie gerne mit anderen Frauen zusammen sind – und das nicht nur beim Flechten.«

Ich beschließe, lieber weiter zuzugucken als selbst auf die Spielfläche zu gehen und mich bei einem Match zu versuchen. Also ziehe ich meine Wanderschuhe aus, schlüpfe in Sandalen und lehne mich auf der Zuschauerbank zurück.

Als Jeannette mit ihren Lifou-Frauen gegen Ouvéa antritt, feuere ich sie an und klatsche wie die anderen besonders laut, wenn das gegnerische Tor zusammenbricht, was bedeutet, dass *unser* Team aus Lifou Punkte eingeheimst hat.

Während der drei Stunden, die das Spiel dauert, schaue ich nicht die gesamte Zeit aufmerksam zu, sondern lasse mir die Sonne auf die Nase scheinen, blicke in den strahlend blauen Himmel, wo weiße Wölkchen zügig ihre Bahnen ziehen, und döse vor mich hin. Irgendwann kommt der Abpfiff, der besagt, dass es morgen weitergeht. Für heute jedenfalls ist Schluss.

13

Zahlen mit Muschelgeld

Nun bin ich zurück auf Grande Terre. Von Lifou nach Nouméa wieder mit einem dieser kleinen Propellerflugzeuge, dann ging es weiter mit dem Mietwagen nach Poindimié. Den Ort hatte ich bereits in den ersten Tagen meiner Reise durch Neukaledonien durchquert. Da war er ein verschlafenes Nest. Nun erscheint mir die kleine Gemeinde äußerst lebhaft, quirlig sogar. Wahrscheinlich bin ich es nach meiner Zeit auf der lauschigen Insel Lifou nicht mehr gewohnt, viele Leute an einem Ort anzutreffen – so an die zwanzig, dreißig ungefähr, na ja, was für eine Großstädterin eigentlich nicht besonders viele Leute sind. Offenkundig hat sich der Ort aber auch gefüllt – wegen des Filmfestivals!

Mittlerweile sind viele Wochen vergangen, seit ich nach meiner Ankunft in Nouméa vom *Ânûû-rû Âboro* gelesen und beschlossen hatte, mir Filme aus Neukaledonien, Papua-Neuguinea, Vanuatu, Tonga, Fidschi und anderen Südseeregionen anzusehen.

In meinem Notizblock klemmt noch der Zeitungsartikel mit der Telefonnummer des Festivalleiters René Boutin. Ich rufe ihn an. René ist überrascht – er fragt sich, ob schon jemals eine Deutsche unter den Besuchern war. Doch er ist so erfreut, dass er mir gleich ein Zimmer für mehrere Tage im schönsten Hotel des Ostens, in Tiéti, reserviert. Dafür gebe es ein Budget – für weit angereiste Gäste eben.

Das lasse ich mir nicht zweimal sagen und fahre sofort nach Tiéti. Mein Missionarskleid bleibt im Rucksack, ich ziehe T-Shirt und Jeansrock heraus, binde mir die Haare hoch und schlendere zur Mediathek, wo die Filme gezeigt werden.

Ich bin erstaunt, wie viele Frauen mir auf dem Vorplatz begegnen: Regisseurinnen, Drehbuchautorinnen und Schauspielerinnen. Und wie ich dem Programmheft entnehme, geht es auch überwiegend um Frauenthemen: Frauen, die Einbaumboote bauen; Frauen, die ihren Stamm verlassen, weil sie von ihrem Mann geschlagen wurden; Frauen, die den Regenwald aufforsten; Mütter, die ihren Mädchen offen weibliche Sexualität erklären.

Auf der Wiese vor der Mediathek, einem klobigen 70er-Jahre-Bau, ist ein langes rot-gelbes Tischtuch ausgerollt. Auf Bambustellern werden gerade Reis, Hühnchen und Bohnen serviert. Das sieht nach einem gemütlichen Picknick aus. Die Frauen, aber auch Männer gesellen sich dazu, trinken unter hochgewachsenen Königspalmen Wasser, Wein und Kaffee. Es wird gegessen, geplaudert, gelacht.

Ich frage nach René. Ein schlanker, hochgewachsener Mann mit schwarzen langen Locken, dunklen Augen und heller Hautfarbe kommt auf mich zu. Kein Kanak, ein *caldoche*, ein hier geborener Nachfahre französischer Einwanderer. »Salut!« Die Picknickrunde rückt zusammen, sodass für mich ein Platz frei wird. René reicht mir einen Teller. »Bitte, bediene dich, es ist genug da für

alle!« Aus einem großen Topf angle ich mir eine dampfende Hüh-
nerkeule, dann gieße ich mir ein Glas Rotwein ein.

»Heute Abend begleite ich zwei Filmemacherinnen aus Papua
Neuguinea in einen *tribu*, mitten im Dschungel. Du kannst mitkommen.«

»Gerne!«

Dann lasse ich mich auf die Knie fallen. Neben mir an der langen Picknicktafel sitzt im Schneidersitz eine Französin und schiebt
mir eine Tasse Kaffee und ein Stück Süßkartoffelkuchen herüber.
»Voilà!« An ihrer Aussprache und an der Art zu sitzen erkenne ich,
dass sie nicht in Neukaledonien aufgewachsen ist. Mia kommt ursprünglich aus Paris, lebt aber schon seit vielen Jahren in Nouméa
und arbeitet als Lehrerin am Gymnasium. Schon als Kind wollte
sie in der Südsee zu leben, sehnte sich nach Sonne und Wärme. Mit
vierzig lernte sie ihren Mann kennen, der sich für ihren Traum be-
geisterte, und so zogen beide nach Grande Terre. Sie erzählt, dass
ihr Haus mit zwei Zimmern recht klein sei, doch der Garten habe
es ihr angetan, ein riesiges Areal voller Farben und Düfte, rot-gelben
Helikonien, rosa-weißen Frangipani. Hibiskus, Begonien, Fuch-
sien, Jasmin wüchsen in voller Pracht. Auf ihrem Grundstück gebe
es aber nicht nur exotische Blumen, sondern auch seltene Pflanzen.
Sie öffnet ihre auffällige Umhängetasche aus metallisch glänzendem
Leder mit sonnenförmig angeordneten Nieten und zieht eine längliche Dose aus Glas hervor. Darin ein Büschel, das wie getrockne-
tes Gras aussieht, nicht sonderlich schön, wie ich finde. »Rate mal,
wie alt diese Pflanze ist.« Ich zucke mit den Schultern. »Du wirst es
nicht glauben, die wuchs hier, als noch Dinosaurier über die Erde
stapften! Das hier ist eine Amborella, die gibt es seit 130 Millionen
Jahren und sie wächst immer noch auf Neukaledonien! Und das
sogar in meinem Garten.«

»Da kann sie mehr über unseren Planeten erzählen als der Nautilus«, entgegne ich. »Stimmt«, meint Mia. »Diese Muschel gibt es
auch schon seit Urzeiten ...«

»... aber erst seit 40 Millionen Jahren!«, lache ich.

»Wenn Amborella und Nautilus sich träfen, könnten sie Geschichten austauschen, von denen wir keinen blassen Schimmer haben!«, meint Mia schmunzelnd.

Dann klappt sie die Dose wieder zu. »Komm, ich stelle dir Micheline vor, eine Freundin von mir«, damit tippt sie der Frau, die uns gegenübersitzt und versunken das Festivalprogramm studiert, auf die Schulter. Micheline blickt auf und streicht sich die krausen, dunklen Haarsträhnen aus dem Gesicht. »Hast du noch Briefmarken?«, fragt Mia. Micheline nickt und reicht ihr ein kleines Album. Mia blättert darin und zeigt mir schließlich eine rosafarbene Briefmarke, auf der in feinen Pastelltönen Frauen mit ihren Kindern dargestellt sind. Darunter steht: *Micheline Néporon; Femmes et enfants. Nouvelle-Calédonie, RF.*

»Die hat Micheline gezeichnet«, sagt Mia. Die bescheiden, fast schüchtern wirkende Frau uns gegenüber lächelt.

»Noch nie habe ich jemanden kennengelernt, der Briefmarken entwirft! Jetzt werde ich mir jede Briefmarke genauer ansehen!«, rufe ich voller Bewunderung.

Micheline ist die erste Frau in Neukaledonien, die es auf die Briefmarke »geschafft« hat. Bislang war das nur Männern vorbehalten. Ich blättere in dem Album, ihre Motive gefallen mir. In einer Art naiven Malerei zeigen sie das Meer, Rundhütten, Kiefern, Fische, Familien. Alles mit einer Einfachheit gezeichnet, die etwas Zärtliches, Fröhliches ausstrahlt.

Die 1955 unweit von Nouméa geborene Künstlerin, die in ihrem Stamm aufwuchs und später in Bordeaux und Marseille studiert hat, gehört zu den angesehensten und gefragtesten Grafikerinnen der Südseeregion. Sie wohnt in der Nähe der Hauptstadt, ist jedoch viel unterwegs. Ihre Werke stellt sie in den Galerien umliegender Südseeinseln aus. Mit den Briefmarken ist sie bekannt geworden, doch ihre Leidenschaft sind Zeichnungen, die sie in Bambusstäbe ritzt und einfärbt. Denn der Bambus ist ihr Lieblingsbaum. In ihrem Garten wachsen mehrere Bambushaine. Die Halme, erzählt sie mir, eignen sich besonders gut für ihre Arbeiten, da auf der wunderbar glatten Oberfläche Gravuren besonders schön zu sehen sind. Sie wählt Bambus aber auch deshalb für ihre kleinen Kunstwerke aus, weil dafür keine Wälder gerodet werden müssen und die Haine schnell nachwachsen. Denn Bambusbäume können im Laufe eines Jahres mehrere Meter in die Höhe schießen.

René ruft uns zu, dass gleich die Nachmittagsvorstellung beginnt. Wenig später sitzen wir mit angewinkelten Beinen in einem kleinen Kinosaal, der mich mit seinen roten Samtsesseln an die deutschen Lichtspielhäuser der 20er-Jahre erinnert, als das Kino noch Kintopp hieß, wie mein Großvater es nannte.

Im ersten Film geht es um Papua-Neuguinea, um Frauen, die Streitereien rivalisierender Stämme schlichten wollen, da sie den blinden Zorn der Männer nicht mehr ertragen. Zunächst versuchen sie es mit Hexerei: Die Hütten werden mit Niaoulizweigen ausgeräuchert, um böse Geister zu vertreiben; den Männern werden spezielle Teemischungen aus Eukalyptus, Pfefferminze, Kampfer und Kamille verabreicht, die, der weiblichen Erfahrung nach, männliche Aggressionen besänftigen sollen. Die Ahnen werden um Rat und Hilfe angerufen. Doch nichts hilft wirklich. Dann beschließen die Frauen eine umfassende Verweigerung. Das bedeutet: nicht mehr aufräumen, Wäsche waschen und kochen nur noch für sich selbst und die Kinder. Keine Freundlichkeiten, kein Sex mehr, solange nicht Frieden eingekehrt ist. Darüber hinaus üben sie sich in Selbstverteidigung, Boxen und Judo. Nach dem Abspann gibt es tosenden Beifall, auch von Mia und Micheline.

Es folgen Dokumentarfilme über die Geschichte der Kanak, deren Bevölkerungszahl unter französischer Gewaltherrschaft im vergangenen Jahrhundert dramatisch gesunken war und heute aufgrund von Gegenwehr und Schutzanordnungen immerhin fünfundvierzig Prozent der Bevölkerung Neukaledoniens ausmacht. Hochpolitisch geht es weiter mit einem Bericht über die Umweltzerstörung durch Nickelabbau. Die Gewinne fließen in die Kassen ausländischer Unternehmen und kommen den Einheimischen kaum zugute – stattdessen müssen sie dafür sorgen, das Gleichgewicht der Natur wieder herzustellen. Ein kanakischer Bergarbeiter fasst das Drama zusammen: »Wir lebten immer von der Fruchtbarkeit der Natur, das war stets unser Reichtum, 4000 Jahre lang. Für die Europäer liegt der Reichtum in den Banken, für uns in der Natur. Wir haben ihn stets unter unseren Füßen gehabt und wollen, dass es so bleibt.« Im Saal ertönen Rufe: »Genau! So ist es!«

Danach eine Dokumentation über einen Mann, der alles hatte, Frau, Kinder, Arbeit, und zudem Sohn eines Häuptlings war, also recht privilegiert lebte. Seit seiner Jugend liebte er das Schachspiel, sein ganzes Denken kreiste darum. Aber niemand in seinem Stamm wollte mit ihm spielen und seine Begeisterung teilen. So verließ er eines Tages sein Anwesen und seine Familie, um sich nun ungestört und ausnahmslos seiner Passion hingeben zu können. Inzwischen hat er eine gewisse Berühmtheit erlangt, da er obdachlos und ohne Einkommen im Stadtpark von Nouméa lebt, wo es große Flächen mit Schachfeldern und Figuren als Freizeitangebot für die Besucher gibt. Dort hält er sich Tag und Nacht auf, und immer mal wieder gesellen sich Leute zu ihm, die er herausfordern kann. Meistens gewinnt er. Als Preis erhält er dann etwas zu essen oder zu trinken. Die Polizisten drücken ein Auge zu und lassen den Mann im Pavillon des Parks schlafen. Diese Ausnahme machen sie nur bei ihm, diesem verrückten, durchgeknallten Typ. Doch ist er das? – mit dieser Frage schließt der Film.

Dann gibt es noch eine Hommage an die Fähre, die man nehmen muss, wenn man den Fluss Ouaième im Osten der Insel überqueren will. Dort gibt es nämlich keine Brücke. Der Film erzählt von der letzten Fähre Neukaledoniens, unrentabel, teuer, doch die alte Tradition mit Schiff und Fährmann möchte niemand aufgeben, weder die Einwohner noch die Stadtverwaltung. Auch die Touristen mögen die kleine Tour, wird sie doch in den Reiseführern als Highlight empfohlen. Auch mir gefiel das uralte schwimmende Bollwerk, das langsam auf dem Fluss zwischen den hohen Bergen hindurchgleitet. Es war eine Fahrt wie in früheren Zeiten, als es noch nicht wichtig war, schnell irgendwo anzukommen.

Am Nachmittag erwartet mich René an der Rezeption des Hotels, zusammen mit den beiden Regisseurinnen aus Papua-Neuguinea, die den Film über die mutigen Stammesfrauen gedreht haben. Ich erfahre, dass sie Klinit Barry und Renagi Taurakai heißen. Zusammen fahren wir zwei Stunden lang tief in den Dschungel hinein. Dort soll der Film vor Einheimischen gezeigt werden. Wie René mir erzählt, ist es Tradition, mit den besten Wettbewerbsfilmen über Land zu ziehen und sie bei den Stämmen vorzuführen.

Ich plaudere mit den Frauen über Papua-Neuguinea und über die deutsche Kolonialvergangenheit. Mich interessiert, was sie über das *Unserdeutsch* wissen, die einzige deutsch-kreolische Sprache auf der Welt. Sie entstand Ende des 19. Jahrhunderts unter den Kindern einer katholischen Missionsschule in *Kokopo*, das damals Herbertshöhe hieß.

Die Schüler dort hatten meist deutsche Väter, die als Missionare arbeiteten und einheimische Frauen heirateten. Da Pidgin-Englisch, die Umgangssprache in Papua-Neuguinea, an der Missionsschule verboten war, verständigten sich die Mädchen und Jungen auf Deutsch, oder besser gesagt, in einem Mischmasch aus Deutsch und Englisch. Dieses Deutsch-Kreolisch wird noch immer von einer Handvoll Menschen gesprochen. »Das wäre auch ein Thema für eine Dokumentation«, überlegt Klinit, »es waren sogar deutsche Wissenschaftler auf der Insel, um die Sprache zu dokumentieren.«

Dann wird es ruhig auf der Rückbank des Jeeps. Die beiden bereits in die Jahre gekommenen Ladys nicken ein, und plötzlich breitet sich vorn zwischen René und mir eine eigenartige, in irgendeiner Weise vertraute Stimmung aus: Ich sitze neben einem fremden Mann, der mir während der Fahrt die Landkarte auf den Schoß legt und mich nach dem Weg fragt. Da er noch nie in diesem *tribu* war, bittet er mich, auf die Route zu achten, denn ein Navigationsgerät gibt es in diesem Auto nicht. Wir unterhalten uns flüsternd wie zwei Eheleute, die die schlafenden Kinder auf dem Rücksitz nicht wecken wollen; wir beratschlagen, ob wir nach links oder doch nach rechts abbiegen, erzählen einander, wie wir uns den Abend vorstellen, und erinnern uns gegenseitig daran, die Sachen für das *faire la coutume* nicht zu vergessen, wenn wir aussteigen. Ab und zu halten wir an, weil René eine Zigarette rauchen möchte, was die beiden schlafenden Frauen im Auto stören könnte. So stehen wir während einer Raucherpause an die Motorhaube gelehnt und schauen in die Finsternis. Es ist frisch und neblig im Wald, mal knackt es hier, mal knackt es da; wir lauschen schweigend in die Dunkelheit.

Während René erneut an seiner Zigarette zieht und die Glut kurz sein Gesicht aufleuchten lässt, schiele ich zu ihm herüber. Er wirkt erschöpft, was nicht verwunderlich ist. Schließlich läuft das Filmfestival schon seit mehreren Tagen, und er muss sich als Chef um alles kümmern. Schließlich bemerkt er, so müde scheint er doch nicht zu sein, dass ich ihn aus den Augenwinkeln ansehe. Er wirft den Kopf in den Nacken und lächelt mich an: »Komm, wir müssen weiter!«

Nach einer halben Stunde sehen wir in der Ferne grelle Lampen, ruckeln die Straße hinunter, passieren mehrere mittelgroße Schlaglöcher – und im Nu sind nicht nur wir, sondern auch die beiden Regisseurinnen hellwach. Mir bleibt es ein Rätsel, warum die Einwohner dieses grässliche Neonlicht so mögen, es blendet, erzeugt ein kaltes Licht, aber wahrscheinlich ist es nützlich, um die Umgebung auszuleuchten, nicht nur der Schlaglöcher wegen.

Die Siedlung liegt inmitten von Kaffeebäumen und Kokospalmen. Hier wachsen wild durcheinander Hibiskussträucher, Bananenstauden, Feigenbäume sowie die akazienartigen *Bois-noir*, um junge Kaffeepflanzen vor der Sonne zu schützen.

Die praktisch-nüchterne Bauart der Siedlung überrascht mich. Der Häuptling wohnt in einem modernen, rechteckigen Haus mit kleinem Nebengelass. Daneben steht seine Repräsentationshütte mit achteckigem Grundriss und stumpfem Kegeldach. Der Dachaufsatz ist einfach gehalten, er zeichnet sich dadurch aus, dass über ihm zwei Tritonmuscheln angebracht sind, die wie riesige Schneckengehäuse aussehen.

Im Gemeinschaftshaus, mitten im Urwald, ist eine Leinwand aufgebaut, davor noch eingepackt ein nagelneuer Beamer. Vor dem offenen Haus, das lediglich durch ein Wellblechdach Schutz vor Regen und Nässe bietet, wartet der Häuptling, frierend, die Hände tief in die Jeans vergraben, den Kragen seiner dicken Jacke hochgeschlagen. Es sind schätzungsweise um die 18 Grad, doch die feuchte Abendluft lässt alle frösteln.

Da René den Häuptling gut kennt, geht das *faire la coutume* schnell über die Bühne – ein 1000-CFP-Schein, Zigaretten, eine Flasche Whisky, dann klopfen sich beide auf die Schulter. »Henri lädt uns zum Essen ein, wir kennen ja die Filme und können mit gutem Gewissen die Einladung annehmen.« Den beiden Regisseurinnen ist es auch recht, haben sie doch ziemlichen Hunger.

Henri führt uns in sein Haus, und zum ersten Mal betrete ich das Domizil eines Häuptlings. Doch es ist gar nicht so aufregend, wie ich es mir ausgemalt hatte. Der Fernseher läuft in der Küche, davor hocken ein Junge und ein Mädchen um die fünf, sechs Jahre und schauen einen Zeichentrickfilm, während ihre Mutter am Herd Gemüse brät. Von der Wand, wo Töpfe und Pfannen hängen, nimmt sie einen gusseisernen Trog herunter, greift ins Regal, wo sich Reis, Nudeln, Zucker und Kaffee stapeln. Neben dem Regal lehnt eine Djembe, eine Gitarre. Alles wirkt ein bisschen chaotisch, aber wohl auch deshalb recht gemütlich. Auf dem Tisch stehen farbige Gläser und eine mit Bananen und Mandarinen gefüllte Obstschale.

Im Haus des Häuptlings wohnt auch seine betagte Mutter, die gerade Kaffee in einem Mörser zerkleinert. Der Stößel sieht aus wie eine ausgediente alte Keule, verziert mit Gravuren, bestimmt ein uraltes Stück. Ich frage, ob sie es mir als Erinnerung verkaufen würde. Sie hält inne, richtet ihren krummen Rücken auf und schüttelt energisch den Kopf. Dann holt sie aus einer kleinen Kammer weitere Gegenstände, die ihr lieb sind: einen Speer, Taschen, Schleudersteine, Matten, einen geflochtenen Regenumhang, eine Schnur aus Fledermaushaar, einen grünen Stein für ein Häuptlingszepter.

Ich bin baff, das habe ich nicht vermutet. Dann winkt sie mich in ihre Kammer. Es ist ein kleines Gemach, in dem sich lediglich eine Schlafbank, ein Gerüst für Emailletöpfe und ein Tisch befinden. Sie nimmt ein kleines Paket und legt es andächtig auf den Tisch.

Sorgsam entferne ich die äußere Hülle aus Baumbaststoff. Eine kleine bootsförmige Schale kommt zum Vorschein, darin ein geschnitztes Holzstück, an dem an einer langen dünnen Schnur ausgezackte Perlmuttstückchen, kleine Schneckenschalen und winzige Zähne eines Fisches befestigt sind. »Die Zähne stammen vom Fisch *dawua*«, sagt die Alte. »Nur Häuptlinge dürfen ihn essen und aus den Zähnen Geld machen.«

Henris Frau fügt hinzu: »Das ist Kanakgeld, sogenanntes Muschelgeld, früher hieß es *moné*.« Nun fühlt sich René veranlasst, sie zu verbessern: »Wir sagen nur Geld dazu, aber in Wirklichkeit ist es etwas ganz anderes. *Moné* sind Euro und Pazifische Francs, doch das hier ist *mi*.«

Die Alte erklärt, dass *mi* tatsächlich kein Geld in »westlichem« Sinne sei und auch nicht vergleichbar mit dem Pazifischen Franc auf Neukaledonien – es handle sich um eine Art Talisman. Vom *mi* hängt das Glück und die Macht des Stammes ab. Man gibt es nur in Ausnahmefällen fort. So tauschen bei einer Hochzeit beide Stämme ihr *mi*, und bei der Geburt eines Kindes bekommt es der

Bruder der Mutter, damit er es als Bevollmächtigter des Stammes dem Neugeborenen weitergeben und ihm Lebenskraft einhauchen kann. Manchmal wird *mi* auch bei Bündnissen oder Verträgen »ausgegeben«. Aber kaufen kann man mit diesem Muschelgeld nichts. Dass sie es mir es jedoch gezeigt habe, sei ein großer Vertrauensbeweis, erklärt René.

»Damals war es noch nicht so, dass Geld die Welt regiert«, fügt Henri hinzu. »Die Folge der Geldwirtschaft ist doch, dass alles mit allem vergleichbar ist. Das hat es zu Zeiten des Muschelgeldes nicht gegeben. Durch *moné* ist viel an Menschlichkeit verloren gegangen.«

Während Henri seiner Frau zur Hand geht und Hirschkoteletts mariniert, prosten wir uns am Tisch zu, René, die beiden Regisseurinnen und ich.

Klinit und Renagi essen und trinken, als gebe es kein Morgen. »Es gibt doch nichts Schöneres als Heißhunger und einen vollen Teller!«, sagt Klinit. Noch eine Hähnchenkeule, noch etwas Reis, noch mehr Bohnen, noch ein Bier, noch ein Whisky. Wie sich herausstellt, genießen die beiden es sehr, hier zu sein: »Für uns ist es das Paradies!«, sagt Klinit. »Neukaledonien ist für uns ein Vorbild, wie ein Volk menschenwürdig leben kann.«

Beide wohnen in der Hauptstadt von Papua-Neuguinea, Port Moresby, wo man ständig wachsam sein muss, um nicht überfallen zu werden. Es ist nicht leicht, da auf die Kinder aufzupassen. Klinit hat vier Töchter, Renagi drei Söhne. Beide Frauen haben sich scheiden lassen, da ihre Männer sie geschlagen hatten. Gewalt in Beziehungen kommt häufig vor. Zwar gäbe es auch empathische, sorgende Ehemänner, nur eben sehr selten. Renagi hat ihn noch nicht gefunden, Klinit schon. »Dennoch«, ruft Renagi, »wir sind durch all das, was wir erlebt haben, die geworden, die wir sind! Santé!« Schließlich ist es in Papua-Neuguinea für eine Frau nicht leicht, Regisseurin zu werden. Die beiden hatten in Australien studiert, sind dann wieder auf ihre Heimatinsel zurückgekehrt und haben sich durchgekämpft.

Klinit und Renagi haben wahrlich Schweres ertragen, doch worauf lenken sie das Gespräch an diesem Abend? Auf die Liebe. Klinit erzählt von ihrem ersten Freund, den sie neulich wiedergetroffen hat. Er ruft sie immerzu an und beteuert, dass er an sie denke und sie vermissen würde, doch nun sind sie beide verheiratet. Dennoch sei sie immer noch in ihn vernarrt. So zärtlich und einfühlsam beim Sex sei kein anderer Mann gewesen. Und nun beginne auch ich über meine Beziehungen zu reden, über verpasste Chancen, verlorenes Glück und versemmelte Momente. Und dass ich immer noch auf der Suche bin. Klinit legt andächtig den Kopf in beide Hände: »Ach, wer ist das nicht!«

»Hast du eigentlich auch eine Kiste mit Erinnerungsstücken?« fragt sie. »Ich meine, was so bleibt, wenn jemand geht oder man selbst irgendwann geht. Darüber würde ich mal einen Film machen.«

»Gute Idee«, sagt Renagi. »Als mein Mann mich betrogen hatte, habe ich mein Hochzeitskleid verbrannt und hebe seitdem die Asche in einer kleinen Dose auf.«

»Und ich hatte eine verdammt teure Packung australischer Kondome gekauft«, wirft Klinit ein, »für einen Typen, in den ich ungeheuer verknallt war. Doch wir sind nie zusammengekommen. Nun fürchte ich, dass über dieser Packung ein schlechtes Omen liegt. Also mag ich sie nicht benutzen, aber um sie wegzuwerfen oder einfach zu verschenken, habe ich zu viel Geld bezahlt.«

Ich füge meinen Geschichten hinzu, erzähle von nie abgeschickten Liebesbriefen und vor lustvoller Leidenschaft zusammengebrochenen Betten. Wir plaudern, lachen, kichern, trinken bis Mitternacht, bis René, der die ganze Zeit schweigend zugehört hat, zum Aufbruch mahnt. Vorher jedoch gehen Klinit und Renagi zum Gemeinschaftshaus, wo gerade der Abspann ihres Filmes läuft. Es folgt Applaus. Die Frauen kommen zu den beiden, schütteln ihnen anerkennend die Hände. Offenbar sind ihnen die Probleme der Frauen aus Papua-Neuguinea mit Männern nicht fremd.

Im Auto dann wieder diese eigenartige Stimmung. Die beiden Ladys schlummern, diesmal im leichten Alkoholrausch und mit zartem Schnarchen, und ich wache über die Route zurück in die Stadt. Da ergreift René meine Hand und drückt sie fest. Ich bekomme Gänsehaut, fühle mich wie achtzehn und bitte ihn, die Musik ganz laut aufzudrehen, denn im Radio läuft ein mir zwar unbekanntes, aber wunderschönes Lied. »Das ist Ykson«, ruft René in die Lautstärke hinein. »*Prêtes-moi tes ailes*« – was so viel bedeutet wie: Leih mir deine Flügel. Eine Mischung aus Reggae, Rock und Pop. Plötzlich machen sich die Frauen auf dem Rücksitz bemerkbar, die wir völlig vergessen hatten; zum Glück sind sie nicht verärgert, so unsanft geweckt worden zu sein. Im Gegenteil, sie summen mit, scheinbar kennen sie den Song.

Wir steigen an der Rezeption aus, und René begleitet mich zu meinem Bungalow, der sich direkt am Strand befindet. Der Ozean liegt still und glatt unter einem sternfunkelnden Himmel. Ein warmer Wind geht, und ich möchte die Zeit anhalten, als René mir zwischen zärtlichen Küssen *Bonne nuit* wünscht. Ich solle ihn anrufen, wenn ich in Nouméa bin, er wolle mich unbedingt wiedersehen. Während des Festivals hätte er leider keine Zeit, mich wiederzutreffen. »O ja«, flüstere ich und sehe ihm nach, bis er in der Finsternis verschwindet.

14

Vom Versuch, Kava zu trinken und den Nickelabbau zu verstehen

Nachdem René sich verabschiedet hatte, legte ich mich aufs Bett, um ein bisschen zu träumen. Dieser Mann gefällt mir, seine Art zu denken, zu reden, wie er mich anschaut, wie er geht, so federnd leicht ... er ist einfach toll! Zwar sind wir in völlig unterschiedlichen Kulturen aufgewachsen, leben so weit voneinander entfernt, und doch ähnelt sich die Art, wie wir die Dinge des Lebens sehen: Wir sprechen darüber, wann uns gute Ideen kommen – ihm unter der Dusche, mir beim Spazierengehen. Wir reden über Blockaden beim kreativen Schaffen, über die Einsamkeit künstlerischer Arbeit, geben einander Tipps fürs Marathontraining und tauschen uns darüber aus, was hilft, wenn nach überlangem Arbeiten vor dem Bildschirm die Schulter schmerzt.

Plötzlich höre ich vor meiner Terrassentür ein Trommeln, Rasseln, Singen, Lachen. Ich laufe hinaus in Richtung der Stimmen.

Am Strand kann ich die Silhouetten mehrerer Gestalten aus-machen, die unweit von mir im Sand sitzen. Vermutlich sind es junge Männer und Frauen vom Filmfestival. Ich sehe, wie eine Ko-kosnussschale von Hand zu Hand gereicht wird und jeder daraus einen Schluck nimmt.

Ein Mann kommt auf mich zu, bietet auch mir an, davon zu trinken, es sei Kava. Kava – davon hatte ich schon gehört: ein be-liebtes Rauschmittel, das »Haschisch« der Südsee, das zumeist aus Vanuatu eingeführt wird.

Ich probiere und muss mich sofort übergeben. Das Zeug ist ekelhaft bitter und schmeckt nach vergorener Erde. »Das ist beim ersten Mal oft so«, beruhigt mich der Kerl, »du musst gleich noch mal nachlegen!«

Ich weiß nicht, was mich reitet, ich setze tatsächlich noch ein-mal an, eigentlich mehr, um den fiesen Geschmack vom ersten Mal loszuwerden, was natürlich nicht gelingt. Aber dieses Mal re-belliert mein Magen nicht, er sieht wohl ein, dass es zwecklos ist, sich erneut zu widersetzen. Nun warte ich auf den einsetzenden Rausch.

Nach kurzer Zeit, keine Ahnung, wie lange es gedauert hat, vervielfacht sich mein Empfinden in ungekannter Intensität und Sensibilität. Plötzlich werde ich von einer Empfindsamkeit heim-gesucht, die ich so nicht kenne: Ich fühle mich eins mit den Blu-men und Bäumen, bin ein Stück vom Ozean, vom blauen Meer. Laufe durch die Reihen der Gestalten und verbrüdere mich mit Unbekannten.

Ich spüre den Sand unter meinen Füßen, jedes einzelne Körn-chen, und fragte mich, woher dieser wunderbare, weiche Sand kommt, wie er sich verändern wird über die nächsten Jahrmillio-nen und dass ich irgendwann Teil davon werde. Der Gedanke da-ran stimmt mich euphorisch: Ich hinterlasse meine Spuren im Sand, in der Welt, im Universum. Wie großartig! Auch der Him-mel ist mir nah wie nie zuvor. Ich schwebe in Gedanken durch das All, zum großen, stolzen Jupiter, und das, obwohl ich in Wirklichkeit nicht einen Schritt mehr vorankomme, mich kaum bewegen kann. Ich fühle mich steif und starr wie eine Salzsäule, schließlich versiegt der Sprachantrieb, meine Zunge wird schwer wie Blei – was ich jedoch nicht als Problem empfinde. Im Gegenteil, nichts bereitet mir Sorgen. Ich erlebe ein neues, nie gekanntes Glück. Die Welt und ich, wir sind unzertrennlich. Ach was, wir verschmelzen ineinander. Die anderen und ich ebenso. Wir sind Götterfunken, sind Brüder und Schwestern. Was für ein Leben! Wunderbar, gigantisch, und ich bin mittendrin, für immer und ewig!

Zwei Stunden später sitze ich mit bis zum Bauch angezogenen Beinen auf meinem Bett, das sich wie ein schaukelndes Schiff auf einem stürmischen Meer anfühlt. Wie ich hierhergekommen bin, weiß ich nicht mehr. Dann falle ich zur Seite um und drifte in einen bleiernen, schweren, dunklen Schlaf ab.

»Bonjour, mon cœur!« Unter großen Anstrengungen schaffe ich es, mich von rechts nach links im Bett umzudrehen und die Augen einen Spalt zu öffnen. »René?« flüstere ich erschrocken. »Wie kommst du hierher?«

»Du hast die Terrassentür sperrangelweit offen gelassen. Ich war vorhin schon mal in deinem Zimmer, da habe ich dich nicht wach bekommen. Hier trink das, damit du in Schwung kommst!«, und er reicht mir ein Glas frisch gepressten Ananassaft, der tatsächlich meine Lebensgeister weckt. »Von Kava solltest du die Finger lassen! Wer das gewohnt ist, steckt es weg. Du aber bist es nicht gewohnt.«

»Stimmt nicht!«, versuche ich mich blödsinnigerweise zu verteidigen. »Beim zweiten Mal blieb alles im Magen, und ich war voller Glückseligkeit.« Als ich mich so reden höre, wird mir klar, dass ich das Zeug noch nicht vollständig ausgeschwitzt habe und wie Restalkohol in mir trage.

»Du Glücksselige, dann steh mal auf.« Und er versucht mir dabei zu helfen. Ich komme nur mühsam aus der Horizontalen in die Vertikale, sammle meine Kräfte und konzentriere mich, um einigermaßen Haltung zu bewahren. Da es mir eher schlecht als recht gelingt, nimmt mich René mit einem Schwung auf die Arme, so wie der Prinz sein Dornröschen, und trägt mich zum Liegestuhl, der vor meinen Bungalow aufgebockt steht.

»Alain, ein Freund von mir, der gestern dabei war, rief mich an und erzählte, dass du Kava nicht vertragen hast. Er bat mich, nach dir zu sehen. Er musste mich nicht bitten, ich wollte ohnehin zu dir, nach dem gestrigen schönen Abend ...«, und er nimmt meine Hände in die seinen. »Weißt du, meine große Tochter, die jetzt in Paris lebt, hat mir gesagt: Was die westliche Welt von uns Kaledoniern lernen kann, ist, dass hier keiner wirklich allein ist, man kümmert sich umeinander.« Also auch um die Kranken, um die Alten, um die Kinder, eben um alle und jeden.

»Der Gemeinschaftssinn hier ist anders als in Europa«, erwidere ich. »Für Bergé, den Stammeshäuptling von Couli, ist Individualität ein Schimpfwort. Das hat mich überrascht. Für uns zu Hause ist Individualität etwas Anzustrebendes. Es geht darum, sich selbst zu verwirklichen, sich treu zu bleiben und seinen Weg gehen.«

»Bei uns dagegen zählt die Freiheit des Einzelnen nicht viel«, sagt René. »Ich als Künstler sehe das etwas anders, denn man muss sich auch selbst entfalten können. Am besten wäre es, wenn es gelänge, sich innerhalb der Gemeinschaft zu entfalten. Ein Idealzustand, wohl schwer zu erreichen. Schon in einer Ehe ist es nicht einfach, das beide gleichberechtigt ihre Bestimmung ausleben und sich dennoch verbunden bleiben.« Beim Thema Ehe will ich nachhaken, doch da ist er schon losgelaufen, um uns etwas vom Frühstücksbüffet des Hotels zu holen. Wie bin ich froh, gerade nicht allein zu sein in meinem schwindeligen Zustand, und umso mehr, diesen wunderbaren Mann so schnell wiederzusehen.

Ich schiebe mir ein Kissen unter meinen Kopf und genieße die

Ruhe am Strand. Der Stille Ozean, der größte und tiefste der Erde, wird heute seinem Namen gerecht.

Ich erinnere mich an die Landkarte zu Hause an meiner Wand, vor der ich oft stand und mir angesehen hatte, wie der Stille Ozean in all die anderen Ozeane fließt. Schließlich ist er der einzige, der mit allen anderen Ozeanen der Erde verbunden ist!

Dann nicke ich wieder ein, bis mir würziger Kaffeeduft in die Nase steigt. René stellt große, weiße Kaffeepötte auf den Terrassenboden und reicht mir warme Schokocroissants. Mit jedem Bissen spüre ich, wie meine Kraft zurückkommt. Ich esse acht Croissants und bin danach nur mäßig satt. Mein Körper scheint nach dem unbekannten Kavaschock sämtliche Energiereserven wieder auffüllen zu wollen.

»Ich muss jetzt los.« René erhebt sich vom Boden, klopft den Sand von der Hose, drückt mir ein Küsschen auf die linke und auf die rechte Wange. »Für den Fall, dass du dich bald wieder fit fühlst, hätte ich einen Tipp für dich: Heute fährt ein Filmteam zu der Nickelmine nach Nepoui, die liegt zwischen Koné und La Foa. Bestimmt wäre es interessant für dich, etwas über Nickel-Abbau zu erfahren.« Noch ein Küsschen, dann macht er sich los, mit leichtem, federnden Gang, als gäbe es nichts auf der Welt, was seinen Lauf erschweren könnte. Er dreht sich nicht um. Schade. Ich trinke meinen Kaffee aus, bin froh, nun aus dem Liegestuhl aufstehen zu können Nach einer eiskalten Dusche fühle ich mich in der Lage, zur Nickelmine zu fahren.

Im Kleinbus nach Nepoui, in dem auch eine Handvoll Regisseure aus Japan Platz nehmen, döse ich noch leicht ermattet vor mich hin. Die Diskussion der Männer, dieser mir fremde Singsang, lullt mich ein. Am Fenster rauscht die mir inzwischen vertraute Landschaft vorbei, üppig grüne Wälder, doch dann stutze ich, bin sofort hell wach, als ich hinter der lieblichen Landschaft rote, karge Berge aufragen sehe. Schon von weitem sieht die Region aus, als wäre ihr im wahrsten Sinne des Wortes alles Grün entrissen worden und nur noch tote Erde zurückgeblieben. Ich blicke auf zerklüftete, abgebrochene Bergkuppen, zerfranste Plateaus und endlos wirkende Transportwege.

Als wir aussteigen, knirscht rot-schwarzes Geröll unter den Schuhen. Gestein, das sowohl Eisen als auch Nickel enthält und bei jedem Schritt aneinanderreibt. Der Blick auf die Abraumhalden ist alles andere als schön, die Trostlosigkeit der unfruchtbaren, kargen Landschaft schlägt mir aufs Gemüt. Oder bin ich doch noch kavasensibilisiert und von daher empfänglicher für melancholische Stimmungen?

Kurz darauf kommt ein Mann auf uns zu, ein lässiger Typ mit Rastalocken, Sonnenbrille, weißem Helm und gelber Warnweste und empfängt uns freundlich. Er sei Miguel, ein Minenkumpel. Zunächst prüft er unser Schuhwerk, schaut, ob wir geschlossene Schuhe tragen, und lässt sich das Profil der Sohlen zeigen, um zu sehen, ob sie genügend Halt auf den rutschigen Wegen bieten werden. Dann trabt unser Grüppchen los. Miguel beginnt zu erzählen, zeigt auf einen orangefarbenen Bohrwagen direkt vor uns. »Man weiß nie genau, wo die Bodenschätze liegen, nur ungefähr, und so gibt es überall Suchbohrungen, von Geologen durchgeführt.«

Weiter unten auf den engen Straßen ruckeln mit Nickelerz voll beladene Lkw in Richtung Ausgang. Die Arbeiter an den Bohrkränen wirken angespannt und nehmen keine Notiz von uns. Sie tragen Schutzkleidung und Gesichtsmaske, denn immerhin geht es mit dem schweren Bohrgerät dreißig Meter in die Tiefe. Miguel hebt einen grün schimmernden Geröllbrocken am Wegesrand auf: »Hier, das ist Nickel. Dieses Gestein beschert uns in Neukaledonien einen gewissen Wohlstand. Es ist das wichtigste Exportgut.«

Wir erfahren, dass Neukaledonien eines der Länder mit dem höchsten Nickelvorkommen der Welt ist. Ein Großteil der Vorräte liegt noch unter der Erde und wird erst noch zu Tage gefördert werden. Mir war bislang nicht bewusst, wie wichtig dieses Metall für den Alltag ist. Ich erinnere mich noch an das Periodensystem meiner Schulzeit: Nickel, Ni, mit der Ordnungszahl 28. War also doch nicht so verkehrt, mich in der Schule durch den Chemieunterricht zu quälen, denke ich.

»Wie Sie vielleicht wissen, ist Nickel nahezu überall zu finden«, fährt unser Guide fort, »in Waschmaschinen, Spülbecken aus Edelstahl, Kochtöpfen, Türklinken, Handys, Autos, selbst Raketen, ja die Liste ist endlos lang. Nickel schützt andere Metalle vor der Oxidation und wird als Legierung verwendet.«

Miguel schaut an mir herab: Die Ohrringe, das Gestell der Sonnenbrille, der Reißverschluss des Rockes, die Schnalle des Gürtels, alles enthält Nickel.

Mir scheint, dass der Abbau dieses Metalls ein bisschen dem Goldrausch Nordamerikas im 19. Jahrhunderts ähnelt. Nunmehr vor hundert Jahren wurde in Grande Terre Nickel entdeckt, und seitdem kann man graben und graben und stößt immer wieder auf neue Vorkommen, ob im Norden oder Süden.

Immerhin haben es die Einwohner Neukaledoniens endlich geschafft, auch eine eigene Minengesellschaft zu gründen. Denn das ist bis heute das größte Problem: Die Gewinne beim Abbau des weltweit so wichtigen Metalls streichen ausländische Konzerne ein, die sich damit eine goldene Nase verdienen. Der Reichtum, den Nickel dem Land schenken könnte, bleibt aus. Zurück bleiben dagegen eine zerschundene Landschaft und eine zerstörte Umwelt.

Während die japanischen Regisseure eifrig mit ihren Videokameras filmen, beginne ich mich in der Ödnis zu langweilen – doch da sehe ich plötzlich in einem dieser riesigen Laster vor mir eine Frau. Ich stutze: Während Frauen sonst traditionell als Kindergärtnerin, Landwirtin oder Büroangestellte arbeiten und obwohl Bergbau eine Männerdomäne ist, sitzt in dieser verglasten Fahrerkabine ein zartes Wesen und schaut hinter dem riesengroßen Lenkrad hervor.

Sofort mache ich Miguel darauf aufmerksam und frage, ob ich die Lkw-Dame ein Stück auf dem Beifahrersitz begleiten dürfe. Er winkt dem orangefarbenen Laster, und tatsächlich kommt der Koloss, der mehrere Meter hoch und lang ist, zum Stehen. Über Mobilfunk schnarrt Miguel der Fahrerin ein paar Sätze zu und gibt mir dann ein Zeichen, das ich aufsteigen kann. »Hast du deinen Besucherausweis dabei?« Ich nicke. »Gut, dann kannst du dich auf dem Gelände mit dem Fahrzeug frei bewegen, sonst wäre das nicht möglich, alles ist bewacht und Fremden nicht zugänglich.«

Aufsteigen bedeutet nun für mich, auf einer klobigen Leiter fünf Stufen hinaufzuklettern und durch eine Luke in das Fahrerhäuschen zu krabbeln. »Salut!«, grüße ich. »Enchanté«, ruft es mir entgegen. Dann zwänge ich mich auf den staubigen Sitz und entschuldige mich für meinen spontanen Besuch. »Pas de problème«, erwidert die junge Kanakin. »Das ist eine willkommene Abwechslung. Es kommt selten vor, dass eine Frau mich hier oben besucht, meistens sind es Männer, die mal eine Runde drehen wollen!« Bei der kleinen Tour zum Abladen des Gesteins könne ich gerne mitfahren.

Was für Ausblick, mehrere Meter über der Erde! Ich sehe jenseits der roten Bergbauberge etliche Stahlgerüste, überall Geröllhaufen und stufenförmige Abhänge – und ganz weit hinten, für meine Augen einer Erlösung gleich, den glitzernden Ozean.

»Je m'appelle Loraine.« Sie reicht mir die Hand und gibt mir einen Helm für Mitfahrer. Knöpft ihre blaue Schutzjacke bis oben unterm Hals zu – und was sehe ich? Rot lackierte Fingernägel! Zwar mit Schmutzrändern, aber wie wunderbar, das hätte ich von einer Lasterfahrerin nicht erwartet. Im rechten Naseflügel und rechten Augenlid blinken kleine Piercings. Die zierliche Frau, ich schätze, sie ist bestimmt einen Kopf kleiner als ich und ohne Montur auch halb so schmal, lässt den Motor an. Ein Geräusch, als würde ein Hubschrauber starten wollen. Es dröhnt grässlich, doch die Lautstärke ist nicht wirklich das Problem, vielmehr fühle ich

Die Straße führt zur Nickelmine Nepoui. Kochtöpfe, Türklinken, Handys,
selbst Ohrringe und Reißverschlüsse enthalten Nickel.

mich auf der Geröllstraße wie auf einer Achterbahnfahrt, werde
hin- und hergeschaukelt, es geht auf und ab. Die Wege sind schmal
und die Schluchten an den Rändern tief. Ich starre tapfer geradeaus. Das habe ich von meinem Segeltörn gelernt, dem einzigen in
meinem Leben, der bei Windstärke acht stattfand: Genau dahin
sehen, wo das Übel sich entfaltet, also auf die stürmischen Wellen,
damit die Augen dem Gehirn Warnsignale senden, alle Zeichen
auf Alarm stehen. Augen zu oder auf den Fußboden zu schauen sei
kontraproduktiv und führe zur Seekrankheit, hatte mir der Kapi-
tän erklärt. Ich wende das einst Gelernte an, schaue stur geradeaus und die Übelkeit hält sich in Grenzen.

Ein Glück, ich halte gut durch, trinke immer mal einen Schluck
aus der Wasserflasche und staune, wie geschickt Loraine das Fahrzeug um die Kurven navigiert. Sie schaut hoch konzentriert nach
vorn, jede kleinste Unaufmerksamkeit, jede kleinste Abweichung
könnte gefährlich werden. »Alle Achtung! So ein Laster ist nicht
leicht zu steuern«, rufe ich anerkennend ins Gedröhne. »War es

schon immer dein Wunsch, im Bergbau zu arbeiten?« Sie lächelt
milde vor sich hin: »Ich bin bereits als kleines Mädchen auf dem
Schoß meines Vaters hier mitgefahren! Und ich wollte so werden
wie er, genau das Gleiche machen wie er. Mein Vater arbeitet in einer Mine im Süden und steuert einen viel kleineren Laster als ich,
stell dir das mal vor!«, erzählt sie voller Stolz.

An einem großen Abhang kommen wir zum Stehen. Ein Gru-
benfahrzeug schüttet zentnerweise Gestein auf unsere Ladefläche, es kracht und scheppert. Ich überblicke vom Fahrerhäuschen
die Ladefläche, sie ist so riesig, dass da gut und gerne mehrere
Kleinbusse Platz haben würden. Dann ertönt ein Piepen, als Zeichen, dass die Beladung abgeschlossen ist. Loraine gibt wieder
Gas, und wir schuckeln in unserem Riesentonner zum Ausgang,
um dort die Gesteinsmassen abzuladen.

»In den Minen werden übrigens gerne Frauen eingestellt«, erzählt sie. »Frauen fahren vorsichtiger als Männer und verursachen
weniger Unfälle. Wie oft habe ich schon gesehen, dass ein Fahrzeug stecken geblieben oder umgekippt ist.« Als Frau wird sie dennoch nicht bevorzugt, muss genauso ranklotzen wie ihre Kollegen. Doch es mache ihr Spaß, solch einen Riesen zu bewegen, das
verleihe ihr ein Gefühl von Macht. Während ihre Freundinnen Se-
kretärin oder Arzthelferin wurden, hat Loraine diesen Weg einge-
schlagen. Die Mutter war anfangs dagegen, mittlerweile hat sie es
akzeptiert. Ihr Vater fand das von Anfang an toll.

»Ich wollte nicht in meinem Stamm arbeiten, als Bäuerin, ich
wollte raus und Geld verdienen. Wir jüngeren Frauen haben andere Pläne als unsere Mütter. Das einzig Nervige ist, dass ich im
Schichtbetrieb arbeiten muss.«

Schließlich haben wir das Ausfahrttor erreicht, und ich muss
zügig hinabsteigen, da Loraine per Funk aufgefordert wird, die
Fracht schnell abzuladen. Wir verabschieden uns, und sie winkt
mir aus der Kabine nach, als ich die Leiter hinabgestiegen bin.

Dann brechen wir auch schon wieder auf, da wir vor Einbruch der Dunkelheit wieder in Poindimié sein wollen. Die Japaner wirken zufrieden, haben offenbar alles »im Kasten«, was sie an Filmmaterial brauchen. Unterwegs halten wir noch an einem der Stände am Straßenrand. Es sind überdachte Tische, auf denen geschnitzte Holzfiguren, Muscheln oder auch Früchte liegen. Daneben steht eine kleine Dose, eine »Kasse des Vertrauens«. Ich suche mir eine Tüte zitronengelber Mangos aus und stecke 1000 CFP in die Gelddose.

Beim Einsteigen frage ich den Fahrer, ob ich mich nach vorn setzen kann, denn wir sind mindestens noch eine Stunde unterwegs und mit den Japanern finde ich keinen Anknüpfungspunkt für ein Gespräch. Jonas, ein Kanak um die fünfzig, ist für jede Unterhaltung dankbar und räumt den Sitz frei. Sofort beginnt er sich über den Nickelabbau aufzuregen, als hätte er nur darauf gewartet, seinen Frust loszuwerden: »Schau dich um, wie das alles aussieht! Die Natur ist das Wichtigste, was wir haben! Und nun müssen wir verdammt noch mal mit den Folgen von Erosion und der zerstörten Vegetation leben.«

Wütend haut er mit der rechten Hand auf das Lenkrad, so als müsse er sich Luft machen, alles mal rauslassen, was den Besuchern seiner Insel an Schattenseiten verschwiegen wird: »Madame, es leiden die Pflanzen, es leidet das Meer, Industrieabfälle fließen hinein und greifen die Korallenriffe an.« Dass das Korallenriff und die Lagune auf der Welterbeliste der UNESCO stehen, sei zumindest hilfreich: »Seitdem hat die Regierung begonnen, Gebiete des Ozeans zu überwachen, was aber noch nicht ausreicht. Mehr Initiative ist nötig.«

Jonas versucht sich zu beruhigen, denn die Straße an der Küste wird schmaler und er muss sich wieder mehr auf den Weg konzentrieren, um nicht ins Schlingern zu kommen.

Als wir zurückkommen, macht das Hotel einen ausgestorbenen Eindruck. Die Festivalteilnehmer sind allesamt abgereist, die verbliebenen, wenigen Touristen sitzen im Restaurant, zumeist

Paare an Zweiertischen, traut ins Gespräch vertieft. Ein bisschen wehmütig schaue ich zu ihnen hinüber, besonders zu einem Paar, das die Köpfe zusammensteckt und sich an den Händen hält. Ich wünschte, ich wäre jetzt nicht allein, nicht an diesem Abend. Ich muss wieder an René denken. Seit wir uns begegnet sind, merke ich, was mir fehlt, obwohl ich es mir nicht recht eingestehen will: Jemand, mit dem ich das Erlebte teilen kann. Na ja, und ein bisschen flirten, warum nicht, und gerne auch mehr ...

Es ist das erste Mal, dass massiv ein Gefühl von Einsamkeit in mir aufsteigt. Traurigsein in den Tropen tut irgendwie stärker weh als zu Hause, hier, wo es herrlich warm und sonnig ist, alles duftet und flirrt und jeder Tag so viel Neues bringt. Traurigkeit in Berlin ist auch nicht schön, stört aber weniger. So empfinde ich es gerade.

Bislang gab es auf meiner Reise keinen rechten Anlass für Traurigkeit oder, besser gesagt, wurden Momente der Melancholie sofort überdeckt durch das Aufregende, Spannende, Neuartige, das mich umgab. Nach Monaten meiner wunderbaren Zeit ist mir, als ob es jetzt so etwas wie ein Anhalten gibt. Ich kann nicht genau sagen, warum, wodurch. Liegt es daran, dass ich René vermisse – oder fehlt mir gerade ein Gesprächspartner, mit dem ich meine Eindrücke teilen könnte? Eigentlich mag ich doch genau das, diese Unabhängigkeit, die Freiheit, mich dorthin zu begeben, wohin mich meine Intuition hinführt.

Ein bisschen niedergeschlagen schlendere ich durch den Park zwischen den Bungalows. Oder ist meine derzeitige Stimmung auch der Anonymität luxuriöser Hotels geschuldet? Liegt es am Hotelzimmer? Manch einer mag ja Hotelzimmer, weil alles, was einen zu Hause umgibt und oft auch belastet, nicht da ist. Ein Hotelzimmer als eine Art neutraler Ort, wo man anders sein kann als zu Hause. Kollegen von mir mögen Hotelzimmer als Stätten ständigen Kommens und Gehens, als ewiges Provisorium, als gestalteten Transitraum. Mich dagegen machen Hotelzimmer oft traurig – da fühle ich mich in jedem verkramten, chaotischen Zimmer einer Pension wohler. Gerne

übernachte ich auch bei Familien, wo ich mich geborgener fühle als in
Hotelzimmern, zumindest wenn ich allein unterwegs bin.

Eins habe ich bislang gelernt: Wenn ich arg ins Grübeln komme, muss ich spazieren gehen, um aus dem Gedankenkarussell aus-
zusteigen. Hier ist es ein Leichtes. Ich ziehe meine Sandalen aus,
stapfe barfuß zum Strand und wandere am Wasser entlang. Dann
ziehe ich mein rotes Kleid über den Kopf und stakse ins warme
Wasser. Es ist dunkel, und niemand außer mir ist am Strand. Ich
strecke meinen Bauch heraus und lasse mich auf dem Rücken treiben wie ein toter Fisch. Wasser läuft mir in die Ohren, ich drehe
mich um und tauche, tauche hinab zum Meeresgrund. Beim Aufsteigen ziehe ich den Zopfgummi aus meinen Haaren. Die Sträh-
nen schweben wie Schlangen um mich herum. Wie schön wäre es,
eine Weile unten zu bleiben, an nichts mehr zu denken, wie eine
Meerjungfrau. Die kann so lange unter Wasser bleiben, wie sie
mag, und muss nicht immerzu aufsteigen. Doch dann schnelle ich
hoch, um nach Luft zu schnappen. Mit weiten Armbewegungen
und leichtem Paddeln der Füße gleite ich langsam ans Ufer. Dort
rolle ich mich in den warmen Sand, ach ja, Meerjungfrau sein.

Ich hülle mich in mein großes blaues Badehandtuch, fühle
mich wohler als noch vor einer Stunde, als seien die tristen Gedanken auf dem Meeresgrund zurückgeblieben. Ich denke an die
nächsten Tage, was ich alles machen möchte, worauf ich Lust
habe. Im Fernsehen im Hotel hatte ich eine Reportage über einen
Holzschnitzer gesehen, der für seine Masken berühmt ist. Er
wohnt auf der Île des Pins. Vielleicht kann er meine Maske »lesen«? Vielleicht gibt es eine Bedeutung, die sie in sich trägt, die nur
ein Einheimischer, ein Schnitzer herausfinden kann?

Außerdem liegt die Île des Pins vor Nouméa, wo ich anschließend hoffentlich René wiedertreffen werde. Ein guter Plan!

15

Warum Inseln Hüte tragen

Wieder sitze ich an einem Strand, wieder einer, der noch schöner ist als all die anderen, die ich bislang gesehen habe. Ein herrlicher Ausblick auf das Meer, Farbenspiele im Himmel und Ozean, feiner »Zuckersand«, sich wiegende Palmen.

Ein sich mehr und mehr ausbreitendes Wohlgefühl überkommt mich, hier an der Bucht von Kuto auf der Île des Pins. Ich grabe meine Füße tiefer in den Sand, den ich als Kind seiner Feinheit wegen Teddysand nannte. Mir fällt auf, dass ich auf dieser Reise bislang selten fotografiert habe, trotz bester Ausrüstung und der über Jahrzehnte gewachsenen Leidenschaft für das bildliche Festhalten von prägnanten Momenten. Nun stelle ich zum wiederholten Male fest, dass Fotografieren auf Reisen mir das Gefühl gibt, nicht so sehr den Moment festzuhalten, sondern die Gegenwart zu demontieren. Sobald ich die Kamera ansetze, steige ich aus dem Erleben, aus der Situation aus, werde zum Beobachter, der sich dem Geschehen entzieht, um es mit anderen Mitteln festzuhalten. Ich halte das Gesehene zwar im Bild fest, doch die Kamera schiebt sich zwischen mich und das vor mir Liegende. Das Erlebte in Worte zu fassen ist mir lieber.

Die Fotos verführen das Gedächtnis dazu, sich den Fotos anzupassen, denn Orte und Menschen, die nicht festgehalten wurden, verschwinden allzu leicht. Deshalb habe ich in letzter Zeit wenig fotografiert, zugunsten einer größeren, anhaltenden Wahrnehmung und gespannten Aufmerksamkeit, die auch jene zunächst scheinbaren Nichtigkeiten, Nebensächlichkeiten, Belanglosigkeiten aufnimmt.

Ich hole den Zeitungsartikel über die großen Masken an der Bucht von Saint Maurice heraus. Schaue mir auf der Landkarte den Weg dorthin an – von hier bis nach Saint Maurice dürften es nicht mehr als sechs, sieben Kilometer sein. Die Straße führt direkt dorthin, über Vao, den Hauptort der Île des Pins. Also wäre es ein angenehmer Spaziergang, denn auf der Île des Pins gibt es noch weniger Verkehr als auf Grande Terre. Nun lese ich den Artikel, den ich bislang nur überflogen hatte, genauer durch und stelle fest, dass das Geschenk meines Großvaters nach meiner Definition eine Maske ist, aber auf Neukaledonien *flèche faîtière* genannt wird, ein Totem, so etwas wie ein Stammesabzeichen. Ein geschnitztes Holz, in dem der Geist der Urahnen sitzt. Nur, welcher Geist? Vielleicht kann ich das herausfinden.

Nach einer guten Stunde Fußmarsch entdecke ich am Meeresufer Totemstämme, dicht an dicht, wettergezeichnet, von der Sonne gegerbt, von der salzigen Luft gefräst. Holzfiguren, die um ein Monument gruppiert sind, eine Skulptur, die an die ersten Missionare erinnert, die sich auf der Insel ansiedelten.

Jede dieser Stammesfiguren sieht anders aus: klobige Gesichter, hervorstehende Augen, kantige Wangen, herausgestreckte

Auch in dieser Figur ruhen die Vorfahren eines Stammes, die
nach Auffassung der Kanak die Lebenden beschützen.

Zungen, eckige Stirnbänder. Manche Skulpturen lehnen sich al-
tersschwach und windschief aneinander, stützen sich gegenseitig.

Nicht weit von hier müsste er wohnen, Laurent, ein Künstler, der
laut meinem Zeitungsartikel Totems herstellt. Da die Insel mit ihren 3000 Einwohnern nicht sonderlich groß ist, werde ich irgendwo fragen, in der Hoffnung, dass hier jeder jeden kennt und man
mir weiterhelfen kann.

    In Vao beschließe ich, in der Post nach Laurent zu fragen. Es
ist ein Postamt aus uralten Zeiten, als Briefe noch laut abgestem-
pelt wurden und es nach Tinte roch. Hinter einem winzigen Schalter schaut eine kleine Frau hervor, die sich zu freuen scheint, dass
jemand das gelbe Gebäude aufsucht. Mit Sicherheit ist nicht viel
los in Vao und sie langweilt sich den lieben langen Tag. Lächelnd
empfängt sie mich: »Bonjour! Ça va?«

Ich erkundige mich nach Laurent en Harmonie, etwas zaghaft, da ich befürchte, dass sie gleich in Gelächter ausbricht, weil es möglicherweise ein spaßiger Kunstname ist und der Typ anders heißt. Sie nickt, verschwindet im hinteren Zimmer und kommt nach einigen Minuten in Begleitung eines älteren Herrn zurück, der wie sie auch eine dunkelblaue Uniform trägt. Der Mann stellt sich als Nachbar von Laurents Eltern vor, und mit groben Linien skizziert er mir auf einem Blatt Papier den Weg zur Werkstatt des Holzschnitzers, nicht weit von Vao entfernt.

Nach einer halben Stunde Fußmarsch stehe ich vor einem Schild: *Sculpteur*. Hinter hohen Büschen sehe ich mitten auf einer großen Wiese eine Hütte, die aus Holz, Wellblech und Lehmbeschichtungen zusammengezimmert wurde. Etwas unförmig und leicht schief, doch die Natur verschönt alles – ein paar Kokospalmen, Farne und Bougainvillea geben dem kleinen Anwesen ein anheimelndes Aussehen. Vor der Tür liegen Holzballen herum, Kästen mit Werkzeug, obendrauf Sägen, eine Axt und ein paar unfertige Arbeiten, Stämme, auf denen mit schwarzem Stift markiert ist, wo später Einkerbungen hineingeklopft werden sollen.

Einen Meter neben der Hütte sitzt ein junger Mann in grauem Turnhemd und schwarzen Shorts rittlings auf einem Stuhl und schabt mit einer Glasscherbe den Grat von einem Totempfahl. Das Haupt dieses Totems besteht aus einer Art Zylinder, darunter ein lachendes Gesicht, am unteren Ende umklammert eine eingekerbte Schildkröte den runden Stamm. Laurent legt die Glasscherbe zur Seite, meißelt dann mit einem kleinen Stemmeisen und schwerem Klopfholz aus den vorgezeichneten Linien mehrere Späne heraus. Dabei summt er leise vor sich.

Als ich fast vor ihm stehe, bemerkt er mich und deutet mit einem Kopfnicken an, dass ich mich auf den Stuhl neben ihm setzen solle. »Einen Moment, ich muss das noch zu Ende machen.«

Der Moment dauert etwas länger, vielleicht eine halbe Stunde, doch ihm bei der Arbeit zuzusehen, hat etwas Meditatives – das rhythmische Klopfen, sein konzentrierter Blick, das gesummte Lied lassen mich entspannt warten.

Nach einer Weile beginnt Laurent zu beschreiben, was es mit diesem Totem auf sich hat, das gerade unter seinen Händen Form annimmt. »Das hier oben ist ein Hut. Da sitzen die Gedanken der Ahnen. Der offene Mund symbolisiert die Worte, die Sätze, die uns mit auf den Weg gegeben werden. Die Schildkröte steht für Stabilität und Ausdauer.« Der junge Künstler erklärt, dass er aus der Erinnerung heraus schnitze. Wenn er ein Stück Holz in seiner Hand hält, kommt die Inspiration von allein. Diese Figur wird ein Stück Familiengeschichte an die Kinder weitergeben, sie werden sie ansehen und Bescheid wissen über all das Ungesagte, das Vergessene, Verschwundene. Sie werden es in sich aufnehmen und verstehen.

Dann schaut er auf, legt seine rechte Hand auf die Stelle des Herzens, verbeugt sich leicht im Sitzen: »Was ist dein Anliegen?«

»Ich bin hierhergekommen, weil ich etwas von dir erfahren möchte. Mein Großvater verbrachte einige Zeit auf Neukaledonien und erhielt einen kleinen Glücksbringer, ich denke, es ist ein Totem. Er schenkte es mir. Ich habe es nicht mitgenommen, da ich fürchtete, es könnte unterwegs verloren gehen. Ich möchte dir das Foto zeigen.«

Laurent legt das Foto auf seinen Schoß. Schaut. Und schaut. »Es ist ein *gardien de maison*, ein Wächter des Hauses. Sein Geist schützt die Familie, die Kinder, das Anwesen. Bevor man ihn vor die Eingangstür stellt, muss er mit dem Gesicht zur Erde ins Meer getaucht werden. Somit hat er beide wichtige Elemente des Lebens in sich eingeschlossen.«

Mein Foto zeigt die Nachbildung eines Totems, das Laurent jedoch nicht kennt. Es kann nicht von der Île des Pins sein, sonst hätte er es schon einmal gesehen.

Laurent meint, dass es gut war, mit diesem Totem nicht auf Reisen zu gehen, denn sonst wären mein Haus und meine Wohnung ohne Schutz und ohne Hüter, gerade jetzt in meiner Abwesenheit.

Auch eine Nachbildung besitzt eine gewisse Kraft der guten Geisteswesen: »Die fünf Stäbe über dem Kopf deuten darauf hin, dass es ein einflussreicher *gardien de maison* war, er wachte über fünf Clans. Seine umgehängte Tasche bezeugt, dass es ein wohlhabender Stamm war, denn dieser Beutel ist ein Symbol für Reichtum.«

»Schade, dass ich nicht weiß, woher er kommt«, antworte ich in einem Anflug von Traurigkeit.

»Letztendlich ist es doch nicht wichtig – durch dieses Totem bist du nie allein, weil deine Ahnen bei dir sind, dich begleiten und behüten!«

Eigentlich wollte ich noch wissen, ob der Schutz mir auch sicher sein kann, wenn die Ahnen nicht aus meinem Stammbaum entspringen. Doch da mir die Aussage, dass ich unter einem höheren Schutz stehe, außerordentlich gut gefällt, frage ich nicht nach.

»Möchtest du einen Tee?«

»Gerne!«

Laurent geht in sein Haus, eine kleine Rundhütte, die, obwohl er darin allein zu wohnen scheint, mehrere Schlafmöglichkeiten bietet: eine Matratze, ein Bett, eine Hängematte, ein Etagenbett. Er bemerkt mein Erstaunen: »Das nutze ich alles. Am Abend eines Tages entscheide ich, je nach Stimmung, wo ich mich hinlegen werde.«

Das Wasser im Teekessel dampft. Laurent wirft eine geschälte Ingwerknolle und eine halbe Orange in eine Glaskanne und gießt beides mit kochendem Wasser auf.

»Sei mein Gast. Als Bahá'í möchte ich, dass du dich gut fühlst und sicher sein kannst, dass mir dein Wohlergehen am Herzen liegt.« Er reicht mir eine Tasse Ingwertee. Ich bin gerührt über diese unerwartete Anteilnahme.

Wieder schaue ich auf das Foto mit dem Totem meines Großvaters: »Ich dachte immer, das sei eine Art Maske.«

»Nein«, entgegnet Laurent. »Masken haben eine andere Bedeutung, sie erlauben, eigene Grenzen zu durchbrechen. Da geht es darum, das eigene Gesicht zu verhüllen oder in eine andere Rolle zu schlüpfen, das hat nichts mit einem Totem zu tun. Masken kommen während bestimmter Tänze oder Zeremonien zum Einsatz.«

»Bevor ich nach Neukaledonien aufbrach, habe ich versucht zu recherchieren, was es mit dieser kleinen Skulptur auf sich haben könnte. Ich bin dabei auf eine interessante Geschichte gestoßen. Es gibt in Deutschland, in Offenburg, ein sogenanntes Ritterhaus, und dort ist ein Maskenkostüm von Grande Terre ausgestellt! Man sagt, dass es einem Stamm in Bopope gehört haben müsse.«

Laurent ist verblüfft: »Früher gehörten solche Maskenkostüme Männern, die während einer Zeremonie ihren Bewusstseinszustand verändern konnten und durch große Geisteskraft das Wesen der Maske lebendig werden ließen.«

Dann wendet er seinen Blick zur Wiese, auf der zwei kleine Mädchen auf ihn zugerannt kommen. »Meine Töchter! Ah, die Schule ist aus. Ich wohne nur gelegentlich bei meiner Familie, dann, wenn ich mir eine Pause von der Arbeit gönne.«

Die beiden Mädchen tragen statt Missionarskleidern abgewetzte Jeans. Stürmisch umarmen sie ihren Vater, der eine nach der anderen durch die Luft wirbelt. Dann reichen sie mir höflich die Hand, beäugen mich neugierig, auch etwas argwöhnisch, und gießen sich Tee in die bereitstehenden Keramikbecher.

An Arbeit ist für Laurent nun nicht mehr zu denken. Die Kinder erzählen von der Schule, plappern, lachen und erfordern die vollste Aufmerksamkeit ihres Vaters, der, ganz offenkundig, lieber weiterarbeiten würde, so sehr er sein quirliges Duo auch liebt.

»Hört mal, kennt ihr eigentlich die Geschichte, warum Inseln Hüte tragen?« Die beiden schauen ihren Vater verwundert an. »Du erzählst wieder Quatsch!«, sagt die Größere.

»Nein! Wer es errät, darf sich etwas wünschen.« Das zieht. Doch den Mädchen fällt beim besten Willen nichts ein.

Laurent holt ein weißes Blatt Papier und schreibt mit großen Lettern das französische Wort für Insel: *Île.* »Voilà.«

»Das ist doch nur ein *accent circonflexe*«, weiß die Kleinere.

»Richtig, ein *accent circonflexe*, ein Hut also!« Und Laurent schiebt das Blatt zur Seite.

»Jetzt erzähle ich euch die Geschichte *Le chapeau de l'Île*, vom Hut der Insel.

»Unserer Insel?« fragt die Jüngere.

»Auch.«

Die beiden legen sich ins Gras, verschränken die Arme unterm Kopf, ziehen die Beine an und nehmen eine entspannte Zuhörerposition ein. Ich tue es ihnen gleich, lege mich zu ihnen und schaue den Wolken zu, wie sie langsam am Himmel vorbeiziehen.

»Es gibt ja verschiedene Inseln, kleine, große, es gibt sogar auch Schatzinseln. Allen ist gemein, dass sie im Meer, im See oder auf dem Fluss treiben. Egal wo, Inseln sind immer von irgendetwas umhüllt. Und sie tragen einen Hut. Um sich vor der Sonne zu schützen oder vor Regen und Sturm. Nur wenn ein Zyklon kommt, kann es passieren, dass das Meer hoch ansteigt und der Hut wegschwimmt. Wenn so etwas passiert, ist das schlimm.«

»Genau, da schwimmt alles weg, wie beim letzten Zyklon. Der hat eine Ecke von unserem Dach weggerissen«, erzählt mir die Größere. Die Kleinere nickt.

»Auf den Inseln gibt es Bäume, Blumen, Pflanzen. Vulkane, Sand und Steine, Felsen und Buchten. Kleine und große Tiere. Und meistens tragen die Menschen, die dort leben, einen Hut. Den heben sie hoch, um Bonjour zu sagen, und neigen dabei den Kopf ein wenig nach vorn.

Meistens kann man um eine Insel ohne anzuhalten herumlaufen, und auch ohne das Meer aus den Augen zu verlieren. Dann kommt man nach einer Runde an den gleichen Ort zurück, so wie die Zeiger einer Uhr ticken. Um eine Insel zu verlassen, muss man ein Segel für ein Boot haben oder Flügel wie ein Flugzeug oder ein Vogel sein. Vögel oder Menschen lieben Inseln, um ein Nest oder ein Haus zu bauen. Und weil das so ist, trägt das *I* von *Île* eben ein Dach auf dem Kopf.«

»Weiter, das ist so schön!«, rufen beide.

»Nein.« Laurent fasst sich ein Herz: »Ich muss arbeiten.«

Na gut, die Mädchen kennen ihren Vater, Widerspruch sinnlos. Sie geben ihm einen Kuss und trollen sich.

Mir fällt, angeregt durch diese kleine Erzählung von Laurent, ein Bild von Paul Klee ein: *Insula dulcamara*, Bittersüße Insel, von 1938. Eine Reproduktion davon hing im Kunstraum meiner Schule. Damals stand ich oft davor und spürte, dass es um mehr ging als um eine Insel. Im Unterricht erfuhr ich, dass Klee das Leben eines Menschen mit einer Insel verglich. »Denn wie Inseln im Ozean bleibt auch der Mensch zeit seines Lebens eine Insel, allein im Menschenmeer«, erklärte die Lehrerin.

Auf Paul Klees bittersüßer Insel ging es für mich recht rätselhaft zu: Es gab dort geheimnisvolle Zeichen, ähnlich der arabischen Schrift – oder waren es ägyptische Hieroglyphen? Ich bildete mir auch ein, auf dem Bild ein freundliches Gesicht zu sehen. Aber letztendlich gelang es mir weder die Schrift zu entziffern noch das Bilderrätsel zu lösen. Ist so das Leben? Vielleicht. Ist es doch auch eine Aneinanderreihung von geheimnisvollen und rätselhaften Erlebnissen, von denen manche niemals entschlüsselt werden können.

»Hast du dir die Geschichte ausgedacht?«, frage ich Laurent. Der Mann nickt: »Ist nicht schwer, beim Schnitzen fällt mir so das eine oder andere ein.«

»Eine schöne Idee, das mit dem Hut«, entgegne ich. »Doch das funktioniert nur im Französischen. Das deutsche Wort für Insel hat kein Dach.«

Ein leichter Wind kommt auf, und jetzt erst sehe ich, dass auf einem der Baumstämme eine Fahne weht. Es ist eine blau-rotgrün gestreifte mit einem gelben Kreis in der Mitte. Darin ist ein schwarzes Symbol abgebildet. Die Fahne ist mir schon mehrmals aufgefallen.

»Das ist die Fahne der Kanak«, sagt Laurent, der meinem Blick gefolgt ist.

»Die offizielle Flagge Neukaledoniens ist doch eigentlich die französische Trikolore. Ist das hier eine illegale Fahne?«, frage ich. Laurent schüttelt energisch den Kopf. »Seit 2010 nicht mehr. Da gab es endlich den Beschluss unserer Regierung, dass die Flagge der Unabhängigkeitspartei als offizielle Flagge anerkannt wird.«

»Was bedeuten die Farben?«

»Der gelbe Kreis ist die Sonne, übrigens mit einem Totem darin. Blau steht für unsere Stämme an der Küste, Grün für die Berge und Rot für das Blut unserer Vorfahren, die für unsere Rechte gekämpft haben.«

Ich spüre Laurents Unruhe: »Du möchtest jetzt weiterarbeiten, nicht wahr?«, hake ich ein.

»Ja, aber du kannst gerne wiederkommen, wenn du noch Fragen hast!«

Wir verabschieden uns.

Es ist früher Nachmittag, die Sonne hat ihren Zenit bereits überschritten und es lässt sich gut laufen auf der Straße, in den länger werdenden Schatten der Pinien. Hier und da liegen Männer unter den Bäumen auf Bananenblättern und halten Siesta. Sie dösen, mit dem Hut auf dem Gesicht, um sich vor der noch immer grellen, heißen Sonne zu schützen. Ach ja, Hüte und Inseln ...

In gewissen Abständen komme ich an kleinen Hochständen vorbei. Sie ähneln den Gestellen zu Zeiten meiner Großeltern, als Pferdefuhrwerke Milchkannen verluden. Diese Stände waren in Höhe des Wagens aufgebaut, damit der Milchmann nicht absteigen musste, um die Kannen hinzustellen oder wieder abzuholen. Hier jedoch werden keine Milchkannen, sondern Müllsäcke abgestellt und eingesammelt, eben nicht auf ebener Erde, um sie vor herumstreunenden Hunden zu schützen. Die Inseln Neukaledoniens sind alle sehr sauber.

Beim Weiterlaufen muss ich an meinen *gardien de maison* denken. Irgendwie hatte ich mir eine außergewöhnliche Geschichte erhofft, die sich um diese kleine Figur ranken könnte. Ob es mir noch gelingt, mehr zu erfahren, den Stamm aufzustöbern, wo mein Großvater war?

Etwas enttäuscht, weil ich mit meinen Recherchen immer noch nicht viel weiter gekommen bin, setze ich meinen Weg fort, überlege, ob ich schon alles versucht habe, um eine Spur aufzunehmen.

Versunken laufe ich weiter und weiter, bleibe unvermittelt stehen, als ich am Ende der Straße auf einem Feld Ruinen entdecke: bröckelnde graue Fassaden zerborstener Gemäuer, aus denen rote Ziegel hervorstehen. Hoch oben in den Mauern befinden sich kleine Gitterfenster. Aus den Steinen der Häuser ragen rostige Eisenstäbe, Büsche, ja sogar Bäume, wachsen aus den Fugen.

Vor einer Treppe, die zum Haupthaus führt, hängt ein Schild: *Vestiges du Bagne* – es ist ein ehemaliges Gefängnis. Ich betrete vorsichtig das kalte, dunkle Gemäuer, es schauert mich, als ob ich noch die Angst der Insassen spüren könnte. Auf einer Tafel lese ich, dass nicht nur Schwerverbrecher, sondern auch politische Häftlinge gefangen gehalten und misshandelt wurden.

Dann höre ich Stimmen in der Anlage. Ein Mann erzählt einer Gruppe von Touristen die Geschichte. Neugierig geselle ich mich dazu und erfahre: Neukaledonien hatte Mitte des 19. Jahrhunderts Strafkolonien, in die Kanak, aber auch Gefangene aus Frankreich und Algerien deportiert wurden, um Zwangsarbeit zu leisten.

Dann fällt ein Name: Louise Michel. Ich erinnere mich an *Louise Michel, la Rebelle*, den beeindruckenden französischen Film über das Leben dieser Frau, den ich vor Jahren gesehen hatte. Sylvie Testud spielt darin Louise Michel, die nach der Niederschlagung der Pariser Kommune nach Neukaledonien abgeschoben wurde. Eine viermonatige Überfahrt auf einem Segelschiff, dann sollte sie in dieses Gefängnis auf der Île des Pins kommen, da es »moderater« war als andernorts auf Neukaledonien. Doch sie lehnte ab und wollte dahin, wo auch die männlichen Kommunarden einsaßen. So kam sie in das berüchtigte Lager der Halbinsel Ducos, nahe Nouméa.

Die Pariser Kommune. Damit hatte ich mich seit meiner Schulzeit nicht mehr beschäftigt. Nun bin ich beeindruckt, als ich höre, wie unerschrocken und beherzt Frauen wie Louise Michel waren. Sie lernte im Knast die Sprache der Kanak, setzte sich nach ihrer eigenen Freilassung in Neukaledonien gegen die Unterdrückung der Ureinwohner ein, gründete eine Schule, um Kindern Bildung zukommen zu lassen.

Der Guide, dem die Touristen gespannt lauschen, scheint die Anarchistin von einst sehr zu verehren. Ausführlich erzählt er von ihrem Kampf gegen die Entrechtung der Kanak. Ich lausche: »Immerhin hat kein Geringerer als Victor Hugo ihr das Gedicht *Viro Major* gewidmet, in dem er ihren Mut lobt.« Dann liest er einen Ausspruch von Louise vor:

Lass den Pflug liegen, bis die Erde dir gehört
und nicht länger den Aasgeiern, den Großgrundbesitzern.
Es gibt Korn im Überfluss, und du stirbst fast vor Hunger.
Hindere deinen Sohn, loszuziehen, um andere Völker zu vernichten;
hindere deine Tochter, für das Vergnügen der Herren da zu sein.
Lehre deine Kinder den Widerstand,
damit sie endlich die soziale, menschliche Gesellschaft erleben.
Weigere dich, von deinen letzten Groschen die Spürhunde, die dich
hetzen, zu bezahlen.
Verweigere alles, damit es schneller zum letzten großen Kampf
komme.
Nicht die Paläste sollen brennen, sondern die hässlichen und ver-
pesteten Hütten.

Die Touristen klatschen.

Ich staune nicht schlecht. Der Text ist auch nach über 150 Jahren durchaus noch aktuell ...

16

René und die Fahrt ins Unendliche

Es ist für mich nach all der Zeit in den Stämmen und Dörfern ungewohnt, wieder in einer Stadt zu sein, in Nouméa eben, der einzigen großen Stadt Neukaledoniens. Sofort stellt sich in mir wieder diese Unruhe ein, mehr sehen, mehr erleben und mehr unternehmen zu müssen, nicht anhalten, nicht stillstehen, aus Angst, etwas zu verpassen.

Ach, wie vermisse ich gerade *la Brousse*, den Busch – alles was außerhalb von Nouméa liegt, wird so genannt. Ich sehne mich zurück zu den Einheimischen, zurück ans wilde Meer, in die dichten Wälder, die weite Steppe. In Nouméa habe ich sofort wieder das Gefühl, mich bewegen zu müssen, damit die Zeit sich auch bewegt. Obwohl mir bewusst ist: Das ist nur ein Gefühl, nicht die Realität. Nouméa ist, wenn auch unübersehbar kleiner, mit Berlin vergleichbar; die Menschen werden von einer steten Sehnsucht getrieben – nach einem besseren Leben, nach mehr Zufriedenheit, mehr Glück. Und von der Vision, dass jederzeit etwas Tolles passieren könnte und es schade wäre, es zu verpassen, nicht dabei zu sein. Es ist so ein unerklärlichers Bedürfnis nach permanenter Optimierung des Lebens.

Dass stets etwas passiert – das ist dieses Berlingefühl, das in mir sitzt, und nicht nur in mir. Viele meiner Freunde haben es, früher oder später überkommt es jeden, es ist ansteckend wie ein Virus. Seit diese Art Grundstimmung über mich gekommen ist, einige Jahre nach dem Mauerfall, will ich nirgendwo anders leben, und wenn ich in andere Städte reise, nehme ich wohl diese Angst, etwas zu verpassen, unbewusst mit.

Über Berlin liegt eine Melancholie, eine Hoffnung, dass die Dinge so werden wie man es sich wünscht. Ähnlich empfinde ich das gerade in Nouméa, der Stadt des französischen Geldadels, der wohlhabenderen Kanak und der schick angezogenen japanischen Touristen. Sie erschaffen eine künstliche Atmosphäre, die mit dem Land Neukaledonien jenseits der Metropole nichts zu tun hat.

Unterwegs in den *tribu* erlebte ich eine Natürlichkeit, die sich in Nouméa nicht finden lässt. Auch eine Ruhe, die in der Großstadt wie weggeblasen ist. In *la Brousse* konnte ich gelassen die Zeit verstreichen lassen und es war mir nicht wichtig, dass etwas geschehen müsse, damit kein Gefühl von Langeweile, Stillstand oder untertourigem Leben aufkam.

Das hat alles jedoch nicht nur mit meiner Ankunft in Nouméa zu tun, sondern auch damit, dass mir mit einem Mal bewusst wird: Meine Tage hier sind nun gezählt. Noch bin ich an die 17.000 Kilometer von zu Hause entfernt, doch wer weiß, ob ich jemals wiederkomme? Vorweggenommener Abschiedsschmerz. Bitte nicht, noch bin ich auf dieser wundervollen Insel. Grund genug also, die Zeit zu genießen, es mir gutgehen zu lassen, mir auch die letzten Tage etwas Luxus oder besser gesagt, etwas mehr Komfort als in den Wochen davor zu leisten. Ich suche mir eine schöne Pension nahe dem Strand von Anse Vata.

Es ist ein Déjà-vu-Erlebnis: Ich laufe zum Meer hinunter, vorbei an dem Café, in dem ich mit dem Barista über den Kagu diskutierte. Ich frage nach ihm, doch er ist nicht mehr da, arbeitet anderswo. Überquere den Parkplatz, auf dem ich Bergé fragte, ob er mich nach Koné mitnehmen könne. Alles eine Ewigkeit her.

Nouméa selbst ist, wie ich schon bei meiner Ankunft feststellte, nicht sonderlich schön. Die Stadt hat einen merkwürdigen Stil, so eine Mischung aus australischer Architektur der 60er-Jahre mit einem Hauch französischem Flair. Die Stadt ist überschaubar und leicht zu erkunden, da die Straßen überwiegend im Schachbrettmuster angelegt wurden. Nur wenige Häuser stammen aus der Kolonialzeit und besitzen einen gewissen Charme.

Es ist stürmisch, der Wind verfängt sich in meinen Haaren, ich gehe die Uferpromenade entlang zum Meer und muss das Strandtuch festhalten, damit es nicht wegfliegt. Spaziere an der Küste entlang, beobachte die hellen Steine im Meer, die rasselnd aneinanderreiben. Es ist warm trotz des Sturmes. Kinder toben im Wasser, Surfer preschen über die Wellen.

Hinter der Uferpromenade schaue ich auf die waldige Anhöhe des Parc Municipal du Ouen Toro und versuche die hässlichen Hochhäuser, Bausünden aus den 60er-Jahren, zu ignorieren. Sie stören das Panorama beträchtlich.

Unweit von mir hantiert ein junger Mann mit einem orangefarbenen Plüschteddy, setzt ihn mal in den Sand, mal auf eine Kokosnuss, dann auf einen großen Stein und macht jedes Mal mit seinem Smartphone Fotos. Seine Aktion erinnert mich an die »Fabelhafte Welt der Amélie«. Wahrscheinlich ist er zu lange und zu oft von zu Hause weg und versucht seinen Kindern anhand des Teddys zu sagen, dass er an sie denkt.

Dann schrecke ich aus meinen Gedanken auf, als die Barfrau des Bistros neben mir einen Eimer mit gestoßenem Eis auf den Gehweg schüttet. Offenbar hat die Eismaschine zu viel davon produziert. Die Kinder kreischen vor Freude, stürzen sich auf

An den Stränden von Nouméa kann man mit Wassertaxis entlangschippern, sich am Ufer absetzen oder zu einer vorgelagerten Insel fahren lassen.

die kalten Kugeln und bewerfen sich damit. Ein merkwürdiges Bild, Eisklumpen unter Palmen und dem rot blühenden Flamboyant.

Ich beschließe, in die Innenstadt zu fahren und nehme den Bus. Die Frau an der Hotelrezeption hat mir erzählt, dass es abends auf der Place des Cocotiers Konzerte gibt. Das ist *der* zentrale Punkt der Stadt, der Mittelpunkt von Nouméa. Die Stadt wurde nach ihrer Gründung um diesen großen Park herum gebaut.

Die Place des Cocotiers gefällt mir, ein wunderschöner, luftiger Park mit einer sprudelnden Fontäne, einem weißen Pavillon und vielen hochgewachsenen Königspalmen. Eine Band ist gerade beim Soundcheck, um die Bühne herum sitzen Einheimische. Ich setze mich auf die Treppe zu einer Gruppe Jugendlicher und frage, wer da spielt. Die Jungs zucken mit den Schultern, es gäbe kein Programm, Bands kommen und gehen. Die vier mustern mich und fragen, was das für ein Akzent sei, den ich spreche. Als ich ihnen sage, dass ich Deutsche bin, geht ein

Leuchten über ihre Gesichter. »Im Oktober waren die Scorpions hier, die sind cool! Ein klasse Konzert.« Dann erzählen sie von Rammstein, die auch da waren: »Es goss wie aus Eimern, doch Band und Besucher haben ausgehalten.« Die dröhnende Musik, das gigantische Feuerwerk, eine überdimensionale Leinwand, unvergesslich!

Ich begreife bis heute nicht, warum ausgerechnet Rammstein bis in die letzten Winkel der Welt so erfolgreich ist. Wenn ich auch mit den Schwermetallern nicht viel anfangen kann, gefällt mir doch der eine oder andere Song. Natürlich auch das Stück »Reise, Reise«. »Ja«, erzählt der Junge neben mir, »das Lied haben sie gleich am Anfang gespielt. Das heizte ein!«

Es ist Mittagszeit, und auf den Bänken sitzen viele Büroleute, die ihre Snacks essen, Salat aus Plastikschalen oder Sandwiches. Um die Fontäne herum spielen ein paar alte Männer Schach. »Dort drüben«, sagt einer der Jungs und zeigt auf ein kleines, in sich zusammengesunkenes Männchen mit schmalen, aber wachen Augen, »der Typ da hat alles sausen lassen, damit er für immer Schach spielen kann.«

»Das ist er?«, frage ich, »über ihn habe ich einen Dokumentarfilm gesehen!«

»Ich auch«, erzählt der Junge, »aber man weiß wenig über ihn, nur, dass er Mathadé heißt. Er redet hier nicht über sich.«

»Wie findest du es, wenn jemand so konsequent ist?«, frage ich.

»Dass er seinen Stamm verlässt, finde ich nicht gut. Aber wenn die Leidenschaft ihn so packt, warum nicht.«

Ich sinne noch ein bisschen darüber nach, ob jemand wirklich im Schachspielen einen neuen Sinn für sein Leben finden könne. Was ihm gefehlt haben mag und wie so eine Leidenschaft einfach über jemanden hereinbrechen kann. In diesem Moment klingelt mein Handy. René ruft an! Er hat sich tatsächlich gemerkt, dass ich jetzt in Nouméa sein wollte, und fragt, ob ich heute Abend Zeit für ihn hätte. Auf jeden Fall!

In der Dämmerung schlendere ich zum Strand und sehe ihn schon von Weitem auf mich zukommen. Er versucht gerade seine Haare zu bändigen, die der Sturm zerzaust. Sein schwarzes Hemd knattert mit lauten Schlägen gegen seinen Körper, wie das Segel eines Bootes, in dem sich der Wind verfängt. Je näher ich dem Meer komme, desto mehr Mühe habe ich, voranzukommen, so sehr hat die Windgeschwindigkeit zugenommen. Die Urlauber an der Uferpromenade mühen sich, ihre Habseligkeiten zusammenzupacken, Taschen, Sonnenschirme und Mützen festzuhalten, dann flüchten sie in die umliegenden Bistros und Strandcafés.

René drückt mich freudestrahlend an sich.

Dann rennen wir los, mit dem Wind, einfach so, ohne einander zu fragen wohin. Fast fliegen wir und lachen ausgelassen wie Kinder. Bleiben stehen, fassen uns an den Händen und stemmen uns in die Gegenrichtung – der Sturm trägt, wir fallen nicht, obwohl wir uns schräg in den Wind legen. Schließlich wenden wir uns und versuchen seitlich zu gehen, wie Krebse, um dem Sturm nicht so viel Angriffsfläche zu bieten. Wir rufen uns Sätze zu, die nicht oder völlig verdreht beim anderen ankommen, weil der Wind so laut tobt. Und lachen darüber.

Langsam wird es trotz aller Neckereien und Albernheiten draußen ungemütlich. René zeigt auf die Terrasse einer geschützten Holzbrücke, auf die wir schließlich Kurs nehmen. Schon lange wollte ich dorthin, ins *Le Roof*, ein schindelgedecktes Restaurant auf Stelzen, auf einem Steg, der weit ins Meer reicht. Dort finden wir Schutz, bestellen Weißwein und Meerestiere und setzen uns auf die verglaste Terrasse.

»Wie ist es dir ergangen, seit wir uns das letzte Mal gesehen haben?«

Was soll ich sagen? Ich erzähle von der Nickelmine, von der Île des Pins und dass ich nun weiß, dass Inseln Hüte tragen.

»Ach, diese Geschichte kenne ich auch!«, sagt er. Und fügt hinzu: »Ich habe sehr oft an dich gedacht!«

Außergewöhnlich: das Restaurant *Le Roof* an einer der
schönsten Lagunen der Welt. Ein echter Südseetraum.

Diese Nacht ist es ungewöhnlich kühl, wohl wegen des Wet-
terumschwungs. Der Kellner bringt Decken, in die wir uns hüllen.
Dicht an dicht schmiegen wir uns auf einer Bank aneinander.

Als der Sturm ein bisschen nachlässt, laufen wir zu seinem
Auto, um auf die Hügel der Stadt zu fahren, zum Ouen Toro, dem
Lieblingsplatz von René. Am höchsten Punkt angekommen, laufen wir zu den beiden alten, gusseisernen Kanonen, die von der
australischen Armee im letzten Jahrhundert dort aufgestellt wurden.

Rittlings setzen wir uns hintereinander, und ich genieße es,
mich an den Mann zu lehnen, der mir in den letzten Tagen im
Kopf herumschwirrte.

Unter uns ein flimmerndes Lichtermeer – Nouméa liegt uns zu
Füßen. Ich bekomme Gänsehaut, diesmal nicht von der Kühle der
Nacht, sondern wegen des wunderschönen Ausblicks. Obwohl es
mittlerweile tiefe Nacht ist, kann ich bis zur Lagune, bis zum weiten, dunklen Ozean sehen. Es stürmt noch immer, doch nicht

mehr so heftig wie noch vor Stunden. »Was macht der Wind, wenn er nicht weht?«, frage ich René. Er lacht und zuckt mit den Schultern.

Auf meinen Reisen habe ich bereits heftigste Stürme erlebt, doch nie war ich in dem Moment dabei, als sie aufhörten. Meistens legte sich der Wind, während ich schlief. Am Morgen war dann alles vorbei, oft so, als sei nichts geschehen. Ich habe keine Ahnung, ob Stürme langsam abnehmen oder ganz plötzlich versiegen.

»Hast du schon mal erlebt, wie sich der Wind schlafen legt?«, frage ich weiter.

»Nein«, erwidert er und setzt nach: »Na, dann lass uns so lange wach bleiben, bis sich kein Lüftchen mehr rührt. Lass uns den Wind beobachten!«

Wir halten die Augen offen, horchen auf die Geräusche, verfolgen den Rhythmus der Böen, beobachten das schwarze Meer mit seinen weißen Schaumkronen. René zieht mich mitten in unserem Schweigen dichter an sich heran, beugt sich über mich und beginnt mich leidenschaftlich zu küssen.

Als wir voneinander lassen, ist es windstill. »Nun haben wir doch den Moment verpasst!«, sage ich.

»Ach was, der Wind hat sich langsam und höflich zurückgezogen, als er uns so eng umschlungen sah! Der Wind kann auch ein Gentleman sein, manchmal zumindest.«

René hebt mich von der Kanone, wir laufen zum Auto, fahren ins Hotel, küssen uns auf dem Weg die Treppen hinauf, zur Tür hinein und verfangen uns im Laken des schmalen Bettes.

Als ich aufwache, ist er fort. Auf dem Kissen neben mir ein Zettel: »Der Schmerz des Abschieds wäre für mich zu groß gewesen. Bald fliegst du nach Hause – und ich habe Angst, mich in dich zu verlieben.«

Ich lese den Zettel noch einmal und noch einmal, warte darauf, dass ich in Tränen ausbreche, mich eine endlose Traurigkeit überfällt. Doch nichts dergleichen. Trotz des abrupten Endes ist mir wohlig, ist mir warm ums Herz. Vielleicht, weil aus dem Laken der Geruch seines Körpers in meine Nase steigt?

Ich beeile mich, in den Frühstücksraum zu kommen, brauche Kaffee, Croissants und ein paar Früchte, sicherlich wird es Mangos, Papaya und Ananas geben. Ich trinke einen Schluck heißen, starken Milchkaffee – da steht er plötzlich vor mir! Schiebt den zweiten Stuhl vom Tisch dicht neben mich und setzt sich. Legt den Arm um meine Schulter und flüstert: »Schon als ich die Tür leise zuzog, habe ich dich vermisst. Unglaublich, oder?« Und René schaut mich schelmisch an, mit zusammengekniffenen Augen und spitzem Mund.

»Außerdem begann es zu regnen. Wenn es regnet, soll man sich nie von jemandem verabschieden, den man mag. So der Glaube der Kanak. Dann würde man diesen Menschen nämlich nicht wiedersehen. Das wollte ich nicht riskieren!«

»Nun sehen wir uns gerade wieder!«, erwidere ich neckend.

René lacht und nimmt einen großen Schluck Kaffee aus meiner Tasse: »Lass uns den Tag gemeinsam verbringen. Ich möchte dir etwas zeigen, was mir wichtig ist.«

»Nichts lieber als das!«

Wir bleiben in Nouméa und fahren mit dem Taxi in den Osten der Stadt. Nach einer halben Stunde erheben sich vor uns voluminöse Gebilde, die mehrere Meter in den Himmel ragen und aussehen wie überdimensionale halbierte Rundhütten. Ich zähle zehn dieser schalenförmigen Konstruktionen, die direkt an der Küste stehen, hinter einem großen Naturschutzgebiet, umgeben von Seen und Mangrovenwäldern.

»Was du dort siehst, ist das Kulturzentrum Tjibaou.« Während der Taxifahrer einen Gang herunterschaltet, erzählt René, dass Jean-Marie Tjibaou ein Priester war, der für die Rechte und für die Unabhängigkeit der Kanak gekämpft hat. Nach ihm ist diese Anlage benannt. René war diesem Mann, von dem ich jetzt zum ers-

ten Mal höre, einmal begegnet: im September 1975 auf dem Kultur-
festival Melanesia 2000, das Tjibaou organisiert hatte. Es war *das*
Ereignis zu dieser Zeit. Noch nie wurde die Kultur der Kanak der-
art gewürdigt, und schon gar nicht mit solch einem großen Fest,
bei dem erstmalig Menschen verschiedenster Stämme zusammen-
kamen und außerhalb ihrer *tribus* feierten. Drei Tage lang ging es
ausschließlich um ihre Traditionen, ihre Kultur, ihre Zukunft.
Nach Jahrzehnten der Unterdrückung und Drangsalierung sehn-
ten sich die Kanak nach einem freien, selbstbestimmten Leben.

»Ich konnte es kaum glauben«, erzählte René, »auf einmal stand
er vor mir. Ein kräftiger Mann, gar nicht sonderlich groß. Obwohl
ich erst siebzehn war, überragte ich ihn. Er hatte ein Charisma,
eine faszinierende Ausstrahlung, die mich sofort in ihren Bann
zog. Ich erinnere mich an sein buntes Hemd, das er lässig über der
Hose trug, ein Hemd, auf dem Hibiskusblüten, Palmenblätter und
Papageien schwirrten. Ich erinnere mich an seine ruhige, beson-
nene Art. In einer Rede forderte er, dass es den Ureinwohnern
besser gehen müsse. Er sprach voller Leidenschaft, doch ohne
Wut und Racheaufrufe, wie es die Radikalisten taten. Er hatte etwas Väterliches an sich, er war ein Mann, dem man vertrauen
konnte, das spürte ich sofort.« René kommt richtig in Fahrt, erzählt von den Menschen, die endlich in der Öffentlichkeit wieder
singen, tanzen, trommeln durften, ohne dass sie fürchten mussten, deshalb denunziert und eingesperrt zu werden. Denn zu dieser Zeit war offiziell alles verboten, was mit ihrer Kultur zu tun
hatte.

Die Männer auf dem Festival malten auf ihre nackten, braunen
Oberkörper mit weißer Farbe das Wort *men*. Es sollte verdeutli-
chen, dass sie, die Kanak, wie alle anderen Menschen gleichberechtigt behandelt werden wollten. Die Menschen tanzten so ausgelassen, wie wenn es nach schlimmen Zeiten der Trockenheit
endlich zu regnen anfängt und es Hoffnung gibt, dass nun alles zu
blühen anfängt. René weiß noch, dass er an diesen Tagen Bambus-

flöte spielen lernte, wie früher seine Großeltern und Eltern. Die Flöte ist nicht mehr dieselbe, er hat eine neue, auf der er die alten Lieder spielt: »Es war so wichtig, sich der verloren gegangenen Dinge zu erinnern. Zwar gibt es noch all die Gegenstände von einst, wie Flöten oder Masken, aber das Lebendige verschwindet, wenn man nicht aufpasst – dann taugt das alles nur noch fürs Museum.«

»Habe ich dir erzählt, dass ich wegen eines Totems hier bin?«

»Wie das?«, fragt René erstaunt. Und ich erzähle ihm meine Geschichte, die Geschichte dieses kleinen geschnitzten Holzstücks, das mich zu der Reise hierher animierte.

Während René mich wieder in die Arme nimmt, überlege ich, ob wohl irgendjemand am Rad der Lebensgeschichte dreht und Begegnungen vorherbestimmt?

Ich komme nicht dazu, den Gedanken fortzuspinnen. René ist erpicht darauf, mir den Ort näher zu bringen, der so sehr mit seinen Erinnerungen verbunden ist und sein Leben geprägt hat. Er erzählt, dass genau auf dem Platz von damals, wo das Festival stattfand, dieses Kulturzentrum erbaut wurde. Tjibaou zu Ehren trägt es seinen Namen.

»Für mich ist es das schönste Gebäude der Südsee«, sagt René. »Es wurde von Renzo Piano errichtet. Kennst du seinen Namen?«

»Ist das nicht der italienische Architekt des Centre Pompidou? Warte, er hat auch ein Berliner Bürohaus am Potsdamer Platz entworfen!«

René nimmt mich an die Hand: »Radikale haben Tjibaou 1989 erschossen. Er ist für uns ein Held, er hat das Selbstbewusstsein der Kanak gestärkt, ihr Bewusstsein für ihre Muttersprache und Kultur.«

Mich beeindruckt die Anlage, solche Architektur habe ich bislang noch nicht gesehen. Die zwanzig bis dreißig Meter hohen, eiförmigen Holzkonstruktionen sind den Wohnhütten der Kanak nachempfunden. Die einzelnen Elemente ähneln Flechtkörben.

Das zentrale Haus, um das sich die überdimensionalen Hütten gruppieren, besteht aus großen hellen Räumen, in denen Iroko-Holz, Kork, Bambus, aber auch Stahl und Glas miteinander verbunden sind. Wir laufen durch den lichtdurchfluteten Korridor, von dem verschiedene Pavillons abzweigen, in denen sich Ausstellungen, eine Bibliothek, Studios für Malerei und Musik befinden. An den Wänden hängen mystische, fantasievolle Gemälde, auch Fotos und Schnitzereien. Auf der Leinwand laufen historische Filme, die Jean-Marie Tjibaou zeigen, wie er vor Hunderten Menschen die Fahne der Kanak hisst.

Das Ganze ist ein riesiges Museum. »Weißt du«, setzt René an, »ich bin dafür, dass Neukaledonien ein eigenständiger Staat wird. Wir gehören von unserer Kultur her nicht zu Frankreich, Europa ist einfach zu weit weg! Ich bin gespannt, wie das Referendum 2018 ausgehen wird und ob wir endlich unabhängig werden.«

Draußen setzen wir uns auf eine Bank. Das langsame Laufen durch Museen und Galerien hat mich ermüdet. Es ist ein stimmungsvoller Abend. Am Horizont geht die Sonne unter und leuchtet goldgelb durch die schmalen Stäbe der Hüttenkonstruktion.

Wir schauen und schweigen, sitzen eng beieinander, doch schauen uns nicht an. Dann springt René unvermittelt auf, zieht mich hoch und winkt zu meinem Erstaunen ein Taxi heran. »Das ist für uns!« Verdutzt renne ich ihm nach und rutsche zu ihm auf die Rückbank.

»Bonjour«, grüßt der Fahrer. »Wohin?«

Wie aus der Pistole geschossen ruft René: »Monsieur, fahren Sie! Egal wohin. Fahren Sie, soweit Sie kommen!«

Und er holt aus seiner Hosentasche zerknitterte Geldscheine und reicht sie dem Chauffeur. Der nimmt sie und zählt sie durch. Schüttelt den Kopf: »Na so was. Das ist mir noch nie passiert!« Dann startet er den Motor und fährt einfach los.

René greift meine Hand. Wir halten einander fest. So fest, dass es weh tut.

Epilog

Die Landung in Berlin ist weich. Der Winter jedoch fühlt sich nach dem Ausstieg aus dem Flieger hart an – es ist eiskalt, dicke, große Flocken fallen. Seit Wochen höre ich das erste Mal wieder deutsch. Der Taxifahrer berlinert schrecklich, schrecklich schön, ich bin wieder zu Hause. Es ist der Dialekt, auch die Art, wie man sich anschaut, miteinander umgeht. Es sind die vorbeirauschenden Häuserzeilen, die langen Straßenzüge, die gerade ziemlich grau aussehen, da die Bäume keine Blätter tragen. Was bunt und hell leuchtet an dem schon dunklen Nachmittag, sind die Reklametafeln.

Im Treppenhaus sehe ich zum ersten Mal, obwohl ich seit zehn Jahren in dem Haus wohne, dass es Stuck an der Decke gibt, und finde, dass der cremefarbene Kokosläufer farblich gut mit den braunen Holzdielen harmoniert. Mir fällt auf, dass es im ersten Stock noch die Mosaikfenster aus der Gründerzeit gibt, während sie in der zweiten Etage, wo ich wohne, fehlen. Bedächtig steige ich die letzten Treppenstufen hinauf, mein Blick gleitet die Wand entlang. Dann stehe ich vor meiner Wohnungstür, schließe sie auf und betrete mein Zuhause, als wäre es das erste Mal, dass ich meinen Fuß über die Schwelle setze. Ich schaue ich mich um, als wäre ich eine Fremde.

Vor der Kaffeemaschine halte ich inne und überlege, welchen Knopf ich drücken muss. Sicher, es fällt mir gleich wieder ein, doch mir ist, als hätte ich seit Jahren keinen Kaffee gebrüht. Dabei ist der letzte vor drei Monaten durchgelaufen, vor meiner Abreise nach Neukaledonien.

Ich genieße diese ersten Momente nach der Reise, wo sich all das Vertraute für einige Minuten noch einmal neu anfühlt, da sich der Alltag weit von mir entfernt hat.

Ich setze mich vorsichtig auf mein Sofa, so als wäre ich zu Besuch bei mir. Wie langsam ich geworden bin, während ich doch sonst durch die Räume flitze und immer etwas zu tun habe!

Es ist schön, wieder zu Hause zu sein. Für nichts auf der Welt würde ich wieder aufbrechen, denke ich. Gerade weil ich so erfüllt bin von Eindrücken, Erinnerungen. Ich spüre, dass es gerade keinen Platz für Neues in mir gibt. Und doch weiß ich genau, dass irgendwann wieder der Zeitpunkt kommen wird, wo ich meine nächste Reise plane. Genau dann, wenn der Alltag Neugier und Wissbegierde abgeschliffen hat.

Im Alltag habe ich meine Gefühle meistens gut unter Kontrolle. Eine Reise dagegen labilisiert, lockert Gewohnheiten und Denkmuster, macht mich empfänglicher für Neues. Eine Reise führt mich auch nach innen, zu den Ursprüngen und zu dem, was über die Zeiten verloren ging. Es macht eben schon einen Unterschied, ob ich im Dschungel frühstücke oder zu Hause am Küchentisch.

Ich denke an Waimalo. An Bergé. Vor allem an René. Das Geld für das Taxi war nach einer Stunde aufgebraucht. Wir werden uns wiedersehen. Ich werde nach Neukaledonien zurückkehren, sobald es möglich ist. Zum Glück hatten wir uns verabschiedet, als es nicht regnete ...

Aus dem Koffer hole ich die Niaouliseife und wasche mir die Hände. Ein nun vertrauter Duft. Lege eine CD mit Südseeklängen aus Neukaledonien auf, suche die Papayakonfitüre, die in ein T-Shirt eingewickelt ist, und löffele sie genüsslich aus.

Eine wohlige Müdigkeit überkommt mich, ich gleite in einen Traum, der sich an der Schnittstelle zwischen nicht mehr ganz Wachsein und Schlaf ausbreitet. Ich träume: Es gibt einen Ort, an dem die Zeit stillsteht. Regentropfen in der Luft hängen. Uhrpendel in halbem Schwung schwebend verharren. Hunde stumm die Schnauze heben. Fußgänger auf staubigen Straßen wie angewurzelt stehen bleiben. Ich nähere mich diesem unbekannten Ort. Verlangsame meine Bewegung. Dies ist wohl der Mittelpunkt der Zeit, da steht alles still. Für einen Moment. »Ich bin angekommen«, rufe ich und wache von meiner eigenen Stimme auf.

DREI WOCHEN SPÄTER

Tatuta hängt nun wieder an meiner Wand, am gleichen Platz. Keine Maske, wie ich erfahren habe, sondern ein Totem. Ich habe das Gefühl, die dunkle holzgeschnitzte Figur ist größer geworden und nimmt mehr Raum ein als zuvor. Ihre Augen schauen mich aufmerksamer an, und während ich früher nichts in ihnen entdecken konnte, ist es nun ein wohlwollender Blick, der auf mir ruht.

Bergé erklärte mir einmal, dass Tatuta etwas sehr Ursprüngliches in sich birgt, die Lebensmacht von allen, die in den Stämmen leben. Große Worte, aber ich glaube sie. Ich möchte auch, dass es so ist. Mit dem Blick, so sagte man auf Neukaledonien, knüpft man Kontakt zu den Seelen und erkennt in früheren Generationen einen Teil von uns selbst. Der Charakter oder die Seele all jener, die vor uns waren, lebt in uns weiter, auch wenn sich die Geschichte wandelt. Das trifft nicht nur auf die Stämme der Kanak zu. Mein Großvater hat mir durch Tatuta etwas geschenkt, was weiterreicht als sein Leben.

Diese Gedanken kommen nun hoch, besonders nachts, wenn die Geschäftigkeit des Alltags von mir abfällt und meine Reise noch einmal nachreise. Dann denke ich über den Blick nach. Eine Erdumdrehung weiter, auf dieser fernen Insel, ist es ein tieferer Blick für mein Empfinden, weil ich lernte, in ihm zu lesen. Bei aller Fremdheit ist er vertraut, sind es doch die gleichen Gedanken und Fragen, die Menschen hier wie dort bewegen: Wie komme ich mit der Vergänglichkeit des Lebens zurecht? Wie mit seinen Unwägbarkeiten? Wen liebe ich? Und von wem werde ich geliebt? Bin ich zufrieden mit meinem Leben? Was wird die Zukunft bringen? Tatuta lächelt das wissende Lächeln der Vergangenheit. Ich habe durch die Reise nicht unmittelbar etwas Neues über meinen Großvater erfahren, und doch habe ich ein Gefühl bekommen für den Ort, an dem hundert Jahre zuvor gestrandet war, von der Art der Menschen, mit denen er zusammenkam, von dem Glauben, mit dem er konfrontiert wurde – und ich bin mir der Hilfsbereitschaft der Kanak sicher, die ihn gesund gepflegt haben und ihm dieses Totem als Schutzengel mitgaben. All das hat in ihm weitergelebt. Ich denke, dass das Leben unserer Vorfahren uns prägt, in einer Weise, die uns nicht immer bewusst ist. Worte, Gesten, Blicke, Erinnerung bleiben. Glaubenssätze auch.

Die Erinnerungen an meinen Großvater werden jetzt immer häufiger lebendig. Ich weiß nicht warum, aber plötzlich fällt mir wieder unser Lieblingsspiel ein: Ich sehe was, was du nicht siehst. Nicht ich, er wollte es immer mit mir spielen. Was sah er, was ich nicht sah? Manches konnte ich in den drei Monaten nun entdecken. Tatuta, so scheint es, blinzelt mir zu. Oder ist es mein Großvater?

Mein Weltreise-Menü

Ein Menü, angeregt von meiner Reise nach Neukaledonien. Die Ureinwohner haben viel von ihren »Nachbarn« in der Südsee übernommen und sind experimentierfreudig. Wo keine Mengen angegeben sind, einfach nach Belieben die Menge wählen – à la Südsee –, ansonsten sind die Mengen für 4 Personen berechnet. Bon appétit!

NEUKALEDONIEN

Tropischer Salat

120 g frische Ananas (gewürfelt), 120 g Krabben, 120 g Avocado (gewürfelt), 100 g Kirschtomaten (klein gewürfelt), ein paar Korianderzweige (feingehackt) in einer Salatschüssel vermischen. Mit einer Vinaigrette aus dem Saft einer halben Zitrone, 200 ml Wasser, 5 g Aceto balsamico, Olivenöl, Salz, Pfeffer und einem Esslöffel Senf vermischen und 20 Minuten ziehen lassen. Mit 10 g gehobelter Kokosnuss bestreuen. Variante: zusätzlich Ruccola dazugeben.

Hirschsalat

Gutes Hirschfleisch in kleine Stücke schneiden und über Nacht in Zitronensaft marinieren. Mit einer Vinaigrette aus klein gehackten Tomaten und Zwiebeln (gern auch mit Zwiebelgrün) servieren.

Muscheln in Knoblauchsosse

Muscheln kochen. Eine Mehlschwitze mit dem Muschelsud aufgießen, salzen und pfeffern. Mit Knoblauch und Petersilie verknetete Butter untermontieren. Einen Schuss Sahne dazugeben, verrühren. Die Muscheln dazugeben. Servieren.

VANUATU

Gemüsegericht

Verschiedene Gemüse (Kohlrabi, Karotte, Zwiebeln, Kohl, Paprika, Spinat ...), gut weich gekocht, mit Corned Beef oder Thunfisch aus der Dose verfeinern.

Zu besonderen Anlässen

Huhn (mit Curry gegart), gewürzt mit Salz, Kurkuma, evtl. Butter und/oder Kokosmilch (wenig) zur Soße geben. Beilagen: gekochte Süßkartoffeln, Taro, Maniok, Yams, außerdem Reis. Weitere Beilagen: Tomaten und Gurkenscheiben, frischer Coleslaw.

Gebratener Reis

Reis halb garen, am anderen Tag mit Zwiebeln und Ei anbraten, mit Pfeffer würzen.

Laplap

Geraspelten Maniok, Hähnchenteile, klein geschnittene Zwiebeln und Karotten, Curry, Kokosmilch vermischen und in Bananenblätter einwickeln. Diese Taschen in ein Erdloch geben, mit heißen Steinen und mit Erde bedecken oder in Bambusröhren einfüllen, diese verschließen und im Feuer immer wieder wenden (ersatzweise geht es natürlich auch in der Bratenpfanne im Backofen).

Tanna Soup Yam

Taro, Süßkartoffeln, Karotten, Paprika klein schneiden, alles zusammen in einen Topf geben, Wasser einfüllen (halb so hoch wie das Gemüse), Salz und Curry dazu, alles gar kochen. Am Ende mit Kokosmilch verfeinern.

Frühstücksbällchen

Geriebene Yams mit Dosenthunfisch und klein gehackten Zwiebeln vermischen, den Teig mit Salz und Curry würzen. Bällchen formen und in Öl frittieren oder ausbacken.

FIDSCHI

Oktopus-Chop-Suey

Klein geschnittenen Tintenfisch (oder Garnelen) mit Zwiebeln und grünen Bohnen (oder jedem beliebigen anderen Gemüse), ggf. mit Ingwer und Knoblauch, in Öl anbraten. Mit Sojasoße und etwas Tomatenmark abschmecken. Dazu ggf. chinesische Eiernudeln.

FRANZÖSISCH-POLYNESIEN

Marinierter Fisch

600 g rohes Fischfilet klein schneiden und im Saft von vier Limetten marinieren (mindestens 1 Stunde). Koriandergrün, Zwiebel, Frühlingszwiebeln, Tomaten, evtl. Salatgurke und Karotten, sehr klein schneiden und mit Kokosmilch (1 Dose) zum Fisch geben. (in abgewandelter Form gibt es dieses Rezept im ganzen Pazifikraum und teilweise auch in Südamerika)

TAHITI

Poisson cru *(E'ia ota)*

700 g roher Thunfisch, Sushi-Qualität
1/2 Tasse Zitronensaft
1/4 Tasse Kokosmilch
1 Gurke
1 Tomate
3-4 Frühlingszwiebeln
Meersalz, frisch gemahlener Pfeffer

Den Fisch in ca. 1,5 cm große Würfel schneiden. Gurke schälen, längs halbieren und die Kerne entfernen. Ebenfalls in 1,5 cm große Würfel schneiden. Tomate abziehen, Kerne entfernen und achteln. Alles zusammen in eine Schüssel geben und mit Zitronensaft und Kokosmilch mischen. Mit Salz und Pfeffer würzen und 10-20 Minuten marinieren.

In der Zwischenzeit die Frühlingszwiebeln in Röllchen schneiden. Fisch und Gemüse aus der Marinade nehmen. Überschüssige Flüssigkeit abgießen und auf einer Platte anrichten. Mit den Frühlingszwiebeln bestreuen.

Anstelle des Thunfischs eignen sich auch Heilbutt, Snapper oder Schwertfisch. Zusätzlich kann man noch gewürfelte rote Paprika, geraspelte Karotten, gewürfelte rote Zwiebeln und fein gehackten Knoblauch zugeben.

Chicken Fafa
(Tahitianisches Huhn mit Taroblättern)

750 g Taro Blätter oder Spinat
2-3 Esslöffel Öl
750 g Hähnchenschenkel
2 Zwiebeln
2-4 Knoblauchzehen

1 daumennagelgroßes Stück Ingwer
Salz und Pfeffer
2-3 Teelöffel Speisestärke oder Pfeilwurzelmehl
nach Belieben Kokosmilch

Sofern Taroblätter verwendet werden, müssen diese zuerst 30-40 Minuten in siedendem Salzwasser gegart werden. Bei Spinat entfällt dieser Schritt. Öl in einem großen Topf erhitzen. Die Hähnchenschenkel darin von allen Seiten braun anbraten. Herausnehmen und beiseite stellen. Zwiebeln und Ingwer in Würfel, Knoblauch in Scheiben schneiden und im Öl glasig dünsten. Die Hähnchenschenkel zurück in den Topf geben, mit Wasser oder Brühe auffüllen und mit Salz und Pfeffer abschmecken. Die Temperatur reduzieren und bei kleiner Hitze etwa 20 Minuten köcheln lassen. Taroblätter bzw. Spinat zugeben und weitere 15 Minuten köcheln lassen, bis das Hähnchenfleisch gar ist. Stärke oder Pfeilwurzelmehl in 2-3 Esslöffel kaltem Wasser anrühren und die Soße damit binden. Mit Kokosmilch verfeinern.
Auf Reis servieren.

Po'e

6-8 reife Bananen
1/2 Tasse brauner Zucker
1 Tasse Pfeilwurzelmehl oder Maisstärke
2 Teelöffel Vanillezucker
1 Tasse Kokosmilch

Bananen schälen und im Mixer pürieren, sodass etwa 4 Tassen Bananenbrei entstehen. Braunen Zucker mit dem Pfeilwurzelmehl oder der Maisstärke mischen. Zusammen mit dem Vanillezucker zu den Bananen geben und alles gut mischen, sodass keine Klumpen bleiben. Evtl. mit Zucker nachsüßen.

Eine Auflaufform ausbuttern und den Brei einfüllen. Im vorgeheizten Backofen bei 190-200 Grad ca. 30-45 Minuten backen, bis der Pudding fest ist. Aus dem Ofen nehmen und bei Raumtemperatur abkühlen lassen. Den Pudding in Würfel schneiden und in eine große Schüssel füllen oder in einzelne Portionsschalen geben. Mit der Kokosmilch begießen und mit etwas braunem Zucker bestreuen. Ein Teil der Bananen kann durch Papayas, Mangos, Ananas oder andere exotische Früchte ersetzt werden.

Südsee-Spiess

1 Ananas
1 Zwiebel
8 Baconscheiben
4 Scheiben Hähnchenbrustfilet
Öl, Paprikapulver, Backpapier
4 Holzspieße

Ananas schälen, vom Strunk befreien und in 12 ca. 2,5 cm große Stücke schneiden. Übrige Ananasstücke und eine Zwiebel klein würfeln. Baconscheiben quer vierteln. Hähnchenbrustfilets in je 8 gleich große Stücke schneiden.

Abwechselnd Fleisch, Bacon und die großen Ananasstücke auf 4 Holzspieße stecken. In einer großen Pfanne mit 3 Esslöffeln Öl rundherum anbraten und salzen, mit Paprikapulver bestreuen und auf ein mit Backpapier ausgelegtes Blech geben. Im heißen Ofen bei 180 Grad auf der mittleren Schiene 8 Min. fertig braten (Umluft nicht empfehlenswert).

In der Zwischenzeit Ananas- und Zwiebelwürfel mit 1 Esslöffel Öl ins Bratfett geben und glasig dünsten. Currypulver zugeben und kurz mitdünsten. Tomaten zugeben und 3 Min. offen einkochen lassen. Mit Salz und 1 Prise Zucker abschmecken und zu den Spießen servieren.

REISEABENTEUER

DUMONT